S. FISCHER

Slavoj Žižek

Wie ein Dieb bei Tageslicht

Macht im Zeitalter des
posthumanen Kapitalismus

Aus dem Englischen
von Karen Genschow

S. FISCHER

Aus Verantwortung für die Umwelt hat sich der S. Fischer Verlag
zu einer nachhaltigen Buchproduktion verpflichtet. Der bewusste
Umgang mit unseren Ressourcen, der Schutz unseres Klimas und
der Natur gehören zu unseren obersten Unternehmenszielen.

Gemeinsam mit unseren Partnern und Lieferanten setzen wir uns
für eine klimaneutrale Buchproduktion ein, die den Erwerb von
Klimazertifikaten zur Kompensation des CO_2-Ausstoßes einschließt.

Weitere Informationen finden Sie unter: www.klimaneutralerverlag.de

2. Auflage: Dezember 2020

Erschienen bei FISCHER Taschenbuch
Frankfurt am Main, April 2019

Die Originalausgabe erschien
unter dem Titel »Like a Thief in Broad Daylight.
Power in the Era of Post-Humanity«
im Verlag Allen Lane, London
© by Slavoj Žižek

Für die deutschsprachige Ausgabe:
© 2019 S. Fischer Verlag GmbH, Hedderichstr. 114,
D-60596 Frankfurt am Main

Satz: Dörlemann Satz, Lemförde
Druck und Bindung: CPI books GmbH, Leck
Printed in Germany
ISBN 978-3-10-397445-4

Für Jela, in L___!

Inhalt

Einleitung:
Erst die schlechten Nachrichten,
dann die guten ...
die noch schlechter sein können

Alain Badious *Versuch, die Jugend zu verderben*[1] beginnt mit der provo-
kanten Behauptung, dass von Sokrates an die Funktion der Philosophie darin besteht, die Jugend zu verderben, sie zu entfremden (oder
eher im Brecht'schen Sinne zu verfremden) von der vorherrschenden ideologisch-politischen Ordnung, radikale Zweifel zu säen und
sie dazu zu befähigen, eigenständig zu denken. Die Jugend unterläuft
den Prozess der Bildung, um in die hegemoniale gesellschaftliche
Ordnung integriert zu werden, weshalb ihre Bildung eine Schlüsselrolle in der Reproduktion der herrschenden Ideologie spielt. Es verwundert daher nicht, dass Sokrates, der erste Philosoph, zugleich ihr
erstes Opfer war, der vom demokratischen Hof Athens dazu verurteilt
wurde, Gift zu trinken. Und ist dieses Aufstacheln nicht ein anderer
Name für das Böse – das Böse in dem Sinne, dass es den gewohnten
Lebensstil stört? Alle Philosophen haben aufgestachelt: Platon unter-
zog alte Gewohnheiten und Mythen einer unbarmherzigen rationalen Untersuchung, Descartes untergrub das mittelalterliche harmoni-
sche Universum, Spinoza wurde exkommuniziert, Hegel entfesselte
die zerstörerische Kraft der Negativität, Nietzsche entmystifizierte
die Grundlage selbst unserer Moralität ... selbst wenn sie manchmal
fast wie Staatsphilosophen erschienen, fühlte sich das Establishment
nie wohl mit ihnen. Wir sollten auch ihre Gegenstücke zur Kenntnis nehmen, die »normalisierenden« Philosophen, die versuchten,

das verlorene Gleichgewicht wiederzugewinnen und die Philosophie wieder mit der herrschenden Ordnung zu versöhnen: Aristoteles im Verhältnis zu Platon, Thomas von Aquin zum überschäumenden frühen Christentum, die rationale Theologie nach Leibniz zum Cartesianismus, den Neu-Kantianismus zum post-hegelianischen Chaos …

Ist das Paar Jürgen Habermas und Peter Sloterdijk nicht die letzte Verkörperung dieser Spannung zwischen Aufstacheln und Normalisierung, die sich in ihrer Reaktion auf die erschütternden Auswirkungen der modernen Wissenschaften, besonders der Hirnforschung und der Biogenetik, zeigt? Der Fortschritt der heutigen Wissenschaft zerstört die grundlegenden Voraussetzungen unseres Alltagsbegriffs von Realität.

Es gibt vier Haltungen, die man gegenüber diesem Durchbruch einnehmen kann. Die erste besteht darin, schlicht auf einem radikalen Naturalismus zu bestehen, d.h., heroisch der Logik der wissenschaftlichen »Entzauberung der Wirklichkeit« ungeachtet der Kosten zu folgen, selbst wenn die grundlegenden Koordinaten unseres Horizonts von sinnstiftender Erfahrung dadurch vernichtet werden. (In der Hirnforschung vertreten Patricia und Paul Churchland am radikalsten diese Haltung.) Die zweite ist, den verzweifelten Versuch zu unternehmen, eine vermeintlich originellere und authentischere Lesart der Welt, über die wissenschaftliche Annäherung hinaus oder jenseits davon, zu finden (Religion oder andere Arten von Spiritualität sind hier die Hauptkandidaten) – wie letztlich Heidegger es tut. Der dritte und verzweifeltste Ansatz ist der Versuch, eine New-Age-Synthese zwischen wissenschaftlicher Wahrheit und der vormodernen Welt der Bedeutung zu schmieden: Sie basiert auf der Behauptung, dass die neuen wissenschaftlichen Ergebnisse selbst (Quantenphysik beispielsweise) uns dazu drängen, den Materialismus aufzugeben und uns einer neuen (gnostischen oder östlichen) Spiritualität zuzuwenden. Die Standardversion dieser Idee lautet so:

»Das zentrale Ereignis des 20. Jahrhunderts ist der Sturz der Materie. In der Technologie, Wirtschaft und der Politik von Nationen nimmt Wohlstand in Form von physischen Ressourcen beständig an Wert und Bedeutung ab. Die Kräfte des Geistes nehmen überall gegenüber der rohen Gewalt der Dinge zu.«[2]

Diese Denkrichtung vertritt die Ideologie in ihrer schlimmsten Form. Die Wiedereinschreibung von eigentlich wissenschaftlichen Problemen (die Rolle der Wellen und Schwingungen in der Quantenphysik beispielsweise) in das ideologische Feld des »Verstand vs. rohe Dinge« verwischt das eigentliche paradoxe Ergebnis des notorischen »Verschwindens der Materie« in der modernen Physik: wie genau die »immateriellen« Prozesse ihren spirituellen Charakter verlieren und ein legitimes Objekt der Naturwissenschaften wurden.

Keine dieser drei Optionen ist für ein Establishment angemessen, das im Grunde alles für sich selbst behalten will: Es benötigt die Wissenschaft als Fundament wirtschaftlicher Produktivität, aber gleichzeitig will es die ethisch-politischen Grundlagen der Gesellschaft frei von Wissenschaft halten. Auf diese Weise gelangen wir zur vierten Haltung, einer neo-kantianischen Staatsphilosophie, deren beispielhafter Fall heute Habermas ist (es gibt aber auch andere, wie z. B. Luc Ferry in Frankreich). Es ist ein eher trauriges Spektakel, wenn man Habermas dabei zusieht, wie er die explosiven Ergebnisse der Biogenetik zu kontrollieren und ihre philosophischen Folgen zu beschneiden versucht – sein ganzes Unterfangen verrät die Angst, dass etwas geschehen wird, dass eine neue Dimension des »Menschlichen« entstehen wird, dass das alte Bild der menschlichen Würde und Autonomie nicht unbeschadet überleben wird. Die Überreaktion ist hier an der Tagesordnung, wie die lächerlichen Reaktionen auf Sloterdijks Rede in Elmau über Biogenetik und Heidegger zeigen,[3] die das Echo der Nazi-Eugenik aus dem (recht vernünftigen) Vorschlag heraushörten, dass die Biogenetik uns dazu herausfordert, neue ethische Regeln zu formulieren. Techno-wissenschaftlicher Fortschritt wird als Versuchung wahrgenommen, die uns dazu bringen kann, »zu weit zu gehen« – und das verbotene Gebiet biogenetischer Manipulation etc. zu betreten und damit den eigentlichen Kern unserer Menschlichkeit zu gefährden.

Die letzte ethische »Krise« anlässlich der Biogenetik schafft eigentlich die Notwendigkeit für etwas, das man mit vollem Recht »Staatsphilosophie« nennen kann: eine Philosophie, die einerseits wissenschaftliche Forschung und technischen Fortschritt fördert und andererseits dessen ganze sozio-symbolischen Auswirkungen auffängt, d. h., sie davon abhält, den bestehenden theologisch-ethischen Konstellationen bedrohlich zu werden. Es wundert daher nicht, dass diejenigen, die am besten beide Forderungen vereinen, Neu-Kantianer sind: Kant selbst konzentrierte sich auf das Problem, wie man – bei vollständiger Berücksichtigung Newton'scher Wissenschaft – garantieren kann, dass ethische Verantwortung aus dem Zugriff der Wissenschaft befreit werden kann – wie er es selbst formulierte, womit er die Reichweite des Wissens darauf beschränkte, Raum für Glauben und Moralität zu schaffen. Sind nicht die heutigen Staatsphilosophen mit der gleichen Aufgabe konfrontiert? Sind ihre Bemühungen nicht darauf konzentriert, wie man, durch verschiedene Versionen von transzendentaler Reflexion, die Wissenschaft auf ihren vorgeschriebenen Bedeutungshorizont beschränkt und so ihre Folgen für die ethisch-religiöse Sphäre als »illegitim« anprangert? In diesem Sinne ist Habermas in der Tat der vollendete Philosoph der (Re)Normalisierung, der verzweifelt daran arbeitet, den Kollaps unserer etablierten ethisch-politischen Ordnung zu verhindern:

> »Könnte es sein, dass das corpus von Jürgen Habermas eines der ersten sein wird, in dem schlechthin überhaupt nichts Anstößiges mehr gefunden werden kann? Heidegger, Wittgenstein, Adorno, Sartre, Arendt, Derrida, Nancy, Badiou, selbst Gadamer, überall stößt man noch auf Dissonanzen. Die Normalisierung greift. Die Philosophie der Zukunft – die vollendete Integration.«[4]

Der Grund für diese Habermas'sche Aversion gegenüber Sloterdijk wird damit klar: Sloterdijk ist der vollendete »Anstachler«, einer, der keine Angst hat, »gefährlich zu denken« und die Voraussetzungen von menschlicher Freiheit und Würde, von unserem liberalen Wohlfahrtsstaat etc. in Frage zu stellen. Man sollte nicht davor zurückschrecken, diese Orientierung »böse« zu nennen, wenn man »böse« in einem grundlegenden Sinn versteht, wie Heidegger ihn umreißt:

»Die böse und darum schärfste Gefahr ist das Denken selber, insofern es gegen sich selbst zu denken hat, dies aber selten vermag.«[5] Man sollte Heideggers Gedanken hier noch einen Schritt weitertreiben: Nicht nur ist Denken böse, soweit es daran scheitert, sich gegen sich selbst zu richten, gegen den gewohnten Weg zu denken; Denken, soweit sein innerstes Potential darin besteht, frei und »gegen sich selbst« zu denken, ist das, was vom Standpunkt des konventionellen Denkens gar nicht anders als »böse« erscheinen kann. Es ist äußerst wichtig, auf dieser Ambiguität zu bestehen wie auch der Versuchung zu widerstehen, einen einfachen Ausweg daraus zu finden, indem man irgendeine »geeignete Maßnahme« zwischen den beiden Extremen von Normalisierung und dem Abgrund der Freiheit definiert.

Bedeutet dies, dass wir schlicht unsere Seite in diesem Gegensatz wählen sollten – »die Jugend verderben« oder wichtige Stabilität garantieren? Das Problem liegt heute darin, dass dieser einfache Gegensatz kompliziert wird: Unsere global-kapitalistische, von den Wissenschaften durchdrungene Realität ist in sich selbst »aufstachelnd« und fordert unsere ureigensten Grundlagen in einer sehr viel erschreckenderen Weise heraus als die wildesten philosophischen Spekulationen, so dass die Aufgabe eines Philosophen nicht mehr darin besteht, das hierarchische symbolische Gebäude zu unterminieren, das die Grundlage sozialer Stabilität ist, sondern – um auf Badiou zurückzukommen – der Jugend vor Augen zu führen, welche Gefahren in der wachsenden nihilistischen Ordnung liegen, die sich selbst als das Gebiet neuer Freiheiten präsentiert. Wir leben in einer außerordentlichen Zeit, in der wir unsere Identität auf keine Tradition mehr gründen können, kein Rahmen eines bedeutsamen Universums uns mehr befähigen könnte, ein Leben jenseits der hedonistischen Reproduktion zu führen. Der heutige Nihilismus – das Reich des zynischen Opportunismus, begleitet von beständiger Angst – legitimiert sich selbst als die Befreiung von den alten Zwängen: Wir sind frei, unsere sexuelle Identität permanent neu zu erfinden, nicht nur unseren Job oder unseren Berufsweg zu wechseln, sondern selbst unsere ureigensten subjektiven Merkmale wie unsere sexuelle Orientierung. Der Spielraum dieser Freiheiten ist jedoch strikt vorgegeben von den Koordinaten des existierenden Systems sowie von der Weise, wie Konsumfreiheit eigentlich funktioniert: Die Möglichkeit, zu wählen und zu konsumieren, wird unmerklich zu einer *Pflicht* des Über-Ichs, zu wählen. Die nihilistische Dimension dieses Freiheitsraums kann nur auf eine dauerhaft beschleunigte Weise funktionieren, sobald es langsamer wird, bemerken wir die Bedeutungslosigkeit der ganzen Bewegung. Diese Neue Weltunordnung, dieses graduelle Entstehen einer welt-losen Zivilisation betrifft in beispielhafter Weise die Jungen, die zwischen der Intensität des vollständigen Ausbrennens (sexuelle Lust, Drogen, Alkohol, selbst Gewalt) und dem Bemühen pendeln, erfolgreich zu sein (studieren, Karriere machen, Geld verdienen … innerhalb der bestehenden kapitalistischen Ordnung). Ständige Überschreitung wird damit zur Norm. Betrachten wir den toten Punkt, an dem sich heute Sexualität oder Kunst befinden: Gibt es etwas Langweiligeres, Opportunistischeres oder Sterileres, als der Über-Ich-Aufforderung nachzugeben, unablässig neue künstlerische Transgressionen und Provokationen zu erfinden (der auf der Bühne masturbierende oder sich selbst verletzende Performance-Künstler, der verwesende Tierkadaver oder menschliche Exkremente ausstellende Bildhauer), oder als die parallele Aufforderung, sich in immer »gewagteren« Formen der Sexualität zu versuchen?

Die einzig radikale Alternative zu diesem Wahnsinn scheint der noch schlimmere Wahnsinn des religiösen Fundamentalismus zu sein, ein gewaltsamer Rückzug in eine künstlich wiederauferstandene Tradition. Die höchste Ironie liegt darin, dass die brutale Rückkehr zu einer orthodoxen Tradition (natürlich einer erfundenen) als das vollendete Aufstacheln erscheint – sind die jungen Selbstmordbomber nicht die radikalste Gestalt der verdorbenen Jugend? Die große Aufgabe des Denkens ist es heute, die genauen Umrisse dieses toten Punkts zu erkennen und einen Weg hinaus zu finden.

Ein Zwischenfall jüngeren Datums illustriert dieses paradoxe Zusammenfallen der Gegensätze, das der Abwendung von der Treue zur Tradition hin zum transgressiven Aufstacheln zugrunde liegt. In einem Hotel in Skopje, Mazedonien, wo ich mich kürzlich aufhielt, fragte meine Partnerin, ob das Rauchen in unserem Zimmer erlaubt sei, worauf der Empfangschef eine unbezahlbare Antwort gab: »Natürlich nicht, es ist gesetzlich verboten. Aber es gibt Aschenbecher im Zimmer, es ist also kein Problem.« Der Widerspruch zwischen Verbot und Erlaubnis wurde offen hingenommen und dadurch aufgelöst, als nicht existent behandelt; die Botschaft lautete: »Es ist verboten, und jetzt sage ich Ihnen, wie sie es machen können.« Dieser Zwischenfall liefert vielleicht die beste Metapher für die ideologische Zwickmühle, in der wir uns heute befinden.

Wie sind wir an diesen Punkt gekommen? Einer der größten Beiträge der amerikanischen Kultur zum dialektischen Denken ist die Serie von eher vulgären Doktor-Witzen von der Art: »erst die gute Nachricht, dann die schlechte«, wie dieser: »Die schlechte Nachricht ist, dass Sie unheilbaren Krebs haben und in einem Monat sterben werden. Die gute Nachricht ist, dass wir auch festgestellt haben, dass Sie schwer an Alzheimer erkrankt sind, so dass Sie die schlechte Nachricht schon wieder vergessen haben werden, wenn Sie zu Hause sind.« Vielleicht sollten wir eine ähnliche Haltung zu radikaler Politik finden. Nach so vielen »schlechten Nachrichten« – in denen wir so viele Hoffnungen brutal haben zerbrechen sehen im Raum des radikalen Handelns, verstreut zwischen den beiden Extremen von Maduro in Venezuela und Tsipras in Griechenland – ist es leicht, dem Glauben zu erliegen, dass solches Handeln niemals eine Chance gehabt hat, dass es von Anfang an zum Scheitern verdammt war, dass die Hoffnung auf einen wirklichen und wirksamen Wandel zum Besseren eine reine Illusion war. Wir sollten also nicht nach alternativen »guten Nachrichten« suchen, sondern die guten Nachrichten in den schlechten wahrnehmen, indem wir unseren Standpunkt ändern und das Ganze auf neue Weise betrachten. Nehmen wie die Aussicht auf Automatisierung der Produktion, die – so fürchten viele – den Bedarf an Arbeitern radikal senken und so die Arbeitslosigkeit in die Höhe schnellen lassen wird. Aber warum sollten wir diese Aussicht fürchten? Eröffnet sie nicht die Möglichkeit einer neuen Gesellschaft, in der alle viel weniger werden arbeiten müssen? In welcher Art von Gesellschaft leben wir, in der die guten Nachrichten automatisch in schlechte verwandelt werden? Oder nehmen wir ein weiteres Beispiel von guten/schlechten Nachrichten: Ist die grundlegende Lehre der jüngsten öffentlichen Enthüllung der sogenannten Paradise-Papers nicht die schlichte Tatsache, dass die Ultrareichen in ihren gesonderten Zonen leben, in denen sie nicht an allgemeines Recht gebunden sind?

Neue Zonen emanzipatorischer Handlungen entstehen, wie die Städte, deren Bürgermeister oder Stadtparlamente progressive Agenden durchsetzen, die größeren länder- oder bundesweiten Regulierungen zuwiderlaufen. Beispiele gibt es zuhauf, von einzelnen Städten (Barcelona, Newark, selbst New York) bis zu Verbünden von Städten – kürzlich entschieden etliche lokale Regierungen in den USA, weiterhin das Engagement gegen Umweltbedrohungen auszuzeichnen, was von der Trump-Regierung abgeschafft worden war. Die entscheidende Tatsache ist hier, dass lokale Regierungen sich als sensibler gegenüber globalen Problemen erweisen als die höheren staatlichen Regierungen. Darum sollten wir das neue Phänomen nicht auf den Kampf lokaler Gemeinden gegen staatliche Regulierungen reduzieren: Lokale Regierungsbehörden sind betroffen von Problemen, die zugleich lokal und global sind, und üben aus zwei Richtungen Druck auf den Staat aus. Beispielsweise besteht die Bürgermeisterin von Barcelona darauf, die Stadt für Geflüchtete zu öffnen, während sie sich dem exzessiven Einfall durch Touristen entgegenstemmt.

Ein weiterer emanzipatorischer Schritt besteht darin, dass Frauen massenhaft mit Aussagen über männliche sexuelle Gewalt an die Öffentlichkeit gehen. Die Medienberichterstattung über diese Entwicklung sollte uns nicht von dem ablenken, was tatsächlich vor sich geht: nichts weniger als ein Epochenwandel, ein großes Erwachen, ein neues Kapitel in der Geschichte der Gleichheit. Für Tausende von Jahren war das Verhältnis zwischen den Geschlechtern geregelt und arrangiert; all dies wird nun in Frage gestellt und unterlaufen. Und die Protestierenden sind diesmal keine LGBT+-Minderheit, sondern eine Mehrheit: Frauen. Was hier entsteht, ist etwas, dessen wir uns die ganze Zeit bewusst waren, aber nicht in der Lage (oder willens oder bereit), es offen anzusprechen: die Hunderte von Weisen, in denen Frauen sexuell ausgebeutet werden. Frauen lenken nun die Aufmerksamkeit auf die dunkle Kehrseite unserer offiziellen Behauptungen von Gleichheit und gegenseitigem Respekt, und wir entdecken unter anderem, wie scheinheilig und einseitig unsere modische Kritik an der Unterdrückung der Frauen in muslimischen Ländern ist: Wir müssen uns mit unseren eigenen Formen der Unterdrückung und Ausbeutung auseinandersetzen.

Wie in allen revolutionären Umwälzungen wird es zahlreiche »Ungerechtigkeiten«, Ironien und so weiter geben. (Ich bezweifle zum Beispiel, dass die Auftritte des amerikanischen Komödianten Louis CK, so bedauerlich und anzüglich sie sein mögen, auf dieselbe Ebene mit direkter sexueller Gewalt gestellt werden können.) Aber noch einmal: Nichts davon sollte uns ablenken; wir sollten uns eher auf die Probleme konzentrieren, die vor uns liegen. Obwohl einige Länder bereits eine neue postpatriarchalische Geschlechterkultur erleben (nehmen wir Island, wo zwei Drittel der Kinder außerehelich geboren werden und Frauen mehr Posten in öffentlichen Institutionen innehaben als Männer), ist eine der dringendsten Aufgaben herauszufinden, was wir in der Umwälzung traditioneller Prozeduren des Liebeswerbens zu gewinnen und was zu verlieren haben. Es werden neue Regeln aufzustellen sein, um eine sterile Kultur der Angst und Unsicherheit zu vermeiden – außerdem müssen wir natürlich sichergehen, dass dieses Erwachen nicht zu einem weiteren Fall wird, in dem politische Legitimation auf dem Opferstatus der Subjekte gründet.

Ist das grundlegende Merkmal heutiger Subjektivität nicht die merkwürdige Kombination des freien Subjekts, das sich selbst als letztlich verantwortlich für sein Schicksal wahrnimmt, und des Subjekts, das die Autorität seiner Rede auf seinem Status als Opfer von Umständen gründet, die jenseits seiner Kontrolle liegen? Jeder Kontakt mit einem anderen Menschen wird als potentielle Bedrohung erfahren – wenn der andere raucht oder wenn er einen begehrlichen Blick auf mich wirft, verletzt er mich bereits. Diese Logik der Viktimisierung ist heute universalisiert und reicht weit über die üblichen Fälle sexueller und rassistischer Belästigung hinaus – denken wir beispielsweise an die wachsende Finanzindustrie des Schadensersatzes, vom Handel der Tabakunternehmen und den finanziellen Forderungen der Holocaust-Opfer und Zwangsarbeiter in Nazi-Deutschland bis zur Idee, die USA sollten Afroamerikanern Hunderte von Milliarden Dollar zahlen für all das, was sie unter der Sklaverei erlitten haben. Dieser Begriff des Subjekts als Opfer ohne jede Verantwortung ist geleitet von einer extrem narzisstischen Perspektive, aus der jede Begegnung mit dem Anderen als potentielle Bedrohung für die prekäre imaginäre Balance des Subjekts erscheint; als solches ist es nicht das Gegenteil, sondern vielmehr das inhärente Supplement des liberalen freien Subjekts. In der heutzutage vorherrschenden Form der Individualität wird die selbstzentrierte Behauptung des psychologischen Subjekts paradoxerweise von der Wahrnehmung seiner selbst als Opfer der Umstände überlagert.

Um auf den Aschenbecher zurückzukommen: Die Gefahr liegt darin, dass in der anhaltenden Bewusstwerdung die Ideologie persönlicher Freiheit sich entsprechend stillschweigend mit der Logik des Opferseins verschmelzen könnte, und Freiheit auf die Freiheit, seinen eignen Opferstatus zu artikulieren, reduziert wird. Eine radikale emanzipatorische Politisierung dieser Bewusstwerdung wird dann überflüssig und der Kampf der Frauen wird lediglich einer in einer Reihe von Protesten werden – gegen globalen Kapitalismus, ökologische Bedrohungen, Rassismus, für eine andere Demokratie und so weiter.

Wie wird der radikale soziale Wandel also vonstattengehen? Sicher nicht als triumphaler Sieg oder selbst nicht als eine Art Katastrophe, wie in den Medien breit debattiert und vorausgesagt wird, sondern als »Dieb in der Nacht«: »denn ihr selbst wißt genau, daß der Tag des Herrn kommen wird wie ein Dieb in der Nacht. Wenn sie sagen werden: Es ist Friede, es hat keine Gefahr –, dann wird sie das Verderben schnell überfallen wie die Wehen eine schwangere Frau, und sie werden nicht entfliehen.« (Paulus I, Thessalonicher 5:2-3) Geschieht dies nicht bereits in unserer Gesellschaft, die so sehr von »Frieden und Sicherheit« besessen ist? Bei näherem Hinsehen fällt jedoch auf, dass der Wandel bereits geschieht, und zwar im hellen Tageslicht: Der Kapitalismus löst sich offen auf und wird zu etwas anderem. Wir bemerken diese aktuelle Transformation nicht, weil wir tief in der Ideologie verhaftet sind.

Dasselbe gilt für psychoanalytische Behandlungen, wo die Auflösung ebenfalls als »Dieb am hellen Tag« kommt, als ein unerwartetes Nebenprodukt, nie als das Erreichen eines postulierten Ziels. Deshalb ist die psychoanalytische Praxis nur aufgrund ihrer eigenen Unmöglichkeit möglich – eine Feststellung, die viele sofort zu einem typischen Stück postmodernen Jargons erklären würden. Wies aber nicht Freud selbst in diese Richtung, als er schrieb, die idealen Bedingungen für die Psychoanalyse seien die, in denen die Psychoanalyse nicht mehr gebraucht wird? Aus diesem Grund führte Freud die psychoanalytische Praxis in seiner Liste unmöglicher Berufe auf. Wenn die psychoanalytische Behandlung begonnen hat, widersetzt sich der Patient ihr (unter anderem), indem er Übertragungen vornimmt, und die Behandlung schreitet fort durch die Analyse der Übertragung und andere Formen von Widerstand. Es kann keine direkte, »sanfte« Behandlung geben: In einer Behandlung stolpern wir unvermittelt über Hindernisse, indem wir diese Hindernisse durcharbeiten.

Und übertragen auf die Politik: Gilt nicht dasselbe auch für jede Revolution und jeden Prozess radikaler Emanzipation? Revolutionen sind nur möglich vor dem Hintergrund ihrer eigenen Unmöglichkeit: Die bestehende kapitalistische Ordnung kann sofort alle Versuche kontern, sie zu unterlaufen, und der antikapitalistische Kampf kann nur wirksam sein, wenn er mit diesen Gegenmaßnahmen umgeht, wenn er genau die Instrumente seiner Niederlage in seine Waffen verwandelt. Es nützt nichts, auf den richtigen Augenblick zu warten, in dem ein sanfter Wandel möglich sein wird; dieser Moment wird nie eintreten, die Geschichte wird uns nie eine solche Gelegenheit eröffnen. Man muss das Risiko eingehen und eingreifen, selbst wenn das Ziel unmöglich erscheint (und in gewisser Weise auch ist) – nur dadurch kann man die Situation verändern, so dass das Unmögliche möglich wird, in einer Art und Weise, die man niemals hätte voraussagen können.

Obwohl es so scheint, als wären wir der Manipulation der Medien hoffnungslos ausgeliefert,[6] können Wunder geschehen, und das falsche Universum der Manipulation kann plötzlich zerbröckeln und sich auflösen. Im Wahlkampf, der den Parlamentswahlen von 2017 in Großbritannien vorausging, war Jeremy Corbyn die Zielscheibe eines wohldurchdachten Rufmords durch die konservativen Medien, die ihn als entscheidungsschwach, inkompetent, nicht wählbar usw. darstellten. Wie schnitt er schließlich so gut in den Wahlen ab? Es reicht nicht zu sagen, dass er erfolgreich den Verleumdungen widerstand, indem er seine einfache Ehrlichkeit, seinen Anstand und seine Betroffenheit von den Sorgen einfacher Leute zur Schau stellte. Er schnitt gut ab genau wegen des versuchten Rufmords: Ohne ihn wäre er vermutlich weiterhin ein leicht langweiliger und uncharismatischer Führer, dem eine klare Vision fehlt, lediglich ein Repräsentant der alten Labour-Partei. Es war als Reaktion auf die erbarmungslose Kampagne, in der seine Einfachheit als positive Qualität erschien, als etwas, das die Wähler anzog, die von den vulgären Angriffen auf ihn abgestoßen waren, und diese Wendung war unvorhersehbar: Es war unmöglich vorher zu bestimmen, wie diese negative Kampagne funktionieren würde. Die Unentscheidbarkeit (um ein altes Modewort zu verwenden) ist ein Merkmal einer symbolischen Bestimmung, die nicht in Begriffen eines linearen Determinismus beschrieben werden kann: Es geht nicht um unzureichende Daten, um einige Argumente, die stärker sind als andere, sondern darum, dass dieselben Argumente dafür oder dagegen arbeiten können. Ein Charakterzug – Corbyns betont normale Anständigkeit – kann ein Argument für ihn (für die Wähler, die des medialen Blitzkriegs müde waren) oder ein Argument gegen ihn sein (für diejenigen, die meinen, dass ein Führer stark und charismatisch sein sollte). Das beigefügte *je ne sais quoi*, das darüber entscheidet, wie Ereignisse sich entwickeln werden, entzieht sich der wohlvorbereiteten Propaganda.

Diejenigen, die obskuren spirituell-kosmologischen Spekulationen folgen, werden mit dieser verbreiteten Idee vertraut sein: Wenn drei Himmelskörper (meist die Erde, ihr Mond und die Sonne) sich auf derselben Achse treffen, wird es zu einem verheerenden Ereignis kommen; die gesamte Ordnung des Universums wird für einen Moment aus der Bahn geworfen und muss ihr Gleichgewicht wiedererlangen (wie es 2012 geschehen sollte). Galt so etwas Ähnliches nicht für das Jahr 2017, das ein dreifaches Jubiläum war: 2017 feierten wir nicht nur den 100. Jahrestag der Oktoberrevolution, sondern auch den 150. der Erstausgabe von Marx' *Kapital* (1867) und den 50. Jahrestag der sogenannten Schanghaier Kommune, bei der während der Kulturrevolution die Bewohner Schanghais beschlossen, Maos Ruf in wörtlichem Sinn zu folgen, und direkt die Macht übernahmen; sie stürzten die Herrschaft der Kommunistischen Partei (weshalb Mao schnell entschied, die Ordnung wiederherzustellen, indem er die Armee zur Vernichtung der Kommune schickte). Kennzeichnen diese drei Ereignisse nicht die drei Stadien der kommunistischen Bewegung: Marx' *Kapital* umriss die theoretischen Grundlagen der kommunistischen Revolution, die Oktoberrevolution war der erste erfolgreiche Versuch, einen bürgerlichen Staat zu stürzen und eine neue soziale und ökonomische Ordnung zu errichten, während die Schanghaier Kommune für den radikalsten Versuch steht, den gewagtesten Aspekt der kommunistischen Vision umzusetzen: die Abschaffung der Staatsmacht und die direkte Einsetzung der Volksmacht, organisiert als Netzwerk lokaler Gemeinden.

Die Lehre besteht hier darin, dass, wenn wir an den 100. Jahrestag der Oktoberrevolution denken – den ersten Fall eines »befreiten Territoriums« außerhalb des Kapitalismus, einer Machtübernahme und des Zerreißens der Kette kapitalistischer Staaten –, wir ihn immer als den mittleren (vermittelnden) Zustand zwischen zwei Extremen ansehen sollten: den antinomischen Strukturen der kapitalistischen Gesellschaft (wie im *Kapital* analysiert), aus denen die kommunistische Bewegung erwachsen ist, und die nicht weniger antinomischen Peripetien der kommunistischen Staatsmacht, die in der Sackgasse der Chinesischen Revolution gipfelten. Nach der Machtübernahme steht die neue Macht der gewaltigen Aufgabe gegenüber, die neue Gesellschaft zu organisieren. Denken wir an den Dialog zwischen Lenin und Trotzki am Vorabend der Oktoberrevolution. Lenin fragte: »Was wird geschehen, wenn wir scheitern?«, und Trotzki antwortete: »Was wird geschehen, wenn wir siegen?«

Wir sind heute in dieser Frage festgefahren. Dieses Buch handelt von drei tragischen Akten, plus einem vierten, einer Art komischem Supplement. Die Prämisse des Buchs ist, dass wir uns heute mehr denn je an die grundlegenden marxistischen Einsichten halten sollten: Der Kommunismus ist keine ideale normative Ordnung, eine Art ethisch-politisches »Axiom«, sondern etwas, das auftaucht als Reaktion auf die sich vollziehenden historischen Prozesse und ihre toten Punkte. 1985 veröffentlichten Félix Guattari und Antonio Negri ein Buch auf Französisch mit dem Titel *Les nouveaux espaces de liberté*, der für die englische Übersetzung abgeändert wurde in *Communists Like Us* (Los Angeles: Semiotexte 1990)[7] – in unbeabsichtigter Weise verweist dieser Titel auf die aufkommende Aneignung der kommunistischen Idee durch die obere Mittelschicht und ermöglichte ihm so eine bescheidene Wiederkehr als Slogan für einige betuchte Akademiker, die keinerlei Verbindung zu tatsächlich Armen und Ausgebeuteten haben. Die neuen Kommunisten sind »wie wir«, normale akademische Kultur-Linke; eine radikale subjektive Transformation ist dabei nicht involviert. »Kommunismus« wird zu einer Insel, aus der man sich selbst »abzieht« – ein hübscher Fall von etwas, das man »Opportunismus mit Prinzipien« nennen kann, d. h. das zuversichtliche Festhalten an abstrakten »radikalen« Begriffen als Weg, »rein« zu bleiben und »Kompromisse« zu vermeiden, denn man vermeidet zugleich jegliches Engagement in tatsächlicher Politik.

Wenn wir also über die andauernde Relevanz (oder eigentlich Irrelevanz) der Idee des Kommunismus sprechen, sollten wir nicht an eine regulative Idee im Kant'schen Sinne denken, sondern in einem strikt Hegel'schen Sinn: Für Hegel ist »Idee« ein Begriff, der nicht im reinen »Sollen« besteht, sondern auch die Macht zu ihrer Umsetzung enthält. Die Frage nach der Aktualität der Idee des Kommunismus ist deshalb diejenige nach dem Erkennen von Tendenzen in unserer Gegenwart, die auf sie deuten, andernfalls ist es eine Idee, mit der man seine Zeit nicht vertun sollte.

1.

Der Stand der Dinge

Die chaotische Welt des globalen Kapitalismus

Um Dinge wirklich zu verändern, muss man zunächst akzeptieren, dass es innerhalb des bestehenden Systems keine echte Veränderung geben kann. Jean-Luc Godard gab das Motto aus: »Ne change rien pour que tout soit différent« (»Ändere nichts, damit alles anders wird«), die Umkehrung von: »Manche Dinge müssen sich verändern, damit alles gleich bleibt«. In unserer spätkapitalistischen Konsumdynamik werden wir unablässig mit neuen Produkten bombardiert, aber diese beständige Veränderung wird zunehmend monotoner. Wenn nur die konstante Selbstrevolutionierung ein System am Leben halten kann, sind diejenigen, die es ablehnen, irgendetwas zu ändern, die Agenten von wahrem Wandel: ein Wandel genau des Prinzips der Veränderung.

Oder, um es anders auszudrücken, wahrer Wandel besteht nicht nur im Umsturz der alten Weltordnung, sondern vor allem in der Etablierung einer neuen Ordnung. Louis Althusser hat einmal eine Typologie revolutionärer Anführer improvisiert, die es mit Kierkegaards Klassifikation von Menschen in Offiziere, Hausmädchen und Schornsteinfeger durchaus aufnehmen kann: diejenigen, die Sprichwörter benutzen, solche, die keine verwenden, und solche, die neue Sprichwörter erfinden. Die ersten sind Schufte (Althusser dachte dabei an Stalin), die zweiten sind große Revolutionäre, die zum Scheitern verurteilt sind (Robespierre); die dritten sind die Einzigen, die die wahre

Natur einer Revolution verstehen und erfolgreich sind (Lenin, Mao). Diese Triade verzeichnet drei verschiedene Weisen, in denen man sich zum großen Anderen ins Verhältnis setzen kann, verkörpert in der symbolischen Substanz, dem Bereich der ungeschriebenen Gebräuche und Weisheiten, die am besten in der Dummheit von Sprichwörtern zum Ausdruck kommen. Schufte schreiben die Revolution schlicht in die ideologische Tradition ihrer Nation ein (für Stalin war die Sowjetunion das letzte Stadium der fortschreitenden Entwicklung Russlands). Radikale Revolutionäre wie Robespierre scheitern, weil sie lediglich einen Bruch mit der Vergangenheit herbeiführen und in ihrem Bemühen, einen neuen Satz von Gebräuchen durchzusetzen, nicht erfolgreich sind (denken wir an Robespierres größtes Scheitern in seiner Idee, Religion durch einen neuen Kult des Höchsten Wesens zu ersetzen). Führer wie Lenin und Mao waren erfolgreich (zumindest eine Zeitlang), weil sie neue Sprichwörter erfanden, was heißt, dass sie neue Gewohnheiten durchsetzten, die das tägliche Leben regelten. Einer der besten Goldwynismen handelt davon, wie Sam Goldwyn, nachdem er erfahren hatte, dass Kritiker eine Vielzahl von alten Klischees in seinen Filmen bemängelt hatten, ein Memo an seine Drehbuchabteilung schrieb: »Wir brauchen mehr neue Klischees!« Er hatte recht, und die schwierigste Aufgabe einer Revolution besteht genau darin: neue Klischees für das normale Alltagsleben zu schaffen.

Man sollte hier noch einen Schritt weitergehen. Die Aufgabe der Linken besteht nicht nur darin, einfach eine neue Ordnung vorzuschlagen, sondern auch die Perspektive auf das, was möglich erscheint, zu verändern. Das Paradox unserer Notlage liegt deshalb auch darin, dass zum einen der Widerstand gegen den globalen Kapitalismus offensichtlich immer wieder dabei scheitert, dessen Fortschreiten aufzuhalten, es ihm zum anderen jedoch nicht gelingt, die vielen Signale der fortschreitenden Selbstauflösung des Kapitalismus zu erkennen. Es ist, als bewegten sich beide Tendenzen (Widerstand und Selbstauflösung) auf verschiedenen Ebenen und könnten nicht zusammenfinden, so dass sich flüchtige Proteste und innerer Verfall gleichzeitig ereignen, es aber keine Möglichkeit gibt, beides zusammenzubringen in einem koordinierten Versuch, die Welt vom Kapitalismus zu befreien. Wie ist es so weit gekommen? Während ein Großteil der Linken verzweifelt versucht, die Rechte der Arbeiter gegen den Ansturm des globalen Kapitalismus zu schützen, sind es fast ausschließlich die »progressivsten« Kapitalisten selbst (von Elon Musk bis Mark Zuckerberg), die vom Postkapitalismus sprechen – als würde genau der Begriff des Übergangs vom Kapitalismus, wie wir ihn kennen, und einer neuen postkapitalistischen Ordnung vom Kapitalismus selbst angeeignet.

In einem Interview mit *The Atlantic* im November 2017 äußerte Bill Gates, dass der Kapitalismus nicht funktioniere und unsere einzige Hoffnung, den Planeten zu retten, der Sozialismus sei. Seine Überlegungen gründen sich auf eine einfache ökologische Rechnung: Die Nutzung fossiler Brennstoffe muss radikal reduziert werden, wenn wir eine globale Katastrophe verhindern wollen, und da der private Sektor zu eigennützig ist, um saubere und wirtschaftliche Alternativen zu produzieren, muss die Menschheit jenseits der Marktkräfte handeln. Gates selbst kündigte sein Vorhaben an, zwei Milliarden Dollar aus eigener Tasche in grüne Energie zu investieren, obwohl damit nichts zu verdienen sei, und er rief seine Milliardärs-Kollegen dazu auf, aus ebenso philanthropischem Antrieb dabei zu helfen, die USA bis 2050 von fossiler Energie frei zu machen.[1] Von einer orthodoxen linken Position aus ist es leicht, sich über die Naivität von Gates' Vorschlag lustig zu machen. Solche Vorwürfe mögen richtig sein, aber sie werfen die folgende Frage auf: Wo ist der linke realistische Vorschlag in Bezug auf das, was zu tun ist? Worte sind entscheidend in öffentlichen Debatten: Selbst wenn Gates über etwas spricht, das kein »wahrer Sozialismus« ist, spricht er doch über die verhängnisvolle Beschränktheit des Kapitalismus – und, noch einmal, haben heutige selbsterklärte Sozialisten eine ernsthafte Vision davon, wie Sozialismus heutzutage aussehen sollte?

Der übliche radikallinke Vorwurf an die Bilanz der Linken an der Macht besteht darin, sie seien, anstatt die Produktion effektiv zu sozialisieren und tatsächliche Demokratie einzusetzen, in den Zwängen konventioneller linker Politik verhaftet geblieben (die Produktionsmittel zu nationalisieren oder den Kapitalismus in sozialdemokratischer Manier zu tolerieren, eine autoritäre Diktatur durchzusetzen oder das Spiel der parlamentarischen Demokratie zu spielen). Vielleicht ist die Zeit gekommen, die brutale Frage zu stellen: Was genau hätten sie tun sollen oder überhaupt tun können? Wie hätte ein authentisches Modell sozialistischer Demokratie in der Praxis aussehen können? Ist der heilige Gral – eine revolutionäre Macht, die alle Fallen (Stalinismus, Sozialdemokratie) umgeht und eine wahrhafte Volksdemokratie auf gesellschaftlicher und wirtschaftlicher Ebene entwickelt – nicht eine rein imaginäre Entität, die per Definition nicht mit tatsächlichem Inhalt gefüllt werden kann?

Hugo Chávez, Präsident Venezuelas von 1999 bis 2013, war nicht einfach ein Populist, der mit Öl-Geld um sich warf. Von den internationalen Medien wurden die komplexen und häufig inkonsistenten Bemühungen großflächig ignoriert, die kapitalistische Wirtschaft zu überwinden, indem mit neuen Formen experimentiert wurde, die Produktion zu organisieren, mit dem Ziel, über die Alternativen von privatem oder staatseigenem Besitz hinauszugelangen: Bauern- und Arbeiterkooperativen, Partizipation der Arbeiter, Kontrolle und Organisation der Produktion, verschiedene hybride Formen zwischen privatem Eigentum und gesellschaftlicher Kontrolle und Organisation usw. Fabriken, die von ihren Besitzern nicht genutzt werden, konnten beispielsweise in die Hände von Arbeitern gegeben werden. Es gibt viele Erfolge und Fehlschläge auf diesem Weg – beispielsweise wurde nach einigen Versuchen der Plan aufgegeben, verstaatlichte Fabriken an Arbeiter zu übergeben, indem man Aktien unter ihnen verteilte. Obwohl es sich dabei um echte Bemühungen handelte, Graswurzelinitiativen in staatliche Vorgaben zu integrieren, muss man doch die vielen wirtschaftlichen Fehlschläge und Ineffizienzen zur Kenntnis nehmen sowie die weitverbreitete Korruption. Die gängige Geschichte lautet, dass nach einem halben Jahr voller enthusiastischer Arbeit die Dinge den Bach hinuntergehen. In den ersten Jahren des Chavismo wurden wir eindeutig Zeugen einer breiten Mobilisierung des Volkes. Es bleibt dennoch die Frage: Wie kann oder sollte dieses Vertrauen auf die Selbstorganisation des Volkes sich auf das Führen einer Regierung auswirken? Können wir uns heute eine wirkliche kommunistische Macht auch nur vorstellen? Wir bekommen entweder Katastrophen (Venezuela), Kapitulation (Griechenland) oder eine vollständige Rückkehr zum Kapitalismus (China, Vietnam).

Offizielle Versuche, in China die marxistische Gesellschaftstheorie zu bemühen, zeichnen ein Bild der heutigen Welt, das, um es einfach auszudrücken, im Wesentlichen dasselbe ist wie zu Zeiten des Kalten Krieges: Der weltweite Kampf zwischen Kapitalismus und Sozialismus setzt sich unvermindert fort, das Fiasko von 1990 war nur ein momentaner Rückschlag, so dass die heutigen großen Gegenspieler nicht mehr USA und UdSSR, sondern die USA und China sind, das weiterhin ein sozialistisches Land ist. Die Explosion des Kapitalismus in China wird als imposanter Fall dessen angesehen, was in der frühen Sowjetunion Neue Ökonomische Politik genannt wurde, so dass wir in China einen neuen »Sozialismus mit chinesischen Merkmalen« haben, aber doch immer noch Sozialismus: Die Kommunistische Partei ist weiter an der Macht, kontrolliert engmaschig und lenkt die Marktkräfte. Von diesem Blickwinkel aus wird der wirtschaftliche Erfolg Chinas in den letzten Jahrzehnten als Beweis nicht für das produktive Potential des Kapitalismus, sondern für die Überlegenheit des Sozialismus gegenüber dem Kapitalismus interpretiert. Um diesen Standpunkt aufrechtzuerhalten, der auch für Vietnam, Venezuela, Kuba und selbst Russland als sozialistisches Land gilt, muss man dem neuen Sozialismus eine starke gesellschaftlich konservative Wendung verleihen. Dies ist nicht der einzige Grund, aus dem die Rehabilitierung des Sozialismus unverfroren nichtmarxistisch ist und den wesentlichen marxistischen Grundsatz ignoriert, dem zufolge der Kapitalismus durch kapitalistische Produktionsverhältnisse definiert wird und nicht durch den Typus der Staatsmacht.[2]

Alle diejenigen, die irgendwelche Illusionen in Bezug auf Putin hegen, sollten die Tatsache zur Kenntnis nehmen, dass er Iwan Iljin in den Status seines offiziellen Philosophen erhoben hat, einen russischen politischen Theologen, der nach seiner Ausweisung aus der Sowjetunion in den frühen 1920er Jahren auf dem berühmten »Philosophenschiff« für seine eigene Version eines russischen Faschismus, sowohl gegen den Bolschewismus als auch gegen westlichen Liberalismus, eintrat: der Staat als organische Gemeinschaft, geführt von einem väterlichen Monarchen. Man muss dennoch eine partielle Wahrheit in dieser chinesischen Position zugestehen: Selbst im wildesten Kapitalismus ist es entscheidend, wer die Staatsapparate kontrolliert. Klassischer Marxismus und die Ideologie des Neoliberalismus tendieren beide dazu, den Staat auf einen sekundären Mechanismus zu reduzieren, der den Bedürfnissen der Kapitalreproduktion gehorcht; beide unterschätzen dabei die aktive Rolle, die Staatsapparate in ökonomischen Prozessen spielen. Man sollte heute nicht den Kapitalismus als den großen bösen Wolf fetischisieren, der Staaten kontrolliert; Staatsapparate sind im Kern ökonomischer Prozesse selbst aktiv und tun viel mehr, als nur die rechtlichen und anderen (bildungspolitischen, ökologischen) Bedingungen der Reproduktion des Kapitals abzusichern. In vielen verschiedenen Formen ist der Staat als direkter wirtschaftlicher Agent tätig (er hilft gescheiterten Banken, unterstützt ausgewählte Industrien, er bestellt Verteidigungs- und anderes Material) – in den USA werden heute etwa 50 Prozent der Produktion durch den Staat vermittelt (während vor einem Jahrhundert dieser Anteil noch zwischen fünf bis zehn Prozent lag). Marxisten sollten diese Lektion vom Staatssozialismus gelernt haben, wo der Staat ein direkter wirtschaftlicher Agent und Regulator war, so dass er, was auch immer er gewesen ist, ein Staat ohne Kapitalistenklasse war – einige marxistische Analysten verwenden den verdächtigen Begriff »Staatskapitalismus« dafür. Aber wenn wir einen kapitalistischen Staat ohne Kapitalisten als Klasse haben können, bis zu welchem Grad können wir uns einen nichtkapitalistischen Staat vorstellen, in dem Kapitalisten die starke Rolle in der Wirtschaft spielen? Während das chinesische Modell sicher unadäquat ist – es kombiniert explodierende soziale Ungleichheit mit einem starken autoritären Staat –, sollte man nichtsdestoweniger die Möglichkeit eines starken nichtkapitalistischen Staats, der auf Elemente des Kapitalismus in einigen gesellschaftlichen Bereichen zurückgreift, nicht a priori ausschließen. Es ist möglich, eine begrenzte Anzahl von Elementen des Kapitalismus zu tolerieren, ohne zuzulassen, dass die Logik des Kapitals das überdeterminierende Prinzip des gesellschaftlichen Ganzen wird.

Wie Julia Buxton es ausdrückt, hat die Bolivarianische Revolution »die sozialen Verhältnisse in Venezuela verändert und hatte einen großen Einfluss auf dem Kontinent im Ganzen. Aber die Tragödie ist, dass sie nie sorgfältig institutionalisiert wurde und sich damit als unhaltbar erwies.«[3] Das mag sein, aber wie institutionalisiert man sie in einer authentischen Weise? Es ist zu einfach zu sagen, dass wahre emanzipatorische Politik sich vom Staat fernhalten sollte; das grundlegende Problem liegt darin, was mit dem Staat geschehen soll. Können wir uns überhaupt eine Gesellschaft außerhalb des Staats vorstellen? Wir müssen mit diesem Problem umgehen, hier und jetzt: Es ist keine Zeit, auf zukünftige Lösungen zu warten und uns währenddessen auf sicherer Distanz vom Staat zu halten. In anderen Worten: Warum gab es keine venezolanische Linke, die eine wirkliche Alternative zu Chávez und Maduro liefern konnte? Warum wurde die Initiative, gegen Chávez zu opponieren, der extremen Rechten überlassen, die triumphal den Kampf der Opposition an sich riss und behauptete, die Stimme der normalen Menschen zu sein, die unter den Folgen von Chávez' wirtschaftlichem Missmanagement litt?

Im Frühmärz 2018 ging eine kleine Nachricht fast unbeachtet zwischen lauter »großen« Ereignissen unter: In Südafrika beschloss die Regierungspartei (der African National Congress), den weißen Bauern ohne Entschädigung ihr Land zu enteignen. Diese Entscheidung – wenn sie denn umgesetzt wird – wird die Linke wieder vor ein großes Dilemma stellen. Natürlich muss etwas unternommen werden, da die weiße Minderheit als Ergebnis der Apartheid immer noch das meiste Ackerland besitzt. Wie sollte jedoch eine solche Maßnahme umgesetzt werden, ohne eine weitere Wirtschaftskatastrophe wie in Zimbabwe zu verursachen, was wiederum der liberalen Meinung in die Hände spielt, dass Schwarze keine Wirtschaft führen können, und außerdem radikale linke Maßnahmen im Allgemeinen diskreditiert?

Kurz, was, wenn die Suche nach einem wahren Dritten Weg – jenseits der Sozialdemokratie, die nicht weit genug geht, und dem »Totalitarismus«, der zu weit geht – reine Zeitverschwendung wäre? Die radikallinke Strategie ist der Versuch, mit großem theoretischem Feinsinn zu zeigen, wie »totalitäre« Radikalisierung ihr Gegenteil maskiert: Der Stalinismus war tatsächlich eine Form des Staatskapitalismus und so weiter. Im Fall von Venezuela machen radikale Linke für das Fiasko des Chavismus die Tatsache verantwortlich, dass er Kompromisse mit dem Kapitalismus einging, indem er nicht nur in Korruption versank, sondern auch mit internationalen Unternehmen verhandelte, um Venezuelas Bodenschätze auszubeuten. Noch einmal: Selbst wenn dies im Prinzip stimmt, was hätte die Regierung tun sollen? In Bolivien umging die Morales-Linera-Regierung diese Fallen, aber taten sie etwas anderes, als in den Grenzen einer bescheideneren, »demokratischen« Form von Politik zu verbleiben?

Vielleicht wäre der erste Schritt aus diesem toten Punkt, unsere Besessenheit vom Fortschritt hinter uns zu lassen und uns stattdessen auf diejenigen zu konzentrieren, die abgehängt wurden – von den Göttern und vom Markt. In der populären Fiktion, vom niedrigsten fundamentalistischen Trash (Tim LaHaye und Konsorten) bis zu den TV-Serien (*Leftovers*), ist in den letzten Jahrzehnten ein überraschendes Thema aufgekommen: das Problem der »Abgehängten«. Armageddon nähert sich, und Gott hat die Privilegierten zu sich geholt, um sie vor den kommenden Schrecken zu retten. Aber könnte man nicht eine vulgäre ökonomische Lesart der populären Anziehungskraft dieser Idee vornehmen? Denn wie so häufig hat Gott selbst anscheinend die Stimme des Kapitals erhört, so dass die Frage der Abgehängten mit unserer wirtschaftlichen Zwangslage im globalen Kapitalismus zusammenhängt. Sind nicht in der Tat nicht nur diejenigen, die nicht in der Lage waren, sich dem Fluss der Geflüchteten anzuschließen, und in den Wirren ihrer Heimatländern geblieben sind, die Abgehängten?

Die meisten Geflüchteten wollen nicht in Europa leben, sie wollen ein würdiges Leben bei sich zu Hause. Anstatt daran zu arbeiten, dies zu erreichen, behandeln die westlichen Mächte das Problem als »humanitäre Krise«, deren beide Extreme die Gastfreundschaft und die Angst vor dem Verlust unseres Lebensstils sind. Sie schaffen dadurch einen pseudo-»kulturellen« Antagonismus zwischen Geflüchteten und lokaler Unterschicht und ziehen sie in einen Konflikt hinein, der einen politisch-ökonomischen Kampf in einen »Kampf der Kulturen« verwandelt.

Man sollte jegliche simplizistische Romantisierung von Geflüchteten vermeiden. Manche europäischen Linken behaupten, dass die Geflüchteten ein nomadisches Proletariat seien, das als Herzstück einer neuen revolutionären Bewegung agieren könne – eine Behauptung, die höchst problematisch ist. Das Proletariat besteht für Marx aus ausgebeuteten Arbeitern, die durch Arbeit diszipliniert werden und Wohlstand schaffen, und während das heutige Prekariat als neue Form des Proletariats gelten kann, liegt das Paradox der Geflüchteten darin, dass sie meist danach streben, überhaupt erst zum Proletariat zu werden. Sie sind »nichts«, haben keinen Ort in der sozialen Hierarchie des Landes, in das sie flüchten; aber von hier aus ist es ein großer Schritt, zum Proletariat im Sinne von Marx zu werden. Wäre es also nicht angebrachter, anstatt die Geflüchteten als nomadisches Proletariat zu feiern, zu behaupten, dass sie der dynamischste und ehrgeizigste Teil der Bevölkerung sind, diejenigen mit dem Willen, etwas zu erreichen, und dass die wahren Proletarier eher diejenigen sind, die als Fremde in ihrem eigenen Land zurückgelassen wurden (mit allen religiösen Konnotationen: Übriggelassene, nicht in Verzückung zu Gott Heimgeholte)?

Die Tendenz des globalen Kapitalismus besteht darin, aus 80 Prozent von uns »Übriggebliebene« zu machen. Vor hundert Jahren war Vilfredo Pareto der Erste, der diese sogenannte 80-zu-20-Regel entdeckte: 80 Prozent des Landes wird von 20 Prozent der Menschen besessen, 80 Prozent der Gewinne werden von 20 Prozent der Angestellten produziert, 80 Prozent der Entscheidungen werden während 20 Prozent der Dauer einer Sitzung getroffen, 80 Prozent der Links verweisen auf weniger als 20 Prozent der Webseiten, 80 Prozent der Erbsen werden von 20 Prozent der Erbsenschoten produziert. Wie manche Börsianer und Ökonomen nahegelegt haben, konfrontiert uns die heutige Explosion wirtschaftlicher Produktivität mit dem äußersten Fall dieses Gesetzes: Die aufkommende globale Wirtschaftsordnung tendiert zu einem Zustand, in dem nur 20 Prozent der Arbeitskraft alle notwendigen Tätigkeiten erledigen kann, so dass 80 Prozent der Menschen im Wesentlichen unbedeutend und nutzlos werden, potentiell arbeitslos. Wenn diese Logik ihren Höhepunkt erreicht, wäre es dann nicht vernünftig, sie auf ihre Selbstverneinung zu reduzieren: Ist ein System, das 80 Prozent der Menschen irrelevant und nutzlos macht, nicht *selbst irrelevant und nutzlos*? Das Problem liegt also nicht primär darin, dass ein neues globales Proletariat entsteht, sondern in etwas viel Radikalerem: Milliarden von Menschen werden schlicht nicht gebraucht, kein Sweatshop kann sie aufnehmen. Dieser Aspekt wird von der linken Politik vernachlässigt, die sich darauf beschränkt, für den Erhalt der schnell schwindenden Überreste des Wohlfahrtsstaats zu kämpfen; aber angesichts der sich ereignenden zerstörerischen Wirtschaftspolitik ist dies ein verlorener Kampf. Nicht einfach deshalb verloren, weil die Finanzelite von dem Verlust profitiert, sondern weil dieselbe Finanzelite sich auf das wachsende Heer derjenigen verlassen kann, die noch nicht einmal den Zugang zu irgendeiner dieser »Leistungen« hatten und diese Leistungen stattdessen als Privilegien denunziert (junge, prekarisierte Arbeiter).[4]

Der Kampf, um die alten Leistungen des Wohlfahrtsstaats aufrechtzuerhalten, ist folglich der Kampf der etablierten Arbeiterklasse gegen die neuen überausgebeuteten Randgruppen (prekäre Arbeiter, neue Sklaven etc.), die diese Leistungen nie genossen haben. Der italienische Marxist Antonio Negri hat einmal ein Interview gegeben, während er eine Vorstadt-Straße in Venedig-Mestre entlangspazierte; die Kamera des Journalisten hielt ihn dabei fest, wie er an einer Reihe Arbeiter vorbeiging, die ihre Textilfabrik bestreikten, die geschlossen werden sollte. Er zeigte auf die Arbeiter und bemerkte verächtlich: »Schaut sie an, sie wissen noch nicht, dass sie schon tot sind!« Für

Negri stehen diese Arbeiter für alles, was falsch läuft im traditionellen gewerkschaftlichen Sozialismus, der sich auf unternehmerische Jobsicherheit konzentriert, ein Sozialismus, der unbarmherzig obsolet gemacht geworden ist durch die Dynamiken des »postmodernen« Kapitalismus mit seiner Hegemonie der intellektuellen Arbeit. Anstatt auf diesen neuen »Geist des Kapitalismus« in der Art traditioneller Sozialdemokratie zu reagieren und ihn als Bedrohung zu sehen, fordert Negri, dass wir ihn uns vollständig zu eigen machen sollten, um in ihm – in der Dynamik intellektueller Arbeit und seiner nichthierarchischen und nichtzentralisierten sozialen Interaktion – die Samen des Kommunismus zu erkennen. Wenn wir dieser Logik bis zum Ende folgen, können wir nur zustimmen mit dem zynischen Bonmot, dass die Hauptaufgabe der Gewerkschaften heute sein sollte, ihre Mitglieder weiterzubilden, damit sie sich an die neue digitale Wirtschaft anpassen können. Das Problem an Negris Vision liegt in seinem Gebrauch des spinozistischen Begriffs der Masse: Anstatt seine und Michael Hardts enthusiastischen Beispiele zu akzeptieren, sollten wir eher an die letzte Szene (in der Originalversion von 1872) von Mussorgskis *Boris Godunow* denken, in der in einem Wald nahe Kromy eine Menschenmenge den Fall des Zaren feiert. Hier die Beschreibung (schamlos aus der englischen *Wikipedia* abgeschrieben):

»Aufgewühlte Musik begleitet den Einzug einer Menge Vagabunden, die den Bojaren Chruschtschow gefangen genommen hat. Die Menge verspottet ihn, verbeugt sich in einer höhnischen Ehrung vor ihm (›Nicht ein Falke fliegt am Himmel!‹). Der Jurodiwy tritt ein, verfolgt von den Straßenkindern. Er singt ein schwachsinniges Lied (›Der Mond fliegt, das Kätzchen weint‹). Die Kinder grüßen ihn und klopfen auf seinen metallenen Hut. Der Jurodiwy hat eine Kopeke, die die Kinder ihm stehlen; er jammert pathetisch. Warlaam und Missail sind in der Ferne zu vernehmen, wie sie von den Verbrechen Boris' und seiner Handlanger singen (›Die Sonne und der Mond haben sich verdunkelt‹). Sie treten ein. Die Menge gerät in Rage (›Unsere forsche Kühnheit hat sich befreit und ist zum Angriff bereit‹) und klagt Boris an. Zwei Jesuiten singen in der Ferne auf Lateinisch (›Domine, Domine, salvum

fac‹) und beten, dass Gott Dmitri retten wird. Angestiftet durch Warlaam und Missail wollen die Vagabunden die Jesuiten hängen, die
die Heilige Jungfrau um Hilfe ersuchen. Prozessionsmusik kündigt
die Ankunft von Dmitri und seinen Streitkräften an. Warlaam und
Missail rühmen ihn (›Ruhm für ihn, den Zaren!‹) gemeinsam mit der
Menge. Der Usurpator ruft alle von Boris Godunow Verfolgten. Er befreit Chruschtschow und ruft alle auf, nach Moskau zu marschieren.
Beistand. Die Menge bricht in Jubel aus, nur der Jurodiwy singt ein
Klagelied (›Fließt, fließt, bittere Tränen!‹) über die Ankunft der Feinde
und das Leid für Russland.«

In dieser chaotischen Mischung von Stimmen (orthodoxe Gläubige,
katholische Emissäre, der Usurpator Dimitri und seine Propagandisten, ein verängstigter Bojare, sadistisch spielende Kinder) wird Mitleid mit Opportunismus verbunden, Unschuld mit Korruption, Leidenschaft für die Freiheit mit geschickter Manipulation. Wir sind so
weit wie nur vorstellbar von jeglicher Behauptung eines emanzipatorischen Willens des Volkes entfernt – was im Hintergrund lauert,
ist eine undurchdringliche Dunkelheit. Aber wie sieht es mit der entgegengesetzten Vision aus? Wie wäre es, da die Dynamik des neuen
Kapitalismus eine stetig steigende Zahl von Arbeitern überflüssig
macht, mit dem Projekt, all die »lebenden Toten« des globalen Kapitalismus, all die Abgehängten durch den neokapitalistischen Fortschritt, all die überflüssig und obsolet Gewordenen, all diejenigen,
die unfähig sind, sich an diese neuen Bedingungen anzupassen, zu
einen? Die Wette ist selbstverständlich, dass ein direkter Kurzschluss
zwischen diesen Abgehängten der Geschichte und den progressivsten
Aspekten der Geschichte hergestellt werden kann.[5]

Liberale, die die Probleme der Ausgeschlossenen aus dem gesell-
schaftlich-politischen Prozess eingestehen, sehen die Inklusion derer,
deren Stimmen nicht gehört werden, als ihr Ziel an: Alle Standpunkte
sollten gehört werden, alle Interessen berücksichtigt werden, die
Menschenrechte aller garantiert werden, alle Lebensformen, Kulturen und Praktiken respektiert werden. Die Besessenheit dieser Form
der Demokratie zielt auf den Schutz aller Sorten von Minderheiten:

kulturelle, religiöse, sexuelle etc. Die Formel der Demokratie ist hier die geduldige Verhandlung und der Kompromiss. Was dabei verlorengeht, ist die proletarische Position, die der Universalität, die von den Ausgeschlossenen verkörpert wird. Aus diesem Grund zeigt ein genauerer Blick, dass die liberale Inklusion nicht Chávez' Ziel war: Er schloss nicht die Zurückgelassenen in den zuvor existenten liberal-demokratischen Rahmen ein; im Gegenteil, er nahm sie, die ausgeschlossenen Bewohner der Favelas, als seine Basis und organisierte die Politik neu um sie herum. So pedantisch und abstrakt er erscheinen mag, ist dieser Unterschied – derjenige zwischen »bourgeoiser Demokratie« und »Diktatur des Proletariats« – ein wesentlicher.

Die wirkliche Wahl ist deshalb diese: Sollen wir weiterhin das humanitäre Spiel der Sorge für die Zurückgelassenen spielen, oder sollten wir die viel schwierigere Aufgabe in Angriff nehmen, das globale System zu verändern, das sie hervorbringt? Ohne eine solche Veränderung wird unsere Situation zunehmend irrational werden. Um uns in diesem Problem zu orientieren, sollten wir uns der schicksalhaften Begrenztheit von Interessenpolitik bewusst sein. Parteien wie Die Linke in Deutschland repräsentieren die Interessen ihrer Anhängerschaft der Arbeiterklasse – bessere Gesundheitsversorgung und Renten, höhere Löhne usw.; dies zwängt sie automatisch in die Grenzen des existierenden Systems, und ihr Ziel ist folglich keine wirkliche Emanzipation. Interessen sollten nicht einfach verfolgt werden, sie müssen neu definiert werden, um den Ideen Raum zu geben, die nicht auf Interessen reduziert werden können.[6] Aus diesem Grund erleben wir immer wieder das Paradox der rechten Populisten, wenn sie die Macht erlangen und dann Maßnahmen durchsetzen, die im Interesse der Arbeiter sind – wie in Polen beispielsweise, wo

»PiS [Recht und Gerechtigkeit, die herrschende, rechtspopulistische Partei] sich selbst von einer ideologischen Nichtigkeit in eine Partei verwandelt hat, der es gelungen ist, erschütternde Veränderungen in Rekordgeschwindigkeit und Effizienz einzuführen [...]; sie hat die größten sozialen Transfers in der zeitgenössischen polnischen Geschichte umgesetzt. Eltern erhalten 500 Zloty (120 Dollar) monatlich für jedes Kind ab dem zweiten oder für alle Kinder in ärmeren Familien (das monatliche Durchschnittseinkommen beträgt etwa 2900 Zloty, obwohl mehr als zwei Drittel der Polen darunter liegen). Als Ergebnis ist die Armutsrate um 20 bis 40 Prozent gesunken und um 70 bis 90 Prozent unter den Kindern. Die Liste geht weiter: 2016 führte die Regierung freie Arzneimittel für Personen über 75 Jahre ein. Der Mindestlohn übersteigt nun den Wert, den Gewerkschaften angestrebt hatten. Das Rentenalter wurde von 67 auf 60 für Frauen und auf 65 für Männer gesenkt. Die Regierung plant außerdem Steuererleichterungen für Menschen mit geringem Einkommen.«[7]

Die PiS steht für das, was auch Marine Le Pen in Frankreich umzusetzen versprochen hat: eine Kombination aus Anti-Sparpolitik – soziale Transferleistungen, die keine linke Partei sich auch nur trauen würde, in Betracht zu ziehen – plus das Versprechen von Ordnung und Sicherheit, das nationale Identität geltend macht und verspricht, das Problem der Migration in Angriff zu nehmen. Wer kann eine solche Kombination schlagen, die direkt auf zwei große Sorgen normaler Leute abzielt? Wir können am Horizont eine merkwürdig pervertierte Situation erkennen, in der die offizielle »Linke« Sparpolitik durchsetzt (und gleichzeitig für multikulturelle Rechte kämpft), während die rechten Populisten Anti-Sparmaßnahmen implementieren, um den Armen zu helfen, und zugleich eine ausländerfeindliche nationalistische Agenda verfolgen – das jüngste Beispiel dessen, was Hegel als »verkehrte Welt« beschrieben hat.

Virtueller Kapitalismus und das Ende der Natur

Obwohl Marx eine unübertroffene Analyse kapitalistischer Reproduktion lieferte, lag sein Fehler nicht nur darin, dass er auf den letztendlichen Zusammenbruch des Kapitalismus zählte und deshalb nicht fassen konnte, wie der Kapitalismus aus jeder Krise erstarkt hervorging; er machte einen viel grundlegenderen Fehler. Der Marxismus wird von Wolfgang Streeck in präzisen Begriffen beschrieben: Der

Marxismus lag richtig mit der »letzten Krise« des Kapitalismus, und wir steuern eindeutig auf sie zu; aber die Krise liegt genau darin, dass in einem langen Prozess des Verfalls und der Auflösung mit keiner leichten Hegel'schen Aufhebung am Horizont kein Agent diesem Verfall eine positive Wendung zu geben vermag und ihn zu einem Mittel einer höheren Ebene gesellschaftlicher Organisation macht:

> »Es ist ein marxistisches – oder besser: modernistisches – Vorurteil, dass der Kapitalismus als historische Erscheinung nur dann enden könne, wenn eine neue, bessere Gesellschaft in Sicht ist – und mit ihr ein revolutionäres Subjekt, bereit und in der Lage, diese um des Fortschritts der Menschheit willen zu verwirklichen. Diese Annahme setzt ein Maß an politischer Kontrolle über unser gemeinsames Schicksal voraus, von dem wir nicht einmal mehr träumen können, seit die neoliberal-globalistische Revolution die Fähigkeit zu kollektivem Handeln, ja selbst die Hoffnung darauf, zerstört hat.«[8]

Streeck zählt verschiedene Zeichen dieses Verfalls auf: niedrigere Gewinnspannen, steigende Korruption und Gewalt, Finanzialisierung (Profit aus Finanzgeschäften, die parasitär zur Wertschöpfung sind). Das Paradox der Finanzpolitik der USA und der EU ist, dass gigantische Geldspritzen dabei scheitern, Produktion zu generieren, da sie meist in Operationen von fiktivem Kapital verschwinden. Aus diesem Grund sollte man die übliche liberale Hayek'sche Interpretation von explodierenden Schulden zurückweisen (die Kosten, einen Wohlfahrtsstaat auszustatten): Die Daten zeigen klar, dass der Großteil von ihnen das Finanzkapital und seine Profite füttert.

Eine weitere unerwartete Konsequenz ergibt sich aus diesem Verfall. Rebecca Carson[9] hat kürzlich gezeigt, wie die Finanzialisierung des Kapitals (wo der höchste Profit in M-M' generiert wird, ohne Umweg über die Verwertung der Arbeitskraft, die Mehrwert produziert) paradoxerweise zur Wiederkehr der direkten persönlichen Herrschaftsbeziehungen führt; paradoxerweise, da M-M' (wie Marx betont hat) das Kapital in seiner unpersönlichsten und abstraktesten Form ist. Es ist ganz zentral, dass man hier die Verbindung dreier Elemente versteht: fiktives Kapital, persönliche Herrschaftsbeziehung und soziale Reproduktion (von Arbeitskraft). Die Finanzspekulationen finden vor dem Faktum (der Wertsteigerung) statt: Sie bestehen meist aus Kreditoperationen und spekulativen Investments, bei denen noch kein Geld in die Produktion gesteckt worden ist. Kredit bedeutet Schulden, daher ist das Subjekt oder der Träger dieser Operation (nicht nur Individuen, sondern Banken und Institutionen, die Geld verwalten) in diesen Prozess nicht als Subjekt nur der Wertform involviert, sondern ebenfalls Kreditgeber und Schuldner, so dass auch diese Subjekt einer anderen Machtbeziehung sind, die nicht auf der abstrakten Herrschaft der Kommodifizierung beruht:

> »Daher hat die spezielle Machtbeziehung, die in der Kreditoperation involviert ist, eine persönliche Abhängigkeitsdimension (Kreditgeber-Schulden), die sie von einer abstrakten Beherrschung unterscheidet. Diese persönliche Machtbeziehung entsteht jedoch durch genau den Austauschvorgang, der von Marx abstrakt als völlig unpersönlich und formal beschrieben wird, da die Sozialbeziehungen der Kreditoperationen auf den Sozialbeziehungen der Wertform beruhen würden. Das Phänomen persönlicher Abhängigkeitsformen, das durch die Suspension der Verwertung durch fiktives Kapital in den Vordergrund rückt, bedeutet nicht, dass abstraktere Herrschaftsformen keine Rolle spielen würden.«[10]

Die von fiktivem Kapital implizierte Machtdynamik ist keine klare Dichotomie zwischen Akteuren: Während persönliche Herrschaft per definitionem auf der Ebene der Interaktion auftaucht, sind Kreditgeber im Wesentlichen keine Individuen, sondern Banken und Hedgefonds, die auf künftige Produktion spekulieren. Und werden nicht tatsächlich die Operationen fiktiven Kapitals immer stärker ohne direkten Eingriff getätigt, d. h. schlicht durch Computer, die ihre Programme ausführen? Diese Operationen müssen jedoch wieder in persönliche Beziehungen rückübersetzt werden, und hier taucht Abstraktion als persönliche Herrschaft auf. Wenn Kapital finanzialisiert und zunehmend fiktiv wird, so dass die Beziehungen zwischen Personen immer weniger durch Kommodifizierung vermittelt werden, was geschieht dann mit diesen Beziehungen? Es gibt hier nur einen Ausweg: Beziehungen persönlicher Herrschaft müssen in irgendeiner Form zurückkehren.

Diejenigen, die nicht direkter Kommodifikation unterworfen sind, aber eine entscheidende Rolle in der Reproduktion der Arbeitskraft spielen, sind auch von der steigenden Abhängigkeit von künftiger Verwertung betroffen, die vermeintlich durch die Zirkulation fiktiven Kapitals geöffnet wird: Fiktives Kapital wird durch die Erwartung aufrechterhalten, dass die Verwertung in der Zukunft stattfinden wird, so dass die Reproduktion der Arbeitskraft unter Druck gerät und diejenigen, die gegenwärtig nicht arbeiten, in Zukunft dazu bereit sind. Deshalb ist das Thema der Bildung heutzutage so wichtig (in seiner produktiv-technokratischen Version: fit für den kompetitiven Arbeitsmarkt werden), und deshalb ist es mit Schulden verbunden: Ein Student verschuldet sich, um seine Ausbildung zu bezahlen, und von dieser Schuld wird erwartet, dass sie durch Selbst-Kommodifizierung zurückgezahlt werden kann, d. h. wenn der verschuldete Student einen Job bekommt. Bildung taucht auch als eines der Hauptthemen im Zusammenhang mit der Frage auf, wie man mit Flüchtlingen umgeht – wie man sie in nützliche Arbeitskraft verwandelt.

Da in unserer Gesellschaft freie Wahl zu einem höheren Wert erhoben wird, können soziale Kontrolle und Herrschaft nicht mehr länger als Eingriffe in die Freiheit des Subjekts erscheinen – sie müssen als ebenjene Erfahrung der Individuen, frei zu sein, erscheinen und sie stützen. Es gibt eine Vielzahl an Formen, wie diese Unfreiheit im Gewand ihres Gegenteils erscheint: Wenn wir keine allgemeine Krankenversicherung haben, sagt man uns, dass wir nun eine neue Form der Wahlfreiheit hatten (und unseren Versicherer auswählen konnten), wenn wir uns nicht mehr auf unbefristete Stellen verlassen können und dazu gezwungen werden, alle paar Jahre eine neue prekäre Stelle zu suchen, dann sagt man uns, dass wir eine neue Möglichkeit hatten, uns selbst neu zu erfinden und unentdeckte kreative Potentiale zu entdecken, die in unserer Persönlichkeit geschlummert hatten; wenn wir für die Ausbildung unsrer Kinder zahlen müssen, sagt man uns, dass wir »Unternehmer unserer selbst« werden und wie Kapitalisten handelten, die frei wählen, wie sie ihre eigenen (oder geborgten) Mittel investieren möchten – in Bildung, Gesundheit, Reisen ... Unter dem konstanten Bombardement von erzwungenen »freien Wahlmöglichkeiten« und dazu genötigt, Entscheidungen zu treffen, für die wir meistens nicht ausreichend qualifiziert sind (oder zu denen wir über nicht genügend Information verfügen), erfahren wir unsere Freiheit zunehmend als dasjenige, was sie tatsächlich ist: eine Last, die uns die wirkliche Wahlfreiheit vorenthält ... Die bürgerliche Gesellschaft verwischt Kasten und andere Hierarchien und macht alle Individuen als Marktsubjekte gleich, die lediglich durch Klassenunterschiede getrennt sind; aber der heutige Spätkapitalismus mit seiner Ideologie der »Spontaneität« nimmt sich vor, die Klassenschranken selbst aufzuheben, indem er uns alle zu »Unternehmern unserer selbst« erklärt, wobei die Unterschiede zwischen uns nur quantitativ sind (ein großer Kapitalist leiht sich Hunderte von Millionen für seine Investition, ein armer Arbeiter leiht sich ein paar Tausend für seine Zusatzausbildung).

Die groß gefeierten »kollaborativen Commons« spielen hier auch eine Rolle. Marx hat immer betont, dass der Austausch zwischen Arbeiter und Kapitalist »gerecht« ist in dem Sinne, dass Arbeiter (im Regelfall) den vollen Wert ihrer Arbeitskraft als Ware bezahlt bekommen: Es gibt hier keine direkte »Ausbeutung«, es ist nicht so, dass Arbeiter »nicht den vollen Wert der Ware erhielten, die sie den Kapitalisten verkaufen«. Während ich also in einer Marktwirtschaft de facto abhängig bleibe, ist diese Abhängigkeit nichtsdestoweniger »zivilisiert«, ausgeübt in der Form eines freien Marktaustauschs zwischen mir und anderen Personen anstelle einer direkten Dienstbarkeit oder sogar physischen Zwangs. Nichts ist leichter, als Ayn Rand zu verspotten, aber es steckt ein Körnchen Wahrheit in der berühmten »Hymne auf das Geld« in ihrem Buch *Der Streik* [*Atlas Shrugged*]:

»Solange Sie nicht erkennen, dass Geld die Wurzel alles Guten ist, betteln Sie um Ihre eigene Zerstörung. Wenn Geld nicht mehr das Werkzeug ist, mit dem die Menschen untereinander handeln, dann werden Menschen die Werkzeuge von Menschen. Blut, Peitsche und Gewehre – oder Dollars. Treffen Sie Ihre Wahl – eine andere gibt es nicht [...].«[11]

Sagte Marx nicht etwas ganz Ähnliches in seiner berühmten Formel, wie in einer Welt von Waren die Verhältnisse zwischen Menschen die Gestalt des Verhältnisses zwischen Dingen annehmen? In der Marktwirtschaft können Beziehungen zwischen Menschen als durch gegenseitige Anerkennung von Freiheit und Gleichheit geprägt erscheinen; Herrschaft wird nicht länger direkt ausgeübt und sichtbar. Der real existierende Sozialismus des 20. Jahrhunderts stellte unter Beweis, dass das Überwinden der marktbedingten Entfremdung die »entfremdete Freiheit« abschafft und damit Freiheit tout court, womit wir auf die »nichtentfremdeten« Beziehungen direkter Herrschaft zurückgeworfen sind. In welchem Maß sind kollaborative Commons derselben Gefahr ausgesetzt? Können sie überleben, ohne eine regulierende Vermittlung, die ebenjenes Medium der Kollaboration kontrolliert und damit direkte Herrschaft ausübt?

Das bedeutet natürlich keineswegs, dass in dieser neuen Form der Herrschaft Geld keine Rolle spielt und wir es mit einer direkten Herrschaft zu tun haben: Geld spielt weiterhin eine entscheidende Rolle, aber insofern seine Verteilung sich nicht mehr auf den Prozess der Verwertung gründet (Arbeiter, die für ihre Arbeit bezahlt werden etc.), beginnt es, als direktes Mittel der Herrschaft zu funktionieren. In anderen Worten wird Geld als Mittel politischer Macht verwendet, als Form der Machtausübung und der Kontrolle über die Subjekte. Darüber hinaus sollte man, obwohl einige Theoretiker behaupten, dass wir damit über die Beziehungen des Warenaustauschs und der Ausbeutung-durch-Verwertung hinausgelangten, darauf insistieren, dass Verwertung mittels der Zirkulation von Kapital das letzte Ziel des gesamten Prozesses wirtschaftlicher Reproduktion bleibt.

Das zu erwartende Ergebnis ist, dass weitere Teilungen und Hierarchien entstehen: Experten und Nicht-Experten, vollwertige Bürger und die Ausgeschlossenen, religiöse, sexuelle und andere Minderheiten. Alle Gruppen, die noch nicht in den Prozess der Verwertung eingeschlossen sind, bis zu Flüchtlingen und Bürgern aus »Schurkenstaaten«, werden so fortschreitend Formen persönlicher Herrschaft untergeordnet, von der Organisation von Flüchtlingscamps bis zur juristischen Kontrolle derjenigen, die als potentielle Rechtsbrecher betrachtet werden – eine Form der Herrschaft, die häufig ein menschliches Gesicht hat (wie soziale Dienste, die die »sanfte« Integration in unsere Gesellschaft erleichtern sollen).

Warum dieses Wiederaufleben von direkter, nichtdemokratischer Autorität? Über und jenseits der kulturellen Unterschiede ist es schon an sich notwendig in der Logik des heutigen Kapitalismus. Das zentrale Problem, dem wir uns gegenübersehen, lautet: Wie wirkt sich die spätkapitalistische Vorherrschaft (oder sogar hegemoniale Rolle) »intellektueller Arbeit« auf Marx' Grundschema der Trennung der Arbeit von seinen objektiven Bedingungen aus? Und wie wirkt sich dasjenige der Revolution als subjektiver Wiederaneignung der objektiven Bedingungen aus? In Sphären wie dem Internet sind das Kommunikationsnetzwerk, Produktion, Austausch und Konsum eng miteinander verwoben, potentiell sogar identisch: Mein Produkt wird augenblicklich jemand anderem kommuniziert und von ihm konsumiert. Marx' klassischer Begriff des »Warenfetischs«, in dem »Verhältnisse zwischen Menschen« die Form von »Verhältnissen zwischen Dingen« annehmen, muss demzufolge neu gedacht werden: In der »immateriellen Arbeit« sind »Verhältnisse zwischen Menschen« nicht so sehr »verborgen unter der Fassade der Objektivität, sondern sind selbst das Material unserer täglichen Ausbeutung«,[12] so dass wir nicht länger von der Verdinglichung im klassischen Lukács'schen Sinn sprechen können. Weit entfernt davon, unsichtbar zu sein, ist soziale Relationalität, in genau ihrer Fluidität, das Objekt von Vermarktung und Austausch: Im »kulturellen Kapitalismus« verkauft (und kauft) man nicht mehr Objekte, die kulturelle oder emotionale Erfahrungen »verschaffen«, man verkauft (und kauft) diese Erfahrungen direkt. Und da soziale Beziehungen direkt vermarktet werden, gilt dies auch für persönliche Herrschaftsbeziehungen – ich bezahle andere dafür, als meine Diener zu fungieren … Es ist daher nicht verwunderlich, dass viele Topmanager, um diesen Bruch der Freiheit zu vernebeln und wieder eine falsche Balance herzustellen, Prostituierte dafür bezahlen, mit ihnen masochistische Spiele zur Selbstdemütigung zu spielen.

Die Macht der Marktwirtschaft, sich Widerstand gegen sie reflexiv anzueignen, scheint unerschöpflich. Jeder Smartphone-Nutzer hat die Erfahrung des vom Über-Ich ausgeübten Drucks gemacht, alle möglichen Apps zu lernen und zu nutzen: von Facebook bis Twitter, Aufzeichnungen und Fotos. Nach dem Kauf eines teuren Geräts, das wer weiß welche Wunder verspricht, bleibt es nicht aus, dass man sich schuldig dafür fühlt, wenn man all diesen Reichtum ignoriert und es als normales Telefon benutzt. Die Möglichkeit, neue Apps zu aktivieren, wird unmerklich zum Zwang, es zu tun. Und nun geschieht, was geschehen muss: Unser Unwohlsein wird bemerkt, und uns wird ein Ausweg geboten. Das Light Phone 2

> »bringt einige wenige wesentliche Werkzeuge wie SMS, einen Wecker, oder einen Taxi-Service, so dass es noch einfacher ist, das Smartphone häufiger oder ganz liegen zu lassen. Es handelt sich um ein Telefon, das dich wirklich respektiert.«[13]

Eine merkwürdige Negativität ist hier am Werk – man kauft ein Telefon für das, was es nicht tun soll (in Versuchung bringen, Facebook, Twitter etc. zu nutzen). Man wird so in einem zirkulären Paradox gefangen: Man bezahlt erst für die zusätzlichen Funktionen, die von Smartphones zur Verfügung gestellt werden, und bezahlt dann sogar noch mehr, um etwas Freiheit zu gewinnen und diese zusätzlichen Funktionen wieder loszuwerden. »Respekt« ist ein seltsames Wort hier – es impliziert, dass Smartphones einen in gewissem Sinne nicht respektieren. Allerdings muss man hier bemerken, dass sie nicht schlicht eliminiert werden. Es wird nicht erwartet, dass wir unser Smartphone wegwerfen: Das »dumme« Light Phone befähigt uns nur dazu, etwas Raum zum Atmen zu gewinnen, dem Griff des Smartphones für eine kurze Dauer zu entkommen, es liegen zu lassen, um etwas »Quality Time« zu erhalten ... kurz, das Light Phone funktioniert nur dann richtig, wenn die Drohung des Smartphones weiterhin im Hintergrund lauert – wenn wir das Smartphone einfach wegwerfen und nur das Light Phone verwenden, kehren wir nur wieder auf eine niedrigere Stufe der Technologie zurück und damit zur Dummheit.

All diese Komplikationen fordern uns dazu auf, die sogenannte »Arbeitswerttheorie« neu zu denken, was auf keinen Fall so verstanden werden sollte, dass wir den Austausch oder seine Rolle bei der Generierung von Wert zurückweisen sollten, als reine Erscheinung, die die wesentliche Tatsache verdunkelt, dass Arbeit der Ursprung von Wert ist. Wenn wir Geld lediglich als eine sekundäre Ressource betrachten, als ein praktisches Mittel, das den Austausch erleichtert, dann sind der Illusion Tür und Tor geöffnet – der die linken Unterstützer Ricardos erlegen sind –, dass es möglich wäre, Geld durch einfache Scheine zu ersetzen, auf denen die Menge der durch den Träger verrichteten Arbeit vermerkt ist und der ihm oder ihr das Recht auf den entsprechenden Anteil des Sozialprodukts gibt – als ob, durch dieses direkte »Arbeitsgeld«, jeglicher Fetischismus vermieden werden könnte und sichergestellt wäre, dass jeder Arbeiter seinem Wert entsprechend bezahlt wird. Die Pointe von Marx' Analyse ist, dass dieses Projekt die formalen Bestimmungen von Geld ignoriert, die Fetischismus zu einem notwendigen Effekt machen. Wenn, in anderen Worten, Marx den Tauschwert als Erscheinungsform von Wert definiert, sollten wir das ganze Hegel'sche Gewicht des Gegensatzes zwischen Wesen und Erscheinung mobilisieren: Das Wesen existiert nur insoweit, als es erscheint – es existiert nicht vor seiner Erscheinung. Auf dieselbe Weise ist der Wert einer Ware keine intrinsische substantielle Eigenschaft, die unabhängig von ihrer Erscheinung im Tausch existiert.

Aus diesem Grund sollten wir den Versuch aufgeben, die Definition von Wert so auszuweiten, dass alle Arten von Arbeit als Quelle von Wert anerkannt werden – denken wir an die große feministische Forderung der 1970er Jahre, Hausarbeit (vom Kochen und Führen des Haushalts bis zur Kindererziehung) als wertschöpfend anzuerkennen, oder die Forderungen einiger zeitgenössischer Öko-Kapitalisten, die »freien Gaben der Natur« in die Wertproduktion zu integrieren (indem man versucht, die Kosten von Wasser, Luft, Wäldern und anderen Gemeingütern zu beziffern). All diese Vorschläge sind »nichts weiter als ein raffiniertes Grün-Waschen und eine Kommodifizierung eines Raums, von dem aus ein erbitterter Angriff auf die Hegemonie der kapitalistischen Produktionsweise und ihr (und unser) entfremdetes Verhältnis zur Natur ausgehen kann«:[14] In ihrem Versuch, »gerecht« zu sein und Ausbeutung zu beseitigen oder wenigstens zu begrenzen, verstärken solche Aktionen lediglich eine noch stärkere, allumfassende Kommodifizierung. Obwohl sie versuchen, »gerecht« auf der Ebene des Inhalts zu sein (was als Wert zählt), gelingt es ihnen nicht, die *Form* selbst der Kommodifikation zu problematisieren: Wert sollte in dialektischer Spannung zum Nicht-Wert behandelt werden, d. h., Sphären behaupten und ausdehnen, die nicht in der Produktion von Marktwert gefangen sind, wie Hausarbeit oder »freie« kulturelle und wissenschaftliche Arbeit in ihrer zentralen Rolle. Wertproduktion kann nur gedeihen, wenn sie ihre inhärente Verneinung inkorporiert, die kreative Arbeit, die keinen Marktwert generiert; per definitionem verhält sie sich parasitär zu ihm. Anstatt also Ausnahmen zu kommodifizieren und in den Prozess der Verwertung einzuschließen, sollte man sie außen vor lassen und den Rahmen zerstören, der ihren Status zu einem untergeordneten macht. Das Problem mit fiktivem Kapital ist nicht, dass es sich außerhalb der Verwertung befindet, sondern dass es parasitär zur Fiktion zukünftiger Verwertung bleibt.

Eine weitere Herausforderung stellt sich der Marktwirtschaft in der Virtualisierung von Geld, die uns dazu zwingt, die marxistischen Standardbegriffe »Verdinglichung« und »Warenfetisch« sorgfältig neu zu formulieren, da dieses Thema noch immer auf dem Begriff eines Fetischs als solides Objekt ruht, dessen stabile Präsenz seine soziale

Vermittlung verschleiert. Paradoxerweise erreicht der Fetischismus seinen Höhepunkt genau dann, wenn der Fetisch selbst »entmaterialisiert« wird und in eine fluide, »immaterielle« virtuelle Entität verwandelt wird; Geldfetischismus wird seine Kulmination im Übergang zu seiner elektronischen Form finden, wenn die letzten Spuren seiner Materialität verschwunden sind. Elektronisches Geld ist die dritte Form, nach dem »echten« Geld, das seinen Wert direkt verkörpert (Gold, Silber), und Papiergeld, das, auch wenn es »bloßes Zeichen« ohne intrinsischen Wert ist, immer noch an seiner materiellen Existenz hängt. Und nur in diesem Stadium kann Geld ein rein virtueller Referenzpunkt werden, der endlich die Form einer unzerstörbaren, gespenstischen Anwesenheit annimmt: Ich schulde dir 1000 Dollar, und ganz egal, wie viele Scheine ich verbrenne, werde ich dir immer noch 1000 Dollar schulden; die Schulden sind irgendwo im virtuellen Raum eingeschrieben. Erst mit dieser sorgfältigen »Entmaterialisierung« gewinnt Marx' berühmte alte These des *Kommunistischen Manifests* – der zufolge im Kapitalismus »alles Stehende und Ständische verdampft« – einen viel wörtlicheren Sinn als die, an die er dachte, wenn nicht nur unsere materielle soziale Wirklichkeit von der spekulativen Bewegung des Kapitals beherrscht wird, sondern diese Realität selbst fortwährend »gespenstisch« wird (das »Proteische Selbst« anstelle des alten selbstidentischen Subjekts, die schwer fassbare Fluidität seiner Erfahrungen anstelle der Stabilität der Gegenstände im Besitz) – kurz, wenn die normale Beziehung zwischen materiellen Objekten und immateriellen Ideen auf den Kopf gestellt wird (Objekte werden nach und nach in fluiden Erfahrungen aufgelöst, während nur stabile Dinge virtuelle symbolische Verpflichtungen sind). Erst an diesem Punkt wird das, was Derrida den gespenstischen Aspekt des Kapitalismus genannt hat, ganz umgesetzt.

Wie wir aber schon gesehen haben, enthält eine solche Spektralisierung des Fetischs den Keim seines Gegenteils, seiner Selbstverneinung: die unerwartete Wiederkehr direkter persönlicher Herrschaftsbeziehungen. Der Kapitalismus legitimiert sich selbst als Wirtschaftssystem, das persönliche Freiheiten impliziert und vorantreibt (als Bedingung für den Tausch auf dem Markt); aber seine eigene Dynamik hat eine Renaissance der Sklaverei mit sich gebracht. Obwohl die Sklaverei am Ende des Mittelalters fast ausgestorben war, explodierte sie in den europäischen Kolonien von der frühen Moderne an bis zum Amerikanischen Bürgerkrieg. Heute entsteht eine neue Ära der Sklaverei gleichzeitig mit einer neuen Epoche des globalen Kapitalismus. Obwohl sie keinen legalen Status mehr hat, nimmt die Sklaverei eine Vielzahl neuer Formen an: Millionen von »Gastarbeitern« arbeiten auf der saudischen Halbinsel, wo ihnen elementare Bürgerrechte und -freiheiten vorenthalten werden; die vollständige Kontrolle über Millionen Arbeiter in asiatischen Sweatshops, die oft wie Konzentrationslager organisiert sind; der massive Rückgriff auf Zwangsarbeit bei der Ausbeutung von Naturressourcen in vielen zentralafrikanischen Staaten (z. B. im Kongo).

Nirgendwo tritt diese Umkehrung der Virtualität in Materialität brutaler zutage als im sich nähernden Ende der Natur. Das Lesen und Anschauen von Reportagen über die zerstörerischen Auswirkungen des Hurrikans Irma erinnerte mich an Trisolaris, einen seltsamen Planeten aus *Die drei Sonnen*, Liu Cixins Science-Fiction-Meisterwerk. Ein Wissenschaftler wird in ein Spiel virtueller Realität hineingezogen, »Dreikörper«, in dem Spieler sich auf dem fremden Planeten Trisolaris wiederfinden, dessen drei Sonnen in merkwürdigen und unvorhersehbaren Intervallen und Positionen auf- und untergehen: manchmal zu weit entfernt, so dass der Planet elend kalt wird; manchmal zu nah und zerstörerisch heiß; manchmal gar nicht für längere Zeiträume. Die Spieler können sich selbst und den Rest der Bevölkerung dehydrieren, um die schlimmsten Zeiten zu überstehen, aber das Leben ist ein beständiger Kampf gegen anscheinend unvorhersehbare Elemente. Trotzdem finden die Spieler langsam Wege, eine Zivilisation aufzubauen, und versuchen, die seltsamen Zyklen von Hitze und Kälte vorherzusehen. Zeigen Phänomene wie Irma nicht, dass unsere Erde sich allmählich in Trisolaris verwandelt? Zerstörerische Hurrikane, Trockenheit und Überflutungen, um nicht die globale Erwärmung zu nennen – verweisen sie nicht alle darauf, dass wir etwas beiwohnen, wofür der einzig angebrachte Begriff »das Ende der Natur« ist? »Natur« sollte dabei im traditionellen Sinn eines geregelten Rhythmus der Jahreszeiten verstanden werden, als zuverlässiger Hintergrund der menschlichen Geschichte, etwas, auf das wir vertrauen können, weil es immer anwesend ist ...

Es ist schwierig für einen Außenstehenden, sich vorzustellen, wie es sich anfühlt, wenn ein großes Gebiet bewohnten Landes unter dem Wasser verschwindet und Millionen Menschen die grundlegenden Koordinaten ihrer Lebenswelt entzogen werden: Das Land mit seinen Feldern, aber auch mit seinen kulturellen Monumenten, der Stoff ihrer Träume existiert nicht mehr, so dass sie, obwohl von Wasser umgeben, wie Fische auf dem Trockenen sind – es ist, als wäre die Umgebung, die Tausende Generationen als die Grundlage ihres Lebens angesehen haben, brüchig geworden. Ähnliche Katastrophen sind natürlich seit Jahrhunderten bekannt, einige sogar seit der Urgeschichte der Menschheit. Was heute neu daran ist, ist, da wir in einer »entzauberten« postreligiösen Ära leben, dass solche Katastrophen nicht mehr als Teil eines größeren natürlichen Zyklus oder als Ausdruck göttlichen Zorns bedeutsam gemacht werden können. Betrachten wir, wie damals, 1906, der amerikanische Philosoph William James seine Reaktion auf ein Erdbeben beschrieben hat:

> »Das Gefühl bestand ganz aus Entzücken und Bewunderung. Entzücken ob der Lebhaftigkeit, die eine so abstrakte Idee wie ›Erdbeben‹ annehmen konnte, wenn sie sich konkret bewahrheitete und in fühlbare Wirklichkeit übersetzte [...] und Bewunderung für die Weise, in der das zerbrechliche kleine Holzhaus sich aufrecht hielt trotz einer solchen Erschütterung. Ich fühlte keine Spur von Angst; es war reine Freude und Begrüßung.«[15]

Wie weit sind wir hier entfernt von der Vernichtung der Grundlagen unserer Lebenswelt!

Phänomene wie die globale Erwärmung lassen uns bewusst werden, dass wir bei aller Universalität unserer theoretischen und praktischen Handlungen in gewisser Hinsicht nur eine weitere auf dem Planeten Erde lebende Spezies sind. Unser Überleben hängt von gewissen natürlichen Parametern ab, die wir für selbstverständlich halten. Die Lehre der globalen Erwärmung besteht darin, dass die Freiheit des Menschen nur möglich ist vor dem Hintergrund einer stabilen Umwelt (Temperatur, Luftzusammensetzung, genügend Wasser- und Energieversorgung usw.): Menschen können das tun, was sie wollen, nur insofern sie marginal genug bleiben, so dass sie die Parameter des Lebens auf der Erde nicht ernsthaft stören. Die Begrenzung unserer Freiheit, die mit der globalen Erwärmung spürbar wird, ist das paradoxe Ergebnis genau des exponentiellen Wachstums unserer Freiheit und Macht, d. h. unserer steigenden Fähigkeit, die Natur um uns zu verändern bis zu dem Punkt, an dem wir die geologischen Grundlagen des Lebens destabilisieren. »Natur« wird somit im wörtlichen Sinn eine sozio-historische Kategorie, aber nicht im exaltierten Sinn des jungen Lukács, bei dem der Inhalt dessen, was Natur für uns bedeutet (und für uns als solche zählt) immer überdeterminiert ist von einer geschichtlich spezifischen sozialen Gesamtheit, die den transzendentalen Horizont unseres Verständnisses von Natur strukturiert. Sie wird eher zu einer sozio-historischen Kategorie in einem radikaleren und wörtlicheren (ontischen) Sinn von etwas, das nicht einfach ein stabiler Hintergrund des menschlichen Handeln ist, sondern in seinen ganz grundlegenden Komponenten davon betroffen ist.

Wir treten somit in eine neue Phase ein, in der die Natur selbst verdampft: Die hauptsächliche Folge der wissenschaftlichen Durchbrüche in der Biogenetik ist das Ende der Natur. Wenn wir erst die Gesetze ihres Aufbaus kennen, werden natürliche Organismen in manipulierbare Objekte verwandelt. Natur, menschliche oder unmenschliche, wird so »entsubstantialisiert«, ihrer undurchdringlichen Dichte entzogen, dessen, was Heidegger »Erde« genannt hat. Dies zwingt uns dazu, dem Titel Freuds, *Das Unbehagen in der Kultur*, eine neue Wendung zu geben – Unzufriedenheit, Unwohlsein in der Kultur. Der Titel wird normalerweise übersetzt mit »Zivilisation und sein Unbehagen«, wobei die Gelegenheit verpasst wird, den Gegensatz zwischen Kultur und Zivilisation ins Spiel zu bringen: Das Unbehagen ist *in* der Kultur, ihrem gewalttätigen Bruch mit der Natur, während Zivilisation genau als zweiter Versuch verstanden werden kann, die Dinge wieder ins Lot zu bringen, den Bruch zu zivilisieren, das verlorene Gleichgewicht und einen Anschein von Harmonie wieder einzuführen. Mit den jüngsten Entwicklungen richtet sich das Unbehagen von der Kultur auf die Natur selbst: Natur ist nicht mehr »natürlich«, der zuverlässige »dichte« Hintergrund unseres Lebens; sie erscheint nun als fragiler Mechanismus, der zu jedem Zeitpunkt in einer katastrophalen Richtung explodieren kann.

Die Natur befindet sich in einer zunehmenden Unordnung, nicht weil sie unsere kognitiven Fähigkeiten überfordert, sondern primär weil wir nicht in der Lage sind, die Auswirkungen unserer eigenen Eingriffe in ihren Verlauf zu meistern – wer weiß, was die Folgen unseres biogenetischen Engineering oder der globalen Erwärmung sein werden? Die Überraschung entsteht bei uns und betrifft die Undurchsichtigkeit unserer Rolle: Das Problem ist nicht irgendein kosmisches Rätsel wie die Explosion einer Supernova, wir sind es selbst, unser gemeinschaftliches Handeln. Das ist es, was wir »Anthropozän« nennen: ein neues Zeitalter im Leben unseres Planeten, in dem sich die Menschen nicht mehr auf die Erde als ein Reservoir verlassen können, das die Folgen unseres produktiven Handelns absorbiert. Wir müssen anerkennen, dass wir auf einem »Raumschiff Erde« leben und verantwortlich und rechenschaftspflichtig für seinen Zustand sind. In genau dem Moment, in dem wir mächtig genug geworden sind, um in die grundlegendsten Elemente unseres Lebens einzugreifen, müssen wir akzeptieren, dass wir nur eine weitere tierische Spezies auf einem kleinen Planeten sind. Eine neue Art, mit unserer Umwelt in Beziehung zu treten, wird nötig, sobald wir dies bemerken: Wir müssen bescheidene Akteure werden, die mit ihrer Umwelt kooperieren und immer wieder ein tolerierbares Niveau der Stabilität aushandeln ohne A-priori-Formel, die unsere Sicherheit garantieren kann.

Bedeutet dies, dass wir eine defensive Haltung annehmen und eine neue Grenze suchen sollten, eine Rückkehr zu (oder eher die Erfindung von) einem neuen Gleichgewichts? Dies ist es, was wir dem vorherrschenden ökologischen Denken zufolge tun sollten, und dasselbe Ziel wird von der Bioethik in Bezug auf die Biotechnologie verfolgt: Biotechnologie erkundet neue Möglichkeiten wissenschaftlichen Eingreifens (genetische Manipulation, Klonen usw.), und die Bioethik bemüht sich, moralische Grenzen dafür durchzusetzen, was uns die Biotechnologie zu tun ermöglicht. An sich ist die Bioethik keine immanente wissenschaftliche Praxis: Sie interveniert von außerhalb in diese Praxis und legt ihr eine externe Moralität auf. Man kann sogar sagen, dass die Bioethik der Verrat an der Ethik ist, die dem wissenschaftlichen Unternehmen innewohnt, der Ethik des »kompromittiere nicht dein wissenschaftliches Begehren, folge unaufhaltsam seinem Pfad«. Solche Versuche der Begrenzung schlagen fehl, weil sie die Tatsache ignorieren, dass es keine objektive Grenze gibt: Wir entdecken, dass das Objekt selbst – die Natur – nicht stabil ist. Skeptiker heben gerne die Grenzen unseres Wissens über die Natur hervor; diese Grenzen sollten uns jedoch keineswegs dazu verleiten, dass wir die ökologische Bedrohung herunterspielen. Im Gegenteil, wir sollten sogar noch vorsichtiger damit sein, da die Situation zutiefst unvorhersehbar ist. Die jüngsten Ungewissheiten über die globale Erwärmung deuten nicht darauf hin, dass die Dinge nicht ernst seien, eher dass sie sogar noch chaotischer sind, als wir dachten, und dass natürliche und soziale Faktoren unauflöslich miteinander verwoben sind.

Können wir also den Kapitalismus selbst gegen diese Bedrohung in Stellung bringen? Obwohl der Kapitalismus die Ökologie in ein neues Feld kapitalistischer Investition und kapitalistischen Wettbewerbs verwandeln könnte, schließt die Art selbst des darin enthaltenen Risikos eine Marktlösung fundamental aus – warum? Der Kapitalismus funktioniert nur unter präzisen gesellschaftlichen Bedingungen: Er impliziert Vertrauen in die objektivierten Mechanismen der »unsichtbaren Hand« des Marktes, die als eine Art clevere Vernunft garantiert, dass der Wettbewerb des individuellen Egoismus für das Allgemeinwohl arbeitet. Wir befinden uns aber mitten in einem radikalen Wandel: Was sich heute am Horizont zusammenbraut, ist die unerhörte Möglichkeit, dass ein subjektiver Eingriff die ökologische Katastrophe auslöst, eine verhängnisvolle biogenetische Mutation, eine nukleare oder ähnlich zerstörerische, militärisch-soziale Katastrophe. Zum ersten Mal in der Geschichte der Menschheit kann der Akt eines einzigen sozio-politischen Akteurs die globalen historischen und selbst natürlichen Prozesse ändern und unterbrechen.

Jean-Pierre Dupuy nimmt hier auf die Theorie komplexer Systeme Bezug, die ihre beiden einander entgegengesetzten Merkmale erklärt: ihren robusten, stabilen Charakter und ihre extreme Verletzlichkeit. Diese Systeme können sich an große Störungen anpassen, sie integrieren und ein neues Gleichgewicht und Stabilität finden – bis zu einer gewissen Schwelle (einem »Tipping Point«), über die hinaus eine kleine Störung eine totale Katastrophe auslösen und zur Etablierung einer vollkommen neuen Ordnung führen kann. Über Jahrhunderte musste sich die Menschheit nicht um den Einfluss ihrer produktiven Aktivitäten auf die Umwelt sorgen – die Natur war fähig, sich der Waldrodung, der Nutzung von Kohle und Öl usw. anzupassen. Wir können uns jedoch nicht sicher sein, dass wir uns heute nicht einem Tipping Point nähern – wir können uns deshalb nicht sicher sein, weil solche Punkte erst dann eindeutig wahrgenommen werden können, wenn es bereits zu spät ist, im Rückblick. Entweder nehmen wir die Bedrohung durch eine Umweltkatastrophe ernst und entscheiden uns heute, Dinge zu unternehmen, die, wenn die Katastrophe nicht eintritt, lächerlich erscheinen werden, oder wir tun nichts und verlieren alles, wenn sie doch eintritt. Das schlimmste Szenario ist es, einen Mittelweg zu gehen, eine begrenzte Anzahl an Maßnahmen zu ergreifen; in diesem Fall werden wir scheitern, egal welcher Fall eintritt (das heißt, das Problem ist, dass es keinen Kompromiss gibt: entweder die Umweltkatastrophe tritt ein oder nicht). In einer solchen Situation wird das Reden über Erwartung, Vorsicht und Risikokontrolle bedeutungslos.

Die wesentliche Lehre, die wir hieraus ziehen können, ist deshalb, dass die Menschheit darauf vorbereitet sein sollte, in einer »plastischeren« und nomadischen Weise zu leben: Lokale und globale Veränderungen in der Umwelt benötigen möglicherweise unerhört große soziale Transformationen. Sagen wir z.B., dass ein neuer gigantischer Vulkanausbruch die gesamte Insel Island unbewohnbar macht: Wohin werden die Einwohner Islands gehen? Unter welchen Bedingungen? Sollte ihnen ein Stück Land gegeben werden, oder sollten sie sich einfach über die Welt verstreuen? Und was geschieht, wenn das nördliche Sibirien noch unbewohnbarer und ungeeigneter für Landwirtschaft wird und weite Teile der subsaharischen Region zu trocken werden für eine große Bevölkerung – wie wird der Austausch von Bevölkerungen organisiert? Wenn etwas Ähnliches in der Vergangenheit geschah, ereigneten sich die sozialen Veränderungen in spontaner Form, mit Gewalt und Verwüstung; eine solche Aussicht ist unter heutigen Bedingungen, mit jederzeit einsatzbereiten Massenvernichtungswaffen, katastrophal. Eines ist klar: Nationale Souveränität wird radikal neu definiert und neue Ebenen globaler Kooperation müssen erfunden werden. Und was ist mit den immensen Veränderungen in Wirtschaft und Konsum, die als Ergebnis neuer Wetterlagen und Wasser- und Energieknappheit folgen werden? In welchem Entscheidungsprozess werden solche Veränderungen durchgeführt?

Und schließlich ist es wichtig, das merkwürdige Zusammenfallen von Gegensätzen in den Bedrohungen zu bedenken, die uns erwarten: Die Sorgen kommen aus dem »materiellen« Außen (das Ende der Natur, Umweltkatastrophen) und von innen, der »immateriellen« virtuellen Sphäre (wer kontrolliert den digitalen Raum, der uns kontrolliert? Wer manipuliert Hacker?).

Von Mäusen und Menschen, oder:
auf zu einem posthumanen Kapitalismus

»Nosedive«, die erste Episode der dritten Staffel von *Black Mirror*, spielt in einer alternativen Realität, in der die Menschen sich mit ihren Telefonen gegenseitig bewerten und diese Bewertungen das ganze Leben beeinflussen können. Erzählt wird die Geschichte von Lacie, einer jungen Frau, die übermäßig besessen von ihren Bewertungen ist und die, nachdem sie von ihrer beliebten Kindheitsfreundin zur ersten Brautjungfer auserkoren wird, dies als eine Gelegenheit sieht, ihre Bewertungen zu verbessern und ihren Traum zu erfüllen – Eintritt zu Orten, die man nur mit einer Bewertung über 4,5 (von insgesamt 5) betreten darf. Sie scheitert, alles geht schief, am Ende hat sie eine Bewertung von 0; es gelingt ihr dann, aus der Bewertung ausgenommen zu werden, und sie wird dafür ins Gefängnis gesperrt. In ihrer Zelle beginnt Lacie, mit einer Nachbarin Beleidigungen auszutauschen, und ihre Wut aufeinander wandelt sich in Vergnügen, als sie bemerken, dass sie es plötzlich dürfen. Aber ist das tatsächlich eine alternative Realität? Einer Reportage in *Business Insider* zufolge »könnte China Daten nutzen, um eine Bewertung für jeden Bürger zu erstellen, die sich darauf gründet, wie zuverlässig er ist«:

»Die chinesische Regierung plant, ein System einzuführen, das die finanziellen, sozialen, politischen und legalen Kreditbewertungen von Bürgern miteinander in einer großen sozialen Vertrauensbewertung zusammenführt. Wenn jemand Vertrauen in einem Bereich bricht, hätte dies auch in allen anderen Bereichen negativen Einfluss, so die Idee. Am Plan der Chinesen für ein weiter gefasstes Punktesystem wird seit 2015 gearbeitet. Aber im September veröffentlichte die Regierung Vorschläge für mögliche Strafen für diejenigen, die das ›soziale Vertrauen brechen‹ (was z. B. bei Verzug von Kreditrückzahlungen oder durch das Äußern einer abweichenden Meinung gegen die Regierung im Internet der Fall wäre). Laut den Dokumenten zu dieser Maßnahme könnte, wenn man einen niedrigen Punktestand erhält, Folgendes geschehen: Man kommt nicht in Betracht für den öffentlichen Dienst, man verliert den Zugang zu Sozialversicherung und Wohlfahrt, man wird gründlicher durchsucht, wenn man den chinesischen Zoll passiert, ist von höheren Positionen im Lebensmittel- und Arzneisektor ausgeschlossen, man bekommt kein Bett in Nachtzügen, wird aus edleren Hotels und Restaurants ausgesperrt und von Reiseagenturen abgelehnt, die Kinder werden nicht mehr in teuren Privatschulen aufgenommen.«[16]

Man mag denken, dass dies nur ein weiteres Märchen über chinesischen Totalitarismus ist. Aber tun wir nicht das Gleiche in diskreterer Weise? Anstatt danach zu schauen, wie Daten gesammelt werden, wenn wir uns für einen Job oder einen Bankkredit bewerben, nehmen wir uns ein subtileres Beispiel vor:

>»Bei einer Podiumsdiskussion von Transport for London wurde die Möglichkeit diskutiert, das Pendeln innerhalb Londons zu ›gamifizieren‹. Um diese Möglichkeit zu erleichtern, hat TfL die Internet API und Datenströme als Open Source und Open Access eingerichtet, die zur Überwachung aller Londoner Transportmittel verwendet werden (Busse, U-Bahn, S-Bahn, Fähren), in der Hoffnung, dass App-Entwickler auf London bezogene Apps rund um das öffentliche Transportnetz programmieren werden, um den Profit zu maximieren. Eine Idee dabei ist, dass TfL im Fall von Überfüllung einer bestimmten U-Bahn-Station, ›Spiel-Belohnungen‹ vergibt für diejenigen, die bereit sind, auf alternative Strecken auszuweichen und damit den Stau zu entschärfen. Obwohl Stauvermeidung nicht wie ein Hinweis auf eine dystopische totale unternehmerische und staatliche Kontrolle wirken mag, zeigt dies tatsächlich das gefährliche Potential solcher Technologien. Es zeigt, dass das Vereinigte Königreich nicht so weit entfernt ist von einem System des Sozial-Kredits, das in Peking eingeführt werden soll, um die Vertrauenswürdigkeit eines jeden Bürgers zu bewerten und ihnen Belohnungen für ihr Engagement im Sinne des chinesischen Staats zu geben. Obwohl die großen Medien des Vereinigten Königreichs schockiert auf diese Innovationen in der chinesischen App-Entwicklung reagierten, zeigt ein näherer Blick auf die gängigen elektronischen Strukturen, die unsere Bewegungen verzeichnen und kontrollieren, dass ein ähnlicher Rahmen in London bereits in seiner Entwicklung begriffen ist. In der kommenden ›intelligenten Stadt‹ werden es nicht nur Staus sein, die entschärft werden, sondern jegliche ineffiziente oder gefährliche Nutzung des Raums.«[17]

Man sollte auch bedenken, dass eine solche Benotung nie allumfassend ist: Sie setzt immer eine doppelte Ausnahme voraus. Vor einigen Jahrzehnten veröffentlichte die Zeitschrift *Mad* eine Reihe von Variationen auf das Thema der vier Ebenen von Hierarchie. In Bezug auf, sagen wir, Mode gibt es am unteren Rand diejenigen, die außerhalb der Mode leben und sich nicht darum scheren; dann gibt es die, die versuchen aufzuholen, aber immer zurückliegen; dann diejenigen, die es sich leisten können, immer auf der Höhe der neusten Trends zu sein; und schließlich die ganz an der Spitze, die sich, wie die am unteren Rand, nicht darum scheren, was sie tragen, weil sie Mode bestimmen – was sie tragen, *ist* die Mode. Wird nicht dasselbe mit der sozialen Vertrauenswürdigkeit geschehen? Am unteren Rand sind die Außenseiter, die sich nicht um ihre Bewertung scheren; dann die, die hinten liegen und versuchen aufzusteigen; dann diejenigen, die Spitzenbewertungen erreichen, und schließlich jene, die, wie die am unteren Rand, sich nicht um ihre Bewertung kümmern, weil ihnen alles offensteht (in China werden beispielsweise die höchsten Mitglieder der Staatsnomenklatur sich mit Sicherheit keine Sorgen um ihre Bewertungen machen müssen). Die Gruppe der Spitze und des unteren Rands sind beide in gewisser Weise frei: Sie scheren sich nicht um ihre Bewertung, und man kann sogar behaupten, dass die unteren noch freier sind, denn die an der Spitze haben andere Sorgen (werden sie an der Spitze bleiben?). Vielleicht sind die am Boden, so ausgeschlossen sie aus der Bewertung sind und diese stolz ignorieren, die heutigen neuen Proletarier, die, wie Marx hervorhob, frei in einem doppelten Sinn sind – frei in dem Sinn, dass sie keinen sozialen Besitz haben, und in dem, dass sie einfach frei sind.

Heute sind die, die über der Bewertung stehen, natürlich die großen Unternehmen, verbunden mit Regierungsbehörden – sie veranschaulichen die Privatisierung unserer Gemeingüter. Die Figur Elon Musks ist hier emblematisch – er gehört zur selben Gruppe wie Bill Gates, Jeff Bezos, Mark Zuckerberg etc., allesamt Milliardäre mit »sozialem Gewissen«. Sie stehen für das globale Kapital in seiner verführerischsten und »progressivsten« – kurz, seiner gefährlichsten Form. Musk warnt uns gerne vor den Bedrohungen, die neue Technologien für die menschliche Würde und Freiheit darstellen – was ihn selbstverständlich nicht davon abhält, in das Projekt einer Gehirn-Computer-Schnittstelle zu investieren, die sich Neuralink nennt, ein

Unternehmen, das sich auf die Herstellung von Geräten konzentriert, die in das menschliche Gehirn implantiert werden können mit dem letztendlichen Ziel, menschliche Gehirne mit Software zu verschmelzen, damit sie mit den Fortschritten in der künstlichen Intelligenz Schritt halten. Diese Fortschritte könnten das Gedächtnis verbessern oder eine direktere Kopplung mit digitalen Geräten ermöglichen: »Ich denke, dass wir im Lauf der Zeit wahrscheinlich eine engere Verschmelzung von biologischer Intelligenz und digitaler Intelligenz erleben werden.«[18] Jede technologische Innovation präsentiert sich zuerst in dieser Form, seine gesundheitlichen oder humanitären Vorteile werden betont, was uns blind macht für die ominösen Implikationen und Folgen: Können wir uns überhaupt vorstellen, welche neuen Formen der Kontrolle diese sogenannte »Nervenschnur« (neural lace) beinhaltet? Aus diesem Grund ist es absolut zwingend, dies der Kontrolle von privatem Kapital und Staatsmacht zu entziehen und es der öffentlichen Debatte vollkommen zugänglich zu machen. Julian Assange hatte recht in seinem merkwürdig ignorierten wichtigen Buch über Google: Um zu verstehen, wie unser Leben heutzutage reguliert wird und wie diese Regulierung von uns als Freiheit erfahren wird, müssen wir uns auf die schattenhafte Beziehung zwischen privaten Unternehmen, die unsere Gemeingüter kontrollieren, und den geheimen staatlichen Behörden konzentrieren.

Dies ist es, was Assange zu einer derartigen Bedrohung für das Establishment macht, und man kann sich den Druck vorstellen, den die westlichen Mächte hinter den Kulissen auf Ecuador ausüben, so dass dem kleinen Land nichts übrigblieb, als eine weitere Verschärfung der Isolierung von Julian Assange aus dem öffentlichen Raum vorzunehmen: Sein Internetzugang ist nun gesperrt, vielen Besuchern wird der Einlass verweigert ... ein schleichender gesellschaftlicher Tod einer Person, die seit fast sechs Jahren in einer Wohnung in der ecuadorianischen Botschaft in London eingeschlossen ist. Für einen kurzen Zeitraum war dies zuvor schon geschehen, während der US-Wahlen – aber damals handelte es sich um eine Reaktion auf die Veröffentlichung von Dokumenten bei Wiki-Leaks, die das Ergebnis der

Wahlen hätte beeinflussen können, während es heute keine solche Ausrede gibt: Assanges »Einmischung« in internationale Beziehungen besteht nur im Veröffentlichen seiner Meinung zur Katalonien-Krise und dem Skripal-Gift-Skandal im Internet. Warum also ein solches Handeln zum jetzigen Zeitpunkt, und warum hat es zu wenig Protest in der Öffentlichkeit geführt?

In Bezug auf diese zweite Frage reicht es nicht aus zu behaupten, dass die Leute einfach genug von Assange haben: Eine Schlüsselrolle hat die lange, langsame und wohlorchestrierte Rufmordkampagne gespielt, die das denkbar tiefste Niveau vor ein paar Monaten erreichte mit unbestätigten Gerüchten, denen zufolge die Ecuadorianer ihn aufgrund seines schlechten Geruchs und seiner schmutzigen Kleidung loswerden wollten. Im ersten Stadium dieser persönlichen Angriffe gingen seine ehemaligen Freunde und Mitarbeiter mit der Aussage an die Öffentlichkeit, dass Wiki-Leaks gut begonnen, sich dann aber durch Assanges politische Neigungen festgefahren hätte (seinen Anti-Hillary-Affekt, seine verdächtigen Verbindungen nach Russland …). Gefolgt wurde dies von persönlicheren Diffamierungen: Er sei paranoid und arrogant, besessen von Macht und Kontrolle … Und nun haben wir das direkte körperliche Niveau von Gerüchen und Flecken erreicht.

Assange ein Paranoiker? Wenn man dauerhaft in einer Wohnung lebt, die von oben bis unten verwanzt, Zielscheibe permanenter Überwachung durch die Geheimdienste ist, wer wäre es dann nicht? Assange ein Megalomane? Wenn der (nun ehemalige) Chef der CIA sagt, dass die Verhaftung einer Person seine Priorität sei, bedeutet das nicht, dass diese Person eine »große« Bedrohung zumindest für einige ist? Assange verhalte sich wie der Kopf einer Spionageorganisation? Aber Wiki-Leaks *ist* eine Spionageorganisation, wenn auch eine, die im Dienst der Bürger steht und sie darüber informiert, was hinter den Kulissen geschieht. Ist Assange ein Justizflüchtling, der sich in der ecuadorianischen Botschaft versteckt, um seiner Verurteilung zu entkommen? Aber was für eine Justiz ist das, die damit droht, ihn zu verhaften, wenn die Anklage fallengelassen wurde?

Kommen wir also zur großen Frage: Warum jetzt? Ich glaube, dass ein Name alles erklärt: Cambridge Analytica – ein Name, der symbolisiert, worum es bei Assange geht und wofür er kämpft: die Enthüllung der Verbindungen zwischen großen Privatunternehmen und Regierungsbehörden. Denken wir nur daran, was für ein obsessives Thema die russische Einmischung in die US-Wahlen war – wir wissen inzwischen, dass es keine russischen Hacker waren (die angeblich mit Assange zusammenarbeiteten), die die Leute Trump in die Arme trieben, sondern unsere eigenen datenverarbeitenden Behörden im Verein mit politischen Kräften. Dies bedeutet nicht, dass Russland und seine Verbündeten unschuldig wären: Sie versuchten wahrscheinlich, das Ergebnis auf dieselbe Weise zu beeinflussen, wie es die USA in anderen Ländern unternimmt (nur dass das in diesem Fall »Unterstützung der Demokratie« genannt wird). Aber es bedeutet, dass der große böse Wolf, der unsere Demokratie verfälscht, sich mitten unter uns befindet und nicht im Kreml – und nichts anderes hat Assange die ganze Zeit behauptet.

Aber wo genau befindet sich dieser große böse Wolf? Um das ganze Ausmaß dieser Kontrolle und Manipulation zu begreifen, sollte man über die Verbindung zwischen privaten Unternehmen und politischen Parteien (wie es der Fall bei Cambridge Analytica ist) hinaus die gegenseitige Durchdringung von datenverarbeitenden Unternehmen wie Google und Facebook und staatlichen Sicherheitsbehörden unter die Lupe nehmen. Wir sollten nicht schockiert über China sein, sondern über uns selbst, wenn wir dieselben Regulierungen hinnehmen und gleichzeitig glauben, wir besäßen unsere vollständige Freiheit und unsere Medien würden uns nur dabei helfen, unsere Ziele umzusetzen (in China sind sich die Menschen wenigstens bewusst, dass sie reguliert werden). Das Gesamtbild, das sich hier abzeichnet, kombiniert mit dem, was wir über die jüngsten Entwicklungen in der Biogenetik wissen, zeigt eine treffende und erschreckende Vision von neuen Formen sozialer Kontrolle, die den guten alten Totalitarismus des 20. Jahrhunderts als eine eher primitive und unbeholfene Kontrollmaschine erscheinen lässt.

Die größte Leistung des neuen kognitiv-militärischen Komplexes ist, dass direkte und offensichtliche Unterdrückung nicht mehr nötig ist: Individuen werden besser kontrolliert und in die gewünschte Richtung gedrängt, wenn sie sich weiterhin selbst als freie und autonome Akteure ihres eigenen Lebens wahrnehmen. Dies ist eine weitere Schlüssellektion von Wiki-Leaks: Unsere Unfreiheit ist am gefährlichsten, wenn sie als genau das Medium unserer Freiheit erlebt wird – was kann freier sein als das unablässige Fließen der Kommunikation, die jedem Individuum erlaubt, seine Meinung zu verbreiten und nach Lust und Laune virtuelle Gemeinschaften zu bilden? Aus diesem Grund ist es absolut notwendig, das digitale Netz der Kontrolle von privatem Kapital und Staatsmacht zu entreißen, d.h., es vollständig öffentlichen Debatten zugänglich zu machen.

Wir können nun sehen, warum Assange mundtot gemacht werden muss, wenn das Thema Cambridge Analytica in allen unseren Medien präsent ist. Die Machthabenden versuchen, dieses Problem auf einen speziellen »Missbrauch« einiger privater Unternehmen und politischer Parteien zu reduzieren – aber wo ist der Staat selbst, die halb unsichtbaren Apparate des sogenannten »Deep State«? Es kann kaum verwundern, dass der *Guardian*, der ausführlich über den Cambridge-Analytica-Skandal berichtete, kürzlich einen widerlichen Angriff auf Assange veröffentlicht und ihn als Megalomanen und Justizflüchtling bezeichnet hat. Man kann schreiben, so viel man will, über Cambridge Analytica und Steve Bannon, besser sollte man sich dem Thema zuwenden, auf das Assange aufmerksam machte: dass die Staatsapparate, die nun den »Skandal« untersuchen sollen, selbst Teil des Problems sind.

Assange hat sich selbst als Spion von und für das Volk beschrieben: Er spioniert nicht das Volk im Dienst der Mächtigen aus, er spioniert die Mächtigen im Dienst des Volkes aus. Aus diesem Grund sind wir die Einzigen, die ihm jetzt helfen können, die Menschen. Nur unser Druck und unsere Mobilisierung können seine Notlage erleichtern. Man liest häufig darüber, wie der sowjetische Geheimdienst nicht nur seine Verräter bestrafte, selbst wenn es Jahrzehnte dauerte, sondern auch dafür beharrlich kämpfte, sie zu befreien, wenn sie von den Feinden gefangen wurden. Assange hat keinen Staat hinter sich, nur das Volk – tun wir doch wenigstens das, was der Sowjet-Geheimdienst tat, kämpfen wir für ihn, gleich, wie lange es dauert!

Die digitale Regulierung hat in letzter Zeit eine sehr viel unheilvollere Wendung genommen. John Steinbeck betitelte seine berühmte Novelle nach dem Gedicht »An eine Maus« von Robert Burns:

> »Es betrübt mich sehr, daß Menschenhand
> Getrennt hat, was Natur verband;
> Daß ich solch Schrecken dir gesandt,
> Ich, der ich wie du
> Geboren bin aus Staub und Sand,
> sterblich wie du.
> [...]
> Wie oft schlägt fehl der beste Plan
> Bei Menschen und Mäusen,
> Und Not und Kummer bleiben dann,
> Wo Freud verheißen!«[19]

Die Situation, die in diesen Versen beschrieben wird, ist die eines Menschen, der sich bei einer Maus dafür entschuldigt, dass er »getrennt hat, was die Natur verband« aufgrund seiner Herrschsucht über die natürliche Welt, die die schlechte Meinung der Maus und ihre Angst vor Menschen rechtfertigt. Der Mensch gesteht zu, dass der Plan, selbst wenn er einmal gut gemeint war, sich ins Üble verkehrt hat und nur noch Leid und Elend hervorbringt. Können wir uns dieselbe Szene zwischen einem menschlichen Wissenschaftler und einer Maus vorstellen, an der er ein Experiment durchführt?

> »Stellen wir uns vor, wie jemand unser Gehirn kontrolliert und das zentrale Verarbeitungsorgan des Körpers dazu bringt, Mitteilungen an unsere Muskeln zu senden, die man selbst nicht autorisiert hat. Das ist eine unglaublich beängstigende Vorstellung, aber Wissenschaftlern ist es gelungen, diesen Science-Fiction-Albtraum wahr werden zu lassen, wenn auch in wesentlich kleinerem Ausmaß, und sie waren sogar in der Lage, ihre Testsubjekte dazu zu bringen, zu laufen, stehen

zu bleiben oder sogar vollständig die Kontrolle über ihre Gliedmaßen zu verlieren. Glücklicherweise wird diese Forschung für gute statt für schlechte Zwecke eingesetzt ... bislang. Die Bemühungen, angeführt vom Physikprofessor Dr. Arnd Pralle von der Universität Buffalo, College of Arts and Sciences, konzentrieren sich auf eine ›magneto-thermische Stimulation‹ genannte Technik. Der nicht gerade einfache Prozess erfordert die Implantierung von speziell gebauten DNA-Strängen und Nanopartikeln, die an bestimmte Neuronen angebracht werden – aber sobald diese minimal invasive Prozedur erfolgt ist, kann das Gehirn mittels eines magnetischen Wechselfeldes ferngesteuert werden. Wenn diese magnetischen Inputs angewendet werden, erhitzen sich die Partikel und bringen die Neuronen dazu zu feuern [...] Obwohl bislang nur an Mäusen getestet, könnte die Methode weitreichende Implikationen für das Feld der Hirnforschung haben. Der heilige Gral für Träumer wie Elon Musk ist, dass wir eines Tages in der Lage sein werden, unsere Gehirne so weit zu bringen, Stimmungsstörungen zu eliminieren und uns zu perfekteren Geschöpfen zu machen. Diese bahnbrechende Forschung könnte sehr wohl ein wichtiger Schritt in eine solche Zukunft sein.«[20]

Die berechtigte Hoffnung, dass diese Forschung eher eingesetzt wird »für gute als für schlechte Zwecke ... bislang«, klingt wie die bekannten Doktor-Witze im Stil von »erst die guten Nachrichten, dann die schlechten«. Wenn dem Publikum eine neue Erfindung wie die direkte Digitalisierung unseres Gehirns verkauft werden soll, erzählen die Medien zuerst von den medizinischen Vorteilen und neuen Möglichkeiten, damit Leiden zu lindern. Selbst der bekannte kleine Finger Stephen Hawkings – die Minimalverbindung zwischen seinem Gehirn und der äußeren Welt, der einzige Teil seines gelähmten Körpers, den er bewegen konnte – würde nicht mehr gebraucht: Mit einem verdrahteten Gehirn wäre er in der Lage gewesen, seinen Rollstuhl zu bewegen, d. h., sein Gehirn hätte als Fernsteuerung fungieren können. Aber, wie man so sagt, alles rächt sich irgendwann – die Digitalisierung unserer Gehirne eröffnet unerhörte neue Möglichkeiten der Kontrolle. Übrigens sind die Nachrichten, die ich zitiert habe, gar keine Neuigkeit mehr: schon im Mai 2002 wurde berichtet, dass Wissenschaftler der New York University an das Gehirn einer Ratte einen Computerchip angebracht hatten, der Signale empfangen konnte, so dass man die Ratte kontrollieren und ihre Laufrichtung mit Hilfe eines Lenkungsmechanismus wie bei einem ferngesteuerten Spielzeugauto bestimmen konnte. Zum ersten Mal wurde der »Wille« eines lebenden tierischen Akteurs, die »spontanen« Entscheidungen über seine eigenen Bewegungen, von einer externen Maschine übernommen. Natürlich ist die große philosophische Frage hier, wie die arme Ratte diese Bewegung »erlebt« hat, die tatsächlich von außerhalb entschieden wurde. Erlebte sie sie weiterhin als spontan (d. h., war sie sich vollkommen unbewusst, dass sie gelenkt wurde), oder bemerkte sie, dass »etwas nicht stimmte«, dass eine äußere Kraft über ihre Bewegungen entschied?

Wesentlicher noch wäre diese Frage, wenn man sie auf ein identisches Experiment an Menschen überträgt (das, technisch gesehen und ethische Fragen ausgenommen, nicht viel komplizierter sein dürfte als bei Ratten). Man kann argumentieren, dass die menschliche Kategorie der »Erfahrung« nicht auf Ratten übertragen werden sollte, aber dennoch müssen wir dieselbe Frage bei einem Menschen stellen. Noch einmal: Werde ich als gelenkter Mensch weiterhin meine Bewegungen als spontane erleben? Wird mir vollständig unbewusst bleiben, dass meine Bewegungen gelenkt werden, oder werde ich bemerken, dass etwas nicht stimmt und eine äußere Kraft sie lenkt? Und wie genau wird sich die »äußere Kraft« manifestieren – als etwas in mir, ein unaufhaltsamer innerer Antrieb, oder als schlichter äußerlicher Zwang? Wenn ich mir vollkommen unbewusst bleibe, dass mein »spontanes« Verhalten von außen gelenkt wird, können wir dann weiterhin so tun, als hätte dies keine Folgen für unseren Begriff des freien Willens?

Mit etwas Ironie können wir bereits solche gelenkten Menschen in unserer politischen Umwelt erkennen: Als Alexis Tsipras, ein Partisan der Anti-Sparpolitik, nach seinem triumphalen Sieg im Referendum, das dem finanziellen Druck der EU eine Absage erteilt hatte, plötzlich seine Position änderte und der härtesten Sparpolitik zustimmte – war das nicht, als hätten die Finanz- und Politikmächte in Brüssel einen Knopf gedrückt und ihn wie ein ferngesteuertes Spielzeug handeln lassen? Viele Beobachter haben bemerkt, dass seit seinem Wandel etwas in Tsipras' Verhalten, wenn er im Fernsehen in Gesellschaft der großen europäischen Führer erscheint, merkwürdig ist: Er steht häufig nur da und lächelt, als wäre er sich nicht ganz bewusst, was er tut. Das Ganze ist aber komplexer. Am 17. Oktober 2017, als Tsipras Trump im Weißen Haus besuchte und nach dem Treffen im Rosengarten vor die Mikros trat, erklärte er, er sei nun bereit für eine Partnerschaft mit Trump: »Wir haben gemeinsame Werte. Vergessen Sie nicht, dass Demokratie und Frieden Werte sind, die in Griechenland geboren wurden. Es ist einer der Werte, die die amerikanische Kultur und Tradition durchziehen. Der Präsident setzt diese Tradition nun fort.«[21] Der Tsipras, den wir hier sehen, ist keine Marionette der EU, die ihm harte Sparmaßnahmen auferlegt – man erkennt stattdessen eine Art von authentischem persönlichen Mehrwert, denn kein internationales Kapital sitzt ihm im Nacken. Sein Loblied auf Trump ist entschieden subjektiver, und geopolitisch ergibt es Sinn (die USA, zerstritten mit der Türkei, zählen wieder auf Griechenland), in der gleichen Weise wie seine Erklärung während eines Besuchs in Israel vor einigen Jahren, Jerusalem sei die ewige Hauptstadt der Juden, oder seine Verbrüderung mit Serbien und anderen orthodoxen Ländern. Man kann also verstehen, dass er nach seinen bitteren Erfahrungen mit der EU auf der Suche nach Unterstützung derer ist, die grundlegend antieuropäisch gesinnt sind. Trotzdem rechtfertigt nichts davon seine Position: Wir haben es hier schlicht mit den tragikomischen Folgen seiner Kapitulation vor der Erpressung durch die EU zu tun.

Während dieses Bild von Tsipras als ferngesteuertes Spielzeug natürlich nichts weiter als ein politischer Witz von eher schlechtem Geschmack ist, stellen sich hier große Fragen – nicht nur die grundlegenden philosophischen, sondern auch die politischen: Wenn Musk sagt, »wir werden eines Tages in der Lage sein«, wer wird dieses »wir« sein? Unternehmen, Regierung, irgendwer mit Geld? Eines ist klar:

Wissenschaft und Philosophie werden ihre Kräfte kombinieren müssen. Es geschieht von Zeit zu Zeit, dass eine ähnliche Idee in zwei verschiedenen Theoriefeldern auftaucht, die miteinander überhaupt nicht verbunden sind – sagen wir in »postmoderner« Spekulation und empirischer Wissenschaft. Genau das ist geschehen mit der Idee des theoretischen Antihumanismus oder des nichtmenschlichen Subjekts, das eine wichtige Rolle im zeitgenössischen französischen Denken, von Foucault und Lacan bis Badiou, gespielt hat. Jüngst haben die kognitiven Wissenschaften ihre eigene Fassung des Antihumanismus vorgeschlagen: Mit der Digitalisierung unseres Lebens und der Aussicht auf eine direkte Verbindung zwischen unserem Gehirn und digitalen Geräten betreten wir eine neue posthumane Ära, die unser grundlegendes Selbstverständnis als freie und verantwortungsvolle menschliche Akteure beeinflussen wird. Auf diese Weise ist der Posthumanismus nicht mehr nur eine exzentrische theoretische Idee, sondern etwas, das unser alltägliches Leben betrifft. Können diese beiden Aspekte in einer einzigen theoretischen Perspektive zusammengebracht werden, oder sind sie dazu verurteilt, verschiedene Sprachen zu sprechen (»postmoderne« Theorie, die dem Kognitivismus seinen naiven naturalistischen Determinismus vorwirft, und die Kognitivisten, die »postmoderne« Theorie als unbedeutende Spekulation abtun, die im traditionellen philosophischen Raum verwurzelt bleibt)?[22] Zunächst muss man hier bemerken, wie das Aufkommen posthumaner Akteure und das Anthropozän zwei Aspekte desselben Phänomens sind: Zu genau derselben Zeit, in der die Menschheit der hauptsächliche geologische Faktor wird, der das gesamte Gleichgewicht der Erde bedroht, beginnt sie, ihre grundlegenden Merkmale zu verlieren und sich in Posthumanität zu verwandeln.

Die Frage, die diesem Problem zugrunde liegt, lautet: In welcher Verbindung stehen Kapitalismus und die Aussicht auf Posthumanität? Für gewöhnlich wird der Kapitalismus als historisch postuliert, unsere Menschlichkeit, einschließlich unserer sexuellen Differenzen, dagegen als fundamentaler, sogar als ahistorisch; was wir heute aber erleben, ist nichts weniger als der Versuch, den Übergang zur Posthumanität in den Kapitalismus zu integrieren. Allein darum geht es in den Bemühungen von Milliardär-Gurus wie Elon Musk: Ihre Voraussagen über das Ende des Kapitalismus, »wie wir ihn kennen«, beziehen sich auf »menschlichen« Kapitalismus, und der Übergang, den sie meinen, ist der Übergang vom humanen zum posthumanen Kapitalismus. *Blade Runner 2049* verhandelt dieses Thema – hier ist die Handlung (erneut schamlos aus der englischen Wikipedia abgeschrieben):

»2049 sind Replikanten (biotechnisch hergestellte Menschen) als Diener und Sklaven in die Gesellschaft integriert worden. K, ein neueres Replikantenmodell, das zum Gehorchen geschaffen wurde, arbeitet als Blade Runner für das Los Angeles Police Department und jagt ältere Replikantenmodelle, um sie ›in den Ruhestand zu versetzen‹. Sein Privatleben verbringt er mit seiner holographischen Freundin Joi, ein Produkt künstlicher Intelligenz der Wallace Corporation. [Man sollte hier bemerken, dass diese Wallace Corporation, die menschliche Replikanten produziert, aus der Krise des Anthropozäns entstanden ist; sie gewann dadurch ihre Macht, dass sie die Menschheit vor dem Hunger rettete, der sich dem Zusammenbruch der Reproduktion der Natur aufgrund exzessiver menschlicher Aktivität verdankte – sie fand eine Methode, große Mengen künstlicher Lebensmittel herzustellen.] Ks Nachforschungen zu einer wachsenden Freiheitsbewegung von Replikanten führt ihn auf eine Farm, wo er den skrupellosen Replikanten Sapper Morton in den Ruhestand versetzt und eine Kiste ausgräbt. Forensische Analysen ergeben, dass die Knochen einer Frau gehören, die als Replikantin an den Folgen von Komplikationen bei einem Kaiserschnitt gestorben ist. K erscheint dies unheimlich, da Schwangerschaften bei Replikanten eigentlich nicht möglich waren.
K erhält von seiner Vorgesetzten, Lieutenant Joshi, den Befehl, alle Beweise in diesem Fall zu zerstören und das Kind in den Ruhestand zu versetzen. Sie glaubt, das Wissen, dass Replikanten gebärfähig sind, sei gefährlich und könne einen Krieg auslösen, weil damit die klare Trennung der Menschen von Replikanten verloren ist. K, verstört von dem Befehl, ein geborenes Wesen zu töten, besucht das Hauptquartier der Wallace Corporation und trifft seinen Gründer, Niander Wallace, der die Leiche als Rachel identifiziert, ein experimenteller Replikant. Im weiteren Verlauf erfährt er von der romantischen Verbindung

zwischen ihr und dem Blade-Runner-Veteranen Rick Deckard. In dem Glauben, die Reproduktion bei Replikanten könne seine Produktion verbessern und seine Geschäfte auf anderen Planeten ausdehnen, aber ohne selbst über die entsprechende Technologie zu verfügen, schickt Wallace seinen Vollstrecker-Replikanten Luv, der Rachels Leiche aus dem Hauptquartier des LAPD stehlen und K folgen soll, um Rachels Kind zu finden.

Bei der Rückkehr zu Mortons Farm findet K ein verstecktes Indiz, das mit einer Kindheitserinnerung an das Verstecken eines Spielzeug-pferds übereinstimmt, das er später in einem Waisenhaus wiederfin-det, womit die Wahrhaftigkeit seiner Erinnerungen angedeutet wird, die er für implantiert hielt; Joshi hält dies für einen untrüglichen Be-weis dafür, dass K in Wirklichkeit eine echte Person ist. Beim Durch-suchen des Geburtenregisters dieses Jahres entdeckt er, dass an dem Tag Zwillinge mit identischer DNA bis auf das Geschlechtschromosom geboren wurden, wobei nur der Junge als lebend aufgeführt wird.

K sucht Dr. Ana Stelline auf, eine Erinnerungskonstrukteurin im Dienst der Wallace Corporation, die ihn darüber informiert, dass es illegal sei, Replikanten mit echten menschlichen Erinnerungen zu program-mieren, was K glauben lässt, er könne Rachels Sohn sein. Nachdem ein Test zu seinem Replikanten-Verhalten scheitert, wird K von Joshi suspendiert, aber Joshi gibt ihm 48 Stunden, um zu verschwinden. Er überträgt Joi auf einen mobilen Emitter, wissend, dass sie, wenn dieser beschädigt wird, gelöscht wird. Er lässt das Spielzeug analysieren und findet Spuren von Radioaktivität, die ihn in die Ruinen von Las Vegas führen, wo er Deckard trifft. Dieser eröffnet ihm, dass er das Geburten-register manipuliert hat, um seine Spuren zu verwischen, und er die schwangere Rachel bei der Replikanten-Befreiungsbewegung zurück-lassen musste, um sie zu schützen.

Luv und ihre Männer töten Joshi, machen K ausfindig und entführen Deckard. K wird schwerverletzt zurückgelassen, der Emitter mit Joi zerstört. K wird später von der Replikanten-Befreiungsbewegung ge-rettet, die ihn ebenfalls gesucht hat. Die Anführerin Freysa teilt ihm mit, dass er nicht als Einziger eine Rolle spielt, um der Bewegung zum Erfolg zu verhelfen, und dass Rachels Kind tatsächlich ein Mädchen ist. K schließt daraus, dass Stelline Deckards Tochter ist, da sie als Einzige Erinnerungen herstellen und ihm einpflanzen konnte.

Freysa drängt K dazu, Wallace vom Aufdecken der Geheimnisse der Replikanten-Reproduktion abzuhalten mit welchen Mitteln auch immer, sogar durch das Töten von Deckard.«

Dass dieser Teil des Films in Las Vegas spielt, ist wichtig. Viele Kritiker haben Anklänge an Tarkowski im Film erkannt, nicht nur in seinem langsamen Rhythmus, sondern auch in der Landschaft, die der Zone in Tarkowskis *Stalker* [dt. *Stalker*, 1970] nachempfunden scheint. Im ersten *Blade Runner* ist die Megalopolis selbst eine Zone, während außerhalb der Zone eine unverdorbene grüne Natur liegt (in die Deckard und Rachel am Ende des Films flüchten, zumindest in der ersten veröffentlichten Version). In *Blade Runner 2049* ist die gesamte Erdoberfläche eine vergiftete Zone (die Geschichte beginnt nach einer globalen ökologischen Katastrophe) – aber es gibt eine Art Zone innerhalb der Zone: das Gebiet um Las Vegas, wo Deckard sich versteckt hält, das verstrahlte Territorium, in dem nur Replikanten überleben können und das die menschlichen Polizeikräfte nur kurz betreten können, unter dem Schutz schwerer Masken. In der Zone Las Vegas steckt die Zeit in einer zirkulären Bewegung fest, die perfekt durch die sich ewig selbst replizierende Hologramm-Show alter Stars (Elvis Presley etc.) auf einer verlassenen Bühne angezeigt wird. Nichts Glamouröses liegt darin, die Hologramm-Hyperrealität ist gebrochen, immer wieder unterbrochen; dennoch sollte man bedenken, dass wir uns hier in einer Art befreitem Territorium befinden oder wenigstens in einem von der Staatsmacht aufgegebenen Territorium, wo auch der Replikanten-Widerstand seine Basis hat.

Zurück in Los Angeles wird Deckard zu Wallace gebracht, der andeutet, dass Rachels Gefühle für ihn von Tyrell konstruiert wurden, um die Möglichkeit auszutesten, bei Replikanten eine Schwangerschaft herbeizuführen. Als Deckard sich weigert zu kooperieren, lässt Wallace ihn durch Luv in die Außenposten der äußeren Welt bringen, um ihn dort zu foltern, aber K fängt sie ab, tötet Luv und inszeniert Deckards Tod, um ihn sowohl vor Wallace als auch vor den Replikanten zu schützen. Er bringt Deckard zu Stellines Büro und bedauert, dass seine besten Erinnerungen ihr gehören. Deckard betritt vorsichtig das Büro und nähert sich Stelline, während K seiner Verwundung erliegt.

Warum wird die Tatsache, dass zwei Replikanten (Deckard und Rachel) eine sexuelle Beziehung führen und ein menschliches Wesen in menschlicher Weise erzeugt haben, als dermaßen traumatisches Ereignis erlebt, von einigen als Wunder gefeiert, von anderen mit Entsetzen als Bedrohung empfunden? Geht es um Reproduktion oder um Sex, d. h. um Sexualität in ihrer spezifisch menschlichen Form? Der Film konzentriert sich ausschließlich auf Reproduktion und vernachlässigt wiederum die große Frage: Kann Sexualität, von ihrer reproduktiven Funktion entkleidet, in einer posthumanen Ära überleben?

Das Bild von Sexualität ist das übliche: Der Sexualakt wird aus der männlichen Perspektive gezeigt, so dass die Androidin aus Fleisch und Blut auf einen physischen Träger für die Hologramm-Phantasiefrau Joi reduziert wird, die geschaffen wurde, um dem Mann zu dienen: »Sie muss sich mit dem tatsächlichen Körper einer Person überschneiden, sie bewegt sich also immer zwischen zwei Identitäten hin und her, womit gezeigt wird, dass Frauen das eigentlich geteilte Subjekt sind, und das Andere aus Fleisch und Blut dient lediglich als Vehikel für die Phantasie.«[23] Joi ist nicht materialisiert, sondern eine programmierte Männerphantasie, die hin und her springt zwischen Partnerin und Hausmädchen und Sexarbeiterin, je nach Wunsch und Begehren des Besitzers. Die Sexszene im Film ist daher fast zu direkt »lacanianisch« (in einer Linie mit Filmen wie *Her* [dt. *Her*, 2013]), indem sie wirkliche Heterosexualität ignoriert, bei der der Partner nicht nur ein Träger ist, auf dem ich meine Phantasien ausleben kann, sondern ein realer Anderer.[24] Der Film scheitert auch darin, die potentiell antagonistische Differenz zwischen Androiden selbst, den Androiden mit »echtem Körper« und denen, die nur 3-D-Hologramme sind, genauer auszuloten: Wie kann in der Sexszene die Android-Frau damit umgehen, auf einen physischen Träger für männliche Phantasie reduziert zu sein? Warum widersetzt sie sich nicht und sabotiert dies?

71

Der Film liefert eine ganze Palette an Ausbeutungsmodi, einschließlich des eines halblegalen Unternehmers, der Kinderarbeit einsetzt (Hunderte von menschlichen Waisen), um alte digitale Maschinen aufzustöbern. Vom traditionellen marxistischen Standpunkt aus stellen sich hier seltsame Fragen: Wenn hergestellte Androiden hier arbeiten, ist dann noch Ausbeutung am Werk, produziert ihre Arbeit Wert, der über ihren eigenen Wert als Waren hinausgeht, so dass er von ihren Besitzern als Mehrwert angeeignet werden kann? Man sollte zur Kenntnis nehmen, dass die Idee der Erweiterung menschlicher Fähigkeiten, um perfekte posthumane Arbeiter oder Soldaten zu erschaffen, eine lange Geschichte im 20. Jahrhundert hat. In den späten 1920er Jahren unterstützte kein anderer als Stalin eine Weile lang das »Menschenaffenprojekt«, das der Biologe Ilja Iwanow (ein Nachfolger von Alexander Bogdanow, Zielscheibe von Lenins Kritik in *Materialismus und Empiriokritizismus*) initiiert hatte: Es ging darum, Menschen mit Orang-Utans zu paaren, um daraus einen perfekten Arbeiter und Soldaten zu erschaffen, unempfindlich gegen Schmerz, Müdigkeit und schlechtes Essen. In seinem angeborenen Rassismus und Sexismus versuchte Iwanow natürlich, männliche Menschen und weibliche Affen zu paaren; dazu waren die Menschen schwarze Afrikaner aus dem Kongo, da sie genetisch den Affen vermeintlich näher waren – der Sowjetstaat finanzierte eine kostspielige Expedition dorthin. Als die Experimente scheiterten, wurde Iwanow liquidiert. Auch die Nazis verwendeten regelmäßig Drogen, um die Fitness ihrer Elitesoldaten zu erhöhen, und die US-Armee experimentiert derzeit mit genetischen Veränderungen und Drogen, um Soldaten superresilient zu machen (beispielsweise haben sie bereits Piloten, die 72 Stunden fliegen und kämpfen können).

Im Bereich der Fiktion sollte man auch Zombies mit in die Liste aufnehmen. Horrorfilme verzeichnen Klassenunterschiede im Verhalten von Vampiren und Zombies: Vampire sind wohlerzogen, exquisit, aristokratisch, leben unter normalen Menschen, während Zombies linkisch, träge, dreckig sind und von außerhalb angreifen, wie ein primitiver Aufstand der Ausgeschlossenen. Die Gleichung zwischen

Zombies und der Arbeiterklasse wurde in *White Zombie* [dt. *The White Zombie*, 1932, Victor Halperin] gesetzt, dem ersten Spielfilm über Zombies vor dem Hays Code. Es gibt in dem Film keine Vampire – aber bezeichnenderweise wird der Bösewicht, der die Zombies kontrolliert, von Bela Lugosi gespielt, der ein Jahr zuvor als Dracula berühmt geworden war. *White Zombie* spielt auf einer Plantage in Haiti, dem Schauplatz des berühmtesten Sklavenaufstands. Lugosi empfängt einen anderen Plantagenbesitzer und zeigt ihm seine Zuckerfabrik, wo die Arbeiter Zombies sind, die sich, wie Lugosi sich zu erklären beeilt, nicht über lange Arbeitszeiten beschweren, keine Gewerkschaften fordern, nie streiken, sondern einfach immer weiterarbeiten. So ein Film war nur vor der Einführung des Hays Code möglich.

In einer weiteren hübschen Umkehrung der Standardformel, in der der Held, der wie ein normaler Mann lebt (und sich auch so betrachtet), entdeckt, dass er eine Ausnahmefigur mit einer besonderen Mission ist, denkt K in *Blade Runner 2049*, er sei die Ausnahmefigur, nach der alle suchen (das Kind von Deckard und Rachel), aber bemerkt dann allmählich, dass er (wie viele andere Replikanten) nur ein gewöhnlicher Replikant ist, der von Größenwahn besessen ist, so dass er sich am Ende für Stelline opfert, die eigentliche Ausnahmegestalt. Die rätselhafte Stelline ist hier entscheidend: Sie ist die »echte« (menschliche) Tochter von Deckard und Rachel, was bedeutet, dass sie die menschliche Tochter von Replikanten ist und damit den Prozess von menschengemachten Replikanten umdreht. Sie lebt allein in ihrer abgeschotteten Welt (unfähig, in offenen Räumen mit echten Pflanzen und Tieren zu überleben), ist zu äußerster Sterilität verdammt (weiße Kleidung in einem leeren weißen Raum), ihr Kontakt zum Leben begrenzt sich auf ein virtuelles Universum, das von digitalen Maschinen generiert wird, so dass sie in idealer Form als Schöpferin von Träumen positioniert wird (sie arbeitet als freie Mitarbeiterin beim Programmieren von falschen Erinnerungen, die den Replikanten implantiert werden). Stelline ist in dieser Funktion keinesfalls eine subversive Agentin – sie ist freie Mitarbeiterin bei Wallace und wirkt in direkter Form daran mit, dass die Replikanten keinen Widerstand entwickeln – kurz, sie ist die Chefideologin der Wallace Corporation, die massenhaft Träume und Erinnerungen produziert, um die Subjekte bei Laune zu halten. Täte die Widerstandsbewegung nicht vollkommen recht daran, sie zu entführen und für sich arbeiten zu lassen? Stelline exemplifiziert die Abwesenheit (oder eher noch die Unmöglichkeit) von sexuellen Beziehungen, die sie durch reiche phantasmatische Bilder ersetzt. Es verwundert nicht, dass das Paar, das am Ende des Films geschaffen wird, nicht das übliche sexuelle ist, sondern die asexuelle Paarung von Vater und Tochter. Aus diesem Grund sind die letzten Einstellungen des Films so vertraut und seltsam zugleich: K opfert sich in einer christusgleichen Geste im Schnee, um das Vater-Tochter-Paar zu erschaffen.

Gibt es eine erlösende Kraft in dieser Wiedervereinigung? Oder sollten wir ihre Bedeutung vor dem Hintergrund des symptomatischen Schweigens des Films über die sozialen Reibungen zwischen Menschen in der Gesellschaft, die er abbildet, lesen: Wo stehen die »unteren Klassen«? Der Film bringt dennoch hübsch den Antagonismus zum Ausdruck, der die herrschende Elite selbst im Kapitalismus durchzieht: den zwischen dem Staat und seinen Apparaten (personifiziert in Joshi) und den großen Unternehmen (personifiziert in Wallace), die den Fortschritt bis zu seinem selbstzerstörerischen Ende verfolgen:

> »Während die staatliche politisch-rechtliche Position des LAPD eine des potentiellen Konflikts ist, sieht Wallace nur die revolutionären produktiven Potentiale selbstreproduzierender Replikanten, von denen er sich neuen Schwung für seine Geschäfte erhofft. Seine Position ist die des Markts; und es lohnt sich, auf die widersprüchlichen Perspektiven von Joshi und Wallace zu schauen, da es bezeichnend für die Widersprüche zwischen dem Politischen und dem Ökonomischen ist; oder, anders gewendet, es bezeichnet in merkwürdiger Weise die Überschneidung der Klassenstaatsmechanismen und die Spannungen zwischen den ökonomischen Produktionsweisen.«[25]

Obwohl Wallace ein echter Mensch ist, handelt er unmenschlich, ein Android, der blind vor exzessivem Begehren ist, während Joshi für

Apartheid steht, für die strenge Trennung zwischen Menschen und Replikanten – oder, um sie zu zitieren: »Es gibt eine Ordnung für die Dinge. Die Welt ist auf einer Wand gebaut, die die Spezies trennt. Sag einer von beiden Seiten, dass es keine Wand gibt, und du hast einen Krieg … oder ein Massaker.« Ihre Sichtweise ist, dass es, wenn die Trennung nicht aufrechterhalten wird, Krieg gibt und Auflösung. »Wenn ein Kind von einer Replikanten-Mutter (oder -Eltern) geboren wird, ist es dann noch ein Replikant? Wenn es seine eigenen Erinnerungen produzieren kann, ist es dann noch ein Replikant? Was ist nun die Trennlinie zwischen Menschen und Replikanten, wenn Letztere sich selbst reproduzieren können? Was zeichnet unser Menschsein aus?«[26] Sollten wir in Gedanken an *Blade Runner 2049* eine berühmte Passage aus dem *Kommunistischen Manifest* dahingehend ergänzen, dass sexuelle »Einseitigkeit und Engstirnigkeit mehr und mehr unmöglich wird«, dass im Bereich der sexuellen Praktiken »alles Stehende und Ständische verdampft, alles Heilige zerfällt« und dass der Kapitalismus dazu tendiert, die normative Heterosexualität durch eine Vermehrung instabiler, wechselnder Identitäten und / oder Orientierungen zu ersetzen? Das heutige Feiern von »Minderheiten« und »Marginalisierten« *ist* die vorherrschende Mehrheitsposition: Selbst Alt-Rightisten, die sich über den Terror liberaler politischer Korrektheit beschweren, präsentieren sich als Beschützer bedrohter Minderheiten. Oder nehmen wir jene Kritiker des Patriarchats, die es angreifen, als wäre es weiterhin eine hegemoniale Position, und dabei ignorieren, was Marx und Engels vor mehr als 150 Jahren im ersten Kapitel des *Kommunistischen Manifests* geschrieben haben: »Die Bourgeoisie, wo immer sie an die Macht gekommen ist, hat allen feudalen, *patriarchalen*, idyllischen Beziehungen ein Ende bereitet.« Dies wird immer noch ignoriert von den linken Kulturtheoretikern, die ihre Kritik auf patriarchale Ideologie und Praxis konzentrieren. Um nicht die Aussicht auf neue Formen androider (genetisch oder biochemisch manipulierter) Posthumanität zu erwähnen, die die Trennung von menschlich und nichtmenschlich erschüttern wird.

Warum also rebellieren die neuen Generationen von Replikanten nicht?

»Anders als die Replikanten im Original rebellieren neuere Replikanten nie, obwohl nie klar erklärt wird, warum, außer dass sie dafür programmiert wurden. Der Film deutet dennoch eine Erklärung an: Der grundlegende Unterschied zwischen den neuen und den alten Replikanten hat mit ihrer Beziehung zu ihren falschen Erinnerungen zu tun. Die älteren Replikanten lehnten sich auf, weil sie glaubten, ihre Erinnerungen seien real, und so die Entfremdung spüren konnten, als sie erkannten, dass sie es nicht waren. Die neuen Replikanten wissen von Anfang an, dass ihre Erinnerungen gefälscht sind, so dass sie nie enttäuscht werden. Der springende Punkt ist folglich, dass die fetischistische Verleugnung der Ideologie die Subjekte stärker an die Ideologie kettet als das reine Verkennen ihrer Funktionsweise.«[27]

Die neuen Generationen von Replikanten sind der Illusion von authentischen Erinnerungen, von allem substantiellen Inhalt ihres Daseins beraubt und deshalb auf die Leere der Subjektivität reduziert, d. h. auf den reinen proletarischen Status der *substanzlosen Subjektivität* [dt. im Original]. Bedeutet nun die Tatsache, dass sie nicht rebellieren, dass Rebellion durch das Bewusstsein eines wahren Inhalts unterstützt werden muss, das durch eine unterdrückerische Macht bedroht wird?

K inszeniert einen Unfall, um Deckard verschwinden zu lassen, nicht nur aus dem Blick von Staat und Kapital (der Wallace Corporation), sondern auch aus dem der Replikanten-Rebellen (die von einer Frau, Freysa, angeführt werden, ein Name, in dem selbstverständlich das Wort »Freiheit« anklingt). Obwohl man seine Entscheidung damit erklären kann, dass Freysa Deckard ebenfalls tot sehen möchte, damit Wallace dem Geheimnis der Replikanten-Reproduktion nicht auf die Spur kommen kann – beide, Staatsapparat (verkörpert von Joshi) und Revolutionäre (verkörpert von Freysa) wollen Deckard tot sehen –, gibt Ks Entscheidung der Geschichte nichtsdestoweniger eine konservativ-humanistische Wendung: Damit wird versucht, den Bereich der Familie aus dem zentralen gesellschaftlichen Konflikt auszunehmen, indem sie beide Seiten als gleichermaßen brutal darstellt. Diese »Unparteilichkeit« verrät die Falschheit des Films: Er ist zu humanistisch in dem Sinne, dass sich alles um Menschen dreht und solche, die es sein wollen (oder so aufgefasst werden), oder jene, die nicht wissen, dass sie keine Menschen sind. (Ist das Ergebnis der Biogenetik nicht, dass wir – »normale« Menschen – in der Tat genau das sind, Menschen, die nicht wissen, dass sie keine Menschen sind, d. h. neuronale Maschinen mit Selbstbewusstsein?) Die implizite humanistische Botschaft des Films ist die der liberalen Toleranz: Wir sollten Androiden mit menschlichen Gefühlen (Liebe etc.) Menschenrechte zuerkennen, sie wie Menschen behandeln, sie in unser Universum aufnehmen – aber wird mit ihrer Ankunft unser Universum noch das unsere sein, wird es weiterhin dasselbe menschliche Universum bleiben?

Was fehlt, ist jegliche Betrachtung des Wandels, der die Ankunft der Androiden mit Bewusstsein für den Status der Menschen selbst bedeuten wird: Wir Menschen werden keine Menschen im gewöhnlichen Sinn mehr sein, etwas Neues wird entstehen, und wie sollen wir es definieren? Und in Bezug auf die Unterscheidung zwischen Androiden mit »echten« Körpern und den Hologramm-Androiden – wie weit sollte unsere Anerkennung reichen? Sollten Hologramm-Replikanten mit Gefühlen und Bewusstsein (wie Joi, die geschaffen wurde, um K zu dienen und zu befriedigen) auch als Wesen anerkannt werden, die wie Menschen handeln? Wir sollten die Tatsache bedenken, dass Joi, ontologisch ein reiner Hologramm-Replikant ohne eigenen materiellen Körper, einen radikalen Akt der Selbstaufopferung für K begeht, einen Akt, für den sie nicht programmiert war.[28]

Wenn man dies vermeidet, bleibt als einzige Möglichkeit ein nostalgisches Gefühl von Bedrohung zurück (die bedrohte private Sphäre sexueller Reproduktion), eine Falschheit, die sich in die visuelle und narrative Form des Films einschreibt. In dieser Form kehrt der unterdrückte Aspekt seines Inhalts zurück, nicht in dem Sinne, dass die Form progressiver ist, sondern in dem Sinne, dass sie dazu dient, das progressive antikapitalistische Potential der Geschichte zu vernebeln.

Der langsame Rhythmus mit seiner ästhetisierten Bildlichkeit bringt die gesellschaftliche Haltung der Nicht-Parteinahme, des passiven Sich-treiben-Lassens zum Ausdruck.

Dies führt uns zurück zum Klassenkampf. Replikanten sind massenhaft produzierte sklavenartige Arbeitskräfte für privilegierte Menschen, besonders geeignet, um in den vergifteten Territorien unseres Planeten zu arbeiten, wo keine Menschen überleben können oder, wie Wallace sagt: »Jede große Zivilisation wurde auf dem Rücken einer entbehrlichen Arbeiterschaft gebaut.« Auch wenn das zutrifft, wäre es dennoch zu einfach, den Antagonismus zwischen Menschen und Replikanten auf eine metaphorische Verschiebung zwischen Privilegierten und Unterprivilegierten (Ausgebeuteten/Ausgeschlossenen) innerhalb der menschlichen Gesellschaft zu reduzieren:

> »Als K mit seinen Nachforschungen fortfährt, sehen wir mehr und mehr unbehagliche Hinweise auf eine Sklavengesellschaft, die mutmaßlich in 30 Jahren entstanden sein wird; Silos mit Kinderarbeitern, die Elektroschrott auseinandernehmen; Aasfresser, die auf gigantischen Müllhalden aus verrostetem Metall leben; weibliche Sexarbeiter auf den Straßen; einen ›Proteinfarmer‹, der ein elendes Dasein im Dreck fristet. Wir sehen sogar einmal eine Putzkraft – möglicherweise die erste, die man je in einem Hollywood-Science-Fiction-Film gesehen hat. Das ist unsere Welt, und es geschieht jetzt.«[29]

Wiederum ist dies wahr, aber es ist nicht die ganze Wahrheit: Die Aussicht auf posthumane Lebensformen ist nicht mehr nur ein Projekt, das die kommenden Generationen betrifft, sondern etwas, das die laufenden Versuche des globalen Kapitalismus antreibt, seine endgültige Krise aufzuschieben. Dies führt uns zu dem, was als eigentliche Botschaft des Films gelten kann:

> »Jenseits des Baudrillard'schen Philosophierens darüber, ›woher wir wissen, dass wir menschlich sind‹, fragt *Blade Runner 2049* danach, was es bedeutet, ein Mensch zu sein, und er wagt einige Antworten. Es ist die Fähigkeit, Verbindungen einzugehen, sich in andere einzufühlen, zu lieben, Werte zu haben. Es ist auch der Wille zu handeln, Wider-

stand zu leisten, für diese Werte zu kämpfen. ›Für die richtige Sache zu sterben, ist das Menschlichste, was man tun kann‹, sagt eine Figur. Es ist ein Aufruf zur Revolution. Nicht morgen, sondern gleich jetzt.«[30]

Hier wird es dennoch zweideutig. Die Figur, die diese Aussage über das Sterben für die richtige Sache trifft, ist Freysa, die Anführerin des Replikanten-Widerstands, und während K sie vielfach wiederholt, gibt er dieser Aussage eine andere, unpolitische Wendung, indem er das emanzipatorische Anliegen einer universellen Befreiung durch das Ziel ersetzt, eine Vater-Tochter-Wiedervereinigung zustande zu bringen, und beide aus ihrem politischen Kampf herauslöst – in Ks Lesart ist das Sterben für die richtige Sache gerade kein Aufruf zur Revolution.[31]

Was hätte die wahre Form von Kontakt zwischen einem Menschen und einem Replikanten sein können? Wenn die Frage: »Sollen Androiden wie Menschen behandelt werden?«, debattiert wird, liegt der Fokus für gewöhnlich auf dem Bewusstsein: Besitzen sie ein Innenleben? (Selbst wenn ihre Erinnerungen programmiert und implantiert sind, können sie dennoch als authentisch erlebt werden.) Vielleicht sollten wir aber den Fokus vom Bewusstsein auf das Unbewusste verschieben: Verfügen sie über ein Unbewusstes im Freud'schen Sinne? Das Unbewusste ist nicht irgendeine tiefere irrationale Dimension, sondern das, was Lacan eine virtuelle »andere Szene« genannt hätte, die das Bewusstsein des Subjekts begleitet.

Nehmen wir ein vielleicht überraschendes Beispiel. Erinnern wir uns an den berühmten Witz aus Lubitschs *Ninotchka* [dt. *Ninotschka*, 1939]: »Kellner! Einen Kaffee ohne Sahne, bitte«, »Entschuldigung, aber wir haben im Moment keine Sahne. Kann ich Ihnen den Kaffee auch ohne Milch bringen?« Auf einer faktischen Ebene ist es derselbe Kaffee, aber was sich ändert, ist, dass der Kaffee ohne Sahne zu einem Kaffee ohne Milch wird – oder noch einfacher, die implizierte Verneinung, die aus dem schwarzen Kaffee einen Kaffee ohne Milch macht. Der Unterschied zwischen »schwarzem Kaffee« und »Kaffee ohne Milch« ist rein virtuell, es gibt keinen Unterschied in der wirklichen

Tasse Kaffee, und genau dasselbe gilt für das Freud'sche Unbewusste: Sein Status ist rein virtuell, es ist keine »tiefere« psychische Wirklichkeit – kurz, das Unbewusste ist wie »Milch« im »Kaffee ohne Milch«. Und darin liegt der Haken: Kann der digitale große Andere, der uns besser kennt, als wir uns selbst kennen, auch zwischen »schwarzem Kaffee« und »Kaffee ohne Milch« unterscheiden? Oder ist die kontrafaktische Sphäre außerhalb der Reichweite des digitalen großen Anderen, der sich auf die Fakten in unserem Gehirn und auf die soziale Umwelt beschränkt, deren wir uns nicht bewusst sind? Der Unterschied, mit dem wir es hier zu tun haben, ist der zwischen den »unbewussten« (neuronalen, sozialen) Fakten, die uns bestimmen, und dem Freud'schen »Unbewussten«, dessen Status rein kontrafaktisch ist. Dieser Bereich des Kontrafaktischen kann nur wirksam sein, wenn Subjektivität am Werk ist: Um den Unterschied zwischen »schwarzem Kaffee« und »Kaffee ohne Milch« zu bemerken, muss ein Subjekt im Spiel sein. Und – zurück zu *Blade Runner 2049* – können Replikanten diesen Unterschied bemerken?

2.

Launen der Macht

Lenin befährt unerforschte Territorien

In *Staat und Revolution* (1917), einer Art vorbereitender theoretischer Schrift für die Oktoberrevolution, umriss Lenin seine Vision des Arbeiterstaats, wo jeder *kukharka* (kein Koch, vor allem kein großer *chef*, eher eine einfache weibliche Bedienstete in der Küche einer wohlhabenden Familie) wird lernen müssen, wie man einen Staat leitet, wo jeder, selbst die höchsten Verwaltungsbeamten, den gleichen Lohn wie ein Arbeiter verdienen wird, wo alle Verwalter direkt von ihren lokalen Wahlkreisen gewählt werden, die das Recht haben, sie zu jedem Zeitpunkt abzuberufen, wo es keine Berufsarmee geben wird.

Wie sich diese Vision unmittelbar nach der Oktoberrevolution in ihr Gegenteil verkehrte, ist Stoff zahlreicher kritischer Analysen; aber vielleicht viel interessanter ist die Tatsache, dass Lenin als normative Grundlage dieser »utopischen« Vision einen fast Habermas'-schen Begriff davon in Anschlag bringt, »die elementaren, von alters her bekannten und seit Jahrtausenden in allen Vorschriften gepredigten Regeln des gesellschaftlichen Zusammenlebens einzuhalten«.[1] Im Kommunismus wird diese permanente normative Grundlage menschlichen Zusammenlebens endlich in einer nicht verzerrten Weise herrschen: Nur in einer kommunistischen Gesellschaft werden die »von der kapitalistischen Sklaverei, von den ungezählten Greueln, Brutalitäten, Widersinnigkeiten und Gemeinheiten der kapitalistischen Ausbeutung befreiten Menschen sich nach und nach gewöhnen

[...], die elementaren, von alters her bekannten und seit Jahrtausenden in allen Vorschriften gepredigten Regeln des gesellschaftlichen Zusammenlebens einzuhalten, sie ohne Gewalt, ohne Zwang, ohne Unterordnung, ohne den besonderen Zwangsapparat, der sich Staat nennt, einzuhalten.«[2]

Kurz darauf schreibt Lenin noch einmal: »[wir wissen], daß die soziale Grundursache der Ausschreitungen, die eine Verletzung der Regeln des gesellschaftlichen Zusammenlebens bedeuten, in der Ausbeutung der Massen, ihrer Not und ihrem Elend zu suchen ist.«[3] Bedeutet dies, dass sich die Revolution normativ auf eine Art Universalgesetz gründet, das als ewige »menschliche Natur« fungiert? (Und vielleicht finden wir ein Echo von Lenins Sorge um die »elementaren Regeln des gesellschaftlichen Zusammenlebens« in seinen kritischen Bemerkungen über Stalins rüpelhafte Manieren, die er in den letzten Monaten seines Lebens äußerte.) Wir sollten diese Frage der normativen Begründung in all ihren Dimensionen ausleuchten – zum Beispiel, worauf wir unsere Ablehnung des Rassismus gründen.

Lacan behauptet, dass die Wissenschaft entstand,

> »als Galilei kleine Beziehungen zwischen Buchstabe und Buchstabe mit einem Strich dazwischen herstellte [...] von dort geht die Wissenschaft aus. Und deshalb setzte ich meine Hoffnung darauf, dass wir, jede Vorstellung unterlaufend, vielleicht einmal dazu gelangen werden, über das Leben einige Daten zu haben, die befriedigender sind.«[4]

Jean-Claude Milner macht deutlich, wie für Lacan »Beziehung von Buchstabe zu Buchstabe, eher als Mathematik, der eigentliche Ausgangspunkt sind«:

> »Nach einer langen Periode, in der die Mathematik die Buchstaben in der Wissenschaft annektiert hatte, sind Buchstaben an sich wieder in ihrer vollständigen Autonomie aufgetaucht. Aus diesem Grund kann man auf bessere Daten über das Leben hoffen. Warum? Weil sich das Wieder-Auftauchen der autonomen Buchstaben in der Wissenschaft in der Biologie vollzogen hat.«[5]

Dieser Blick auf die Existenz schließt radikal alle wesentlichen Merkmale unseres intuitiven Verständnisses des Lebens als einer organischen Einheit aus: »Diese chemische Konstruktion, die allein durch die Gesetze der Wissenschaft ein DNA-Molekül bildet, angefangen mit Elementen, die in verschiedenen Medien und unabhängig davon, wie wir sie qualifizieren wollen, verteilt sind – wie konnte sie damit loslegen? Die ganze Wissenschaft führt nur zu der Wahrnehmung, dass es nichts Realeres als das gibt; in anderen Worten nichts, was unmöglicher wäre, sich vorzustellen.«[6]

Milner zieht aus dieser Unrepräsentierbarkeit des Lebens, wenn wir seine Struktur in der Gestalt von aus Buchstaben bestehenden Formeln verstehen, eine radikale politische Schlussfolgerung: Nur die Reduktion des Lebens auf einen Satz Buchstaben ohne tiefere Bedeutung oder organische Einheit kann uns vor dem Rassismus schützen:

»Für viele Jahrhunderte war das Leben die Mutter aller imaginären Repräsentationen gewesen, dessen tragischstes Beispiel die Rassen- und Lebensraumpolitik gewesen ist. Dank dem Buchstaben ist die Hoffnung möglich, über diese Repräsentationen hinauszugelangen, selbst in Bezug auf das Thema Leben. [...] Wenn es literalisiert wird, ist das Leben *das* Reale an sich; wenn die Biogenetik, mehr noch als die Mathematik, *die* Wissenschaft des Realen ist, dann führen alle Formen von Pseudorepräsentation, die vorgeben, sich auf die Realität des Lebens zu stützen, zum grundlegenden Mythos der modernen Menschheit, nämlich dem Rassismus. Umgekehrt ist die wirksamste Waffe gegen Rassismus nicht Mitleid oder Angst, sondern die Unrepräsentierbarkeit der Buchstaben des Lebens.«[7]

Sind die Dinge aber so klar und einfach? Selbst James Watson, der 1962 den Nobelpreis als einer der Entdecker der Doppel-Helix-Struktur der DNA im Jahr 1953 gewann, behauptete wiederholt, dass schwarze Menschen weniger intelligent seien als weiße und dass die Idee von gleich verteilten »Verstandeskräften« in den verschiedenen Rassen eine Täuschung sei.[8] Solche Behauptungen waren nicht einfach private Meinungen: Er begründete sie mit seiner Forschung zur DNA. Und er war damit nicht allein – viele Rassisten versuchen, die

Rassenhierarchie in der Biogenetik zu begründen. Der wichtigste rechte Politiker in Slowenien behauptet, dass Slowenen genetisch den Skandinaviern näher stehen als anderen slawischen Völkern (sein Ziel ist, wie man sich denken kann, die Slowenen vom Balkan abzulösen und sie der nordgermanischen Ethnie einzugemeinden). Genau die Unrepräsentierbarkeit der Buchstaben des Lebens, die Milner erwähnt, verleiht dem Rassismus eine Aura von wissenschaftlicher Magie.

Watsons Argument ist nicht so einfach zu widerlegen, wie es scheinen mag. Warum sollten, wenn wir das Problem von einem rein wissenschaftlichen Standpunkt aus betrachten, die »Verstandeskräfte« (in welcher problematischen Weise wir sie definieren mögen) unter den Rassen gleich sein? Gleichheit ist eine ethisch-politische Norm, keine Tatsache: Menschen sind gleich trotz ihrer natürlichen und sozialen Differenzen. Man sollte sogar noch einen Schritt weitergehen und fragen: Was ist der genaue Status von Gleichheit? Was meinen wir, wenn wir behaupten, Menschen seien gleich und teilten die gleiche Freiheit, den gleichen Verstand und die gleiche Würde? Wenn diese Gleichheit als Norm eine historische Tatsache ist, etwas, das erst mit der Moderne aufkam, dann wurden die Menschen erst gleich, als Gleichheit zur Norm wurde. Worauf gründen wir also unsere Forderung nach Gleichheit? Ist es eine natürliche Tatsache (in welchem Sinn?), eine Tatsache (oder eher ein apriorisches Merkmal) der menschlichen Natur oder (wie Habermas versucht hat zu zeigen) eine normative Struktur, die vom Faktum der symbolischen Kommunikation impliziert wird; oder, noch einmal, eine Norm, die mit der Moderne entstand (und die folglich in vormodernen Zivilisationen keine Bedeutung hat, so dass es tatsächlich eine Form von kulturellem Kolonialismus ist, sie als universell zu behandeln)? Wenn das sogenannte Gleichheitsaxiom darüber hinaus Teil einer spezifischen historischen Konstellation ist, in welchem Sinn können wir dann behaupten, dass es traditionelleren (oder wissenschaftlich modernen) Formen von Hierarchie ethisch überlegen ist? Ist nicht jede Behauptung von Überlegenheit der Gleichheit zirkulär, in dem Sinne, dass sie bereits voraussetzt, was sie zu zeigen versucht? Eine Hegel'sche Antwort wäre, dass Gleichheit-in-Freiheit unvermeidlich aus den pragmatischen Widersprüchen entsteht, die allen vorhergehenden Begriffen von Gerechtigkeit innewohnen; aber sind wir noch bereit, die »eurozentristische« Vorstellung von Fortschritt zu unterstützen, die diesem Ansatz zugrunde liegt?

Der Bezug auf die menschliche Natur ist aber nicht Lenins letztes Wort. In einer anderen Passage in *Staat und Revolution* scheint er fast das Gegenteil zu behaupten: Überraschenderweise gründet er seine berühmte (berüchtigte) Unterscheidung zwischen dem höheren und dem niedrigeren Stadium des Kommunismus auf ein unterschiedliches Stadium der menschlichen Natur. Im ersten, niedrigeren Stadium haben wir es noch mit derselben »menschlichen Natur« wie in der gesamten Geschichte von Ausbeutung und Klassenkampf zu tun, während im zweiten, höheren Stadium die »menschliche Natur« selbst verändert sein wird:

> »Wir sind keine Utopisten. Wir ›träumen‹ nicht davon, wie man unvermittelt ohne jede Verwaltung, ohne jede Unterordnung auskommen könnte; diese anarchistischen Träumereien, [...] dienen in Wirklichkeit nur dazu, die sozialistische Revolution auf die Zeit zu verschieben, da die Menschen anders geworden sein werden. Nein, wir wollen die sozialistische Revolution mit den Menschen, wie sie gegenwärtig sind, den Menschen, die ohne Unterordnung, ohne Kontrolle, ohne ›Aufseher und Buchhalter‹ nicht auskommen werden. [...] die vereinigten Arbeiter [werden selbst] Techniker, Aufseher, Buchhalter anstellen und ihrer ALLER Arbeit, wie die Arbeit ALLER ›Staats‹beamten überhaupt, mit dem Arbeiterlohn bezahlen.«[9]

Der interessante Punkt ist hier, dass der Übergang vom niedrigeren zum höheren Stadium des Kommunismus nicht primär von der Entwicklung der Produktivkräfte jenseits der Knappheit abhängt, sondern von einem Wandel der menschlichen Natur. In diesem Sinne hatten die chinesischen Kommunisten (in ihrem radikalsten Moment) recht: Es kann einen Kommunismus der Armut geben, wenn wir die menschliche Natur ändern können, und einen Sozialismus von relativem Wohlstand (»Gulasch-Kommunismus«). Wenn die Situation am verzweifeltsten ist (wie es in Russland während des Bürgerkriegs von 1918 bis 1920 der Fall war), gibt es immer die uralte Versuchung, in diesem größten Elend eine einzigartige Gelegenheit zu sehen, um direkt zum Kommunismus überzugehen; Platonows *Tschewengur* muss vor diesem Hintergrund gelesen werden. Lenin scheint folglich zwischen einer Habermas'schen Referenz auf die ewigen natürlichen Gesetze sozialen Austauschs und einem Wandel der menschlichen Natur selbst, der Entstehung des Neuen Menschen, zu schwanken. Worin sind Lenins Schwankungen und Spannungen begründet? Kehren wir zu Milners klarer Analyse des Hexenkessels der modernen europäischen Revolutionen zurück, die im Stalinismus gipfelten. Milners Ausgangspunkt ist die radikale Lücke, die Exaktheit (faktuale Wahrheit, Akkuratheit bezüglich der Fakten) und Wahrheit (der Sache, der wir verpflichtet sind) trennt:

> »Wenn man sich die radikale Differenz zwischen Exaktheit und Wahrheit eingesteht, bleibt nur die ethische Maxime übrig: Stelle beide nie in Gegensatz zueinander. Mache aus dem Unexakten nie das privilegierte Mittel der Wahrheitseffekte. Verwandle diese Effekte nie in Nebenprodukte der Lüge. Mache aus dem Realen nie ein Instrument zur Eroberung der Realität. Und ich erlaube mir hinzuzufügen: Mache nie eine Revolution zum Hebel einer absoluten Macht.«[10]

Im Rechtfertigen dieser Forderung nach absoluter Macht ist die Rolle von Sprichwörtern in der kommunistischen Tradition bedeutsam, von Maos »Die Revolution ist keine Dinnerparty« zum legendären stalinistischen »Man kann kein Omelette machen, ohne Eier zu zerbrechen«. Das unter den jugoslawischen Kommunisten beliebteste Sprichwort war noch obszöner: »Du kannst nicht mit einem Mädchen schlafen, ohne Spuren zu hinterlassen.« Aber die Aussage ist immer dieselbe: die Befürwortung von Brutalität ohne Einschränkungen. Für diejenigen, für die Gott (in Gestalt des Großen Anderen der Geschichte, dessen Instrument sie sind) existiert, ist alles erlaubt. Theologische Referenzen können jedoch auch andersherum funktionieren: nicht im fundamentalistischen Sinn, um politische Maßnahmen als Durchsetzung eines göttlichen Willens zu legitimieren, dessen Werkzeug die Revolutionäre sind, sondern in dem Sinn, dass die theologische Dimension als eine Art Sicherheitsventil dient: ein Zeichen der Offenheit und Ungewissheit der Situation, die die politischen Akteure davon abhält, ihre Handlungen in Begriffen von Selbsttransparenz zu begreifen – »Gott« heißt, dass wir immer bedenken sollten, dass das Ergebnis unserer Handlungen nie zu unseren Erwartungen passen wird. Dieses »Mind the gap« bezieht sich nicht auf die Komplexität der Situation, in der wir tätig werden; vor allem betrifft es die äußerste Zwiespältigkeit im Ausüben unseres eigenen Willens.

War dieser Kurzschluss zwischen Wahrheit und Exaktheit nicht Stalins grundlegendes Axiom (welches selbstverständlich unausgesprochen bleiben musste)? Die Wahrheit darf nicht nur die Exaktheit ignorieren, sie darf sie sogar willkürlich neu ausrichten. Vielleicht kann uns die Eigentümlichkeit einiger russischer Wörter in dieser Angelegenheit weiterbringen: Es gibt häufig zwei Worte für das, was uns Westlern als ein einziger Begriff erscheint, das eine, das die normale Bedeutung des Begriffs bezeichnet, und das andere für einen ethisch aufgeladeneren »absoluten« Gebrauch. Das Wort *istina*, das gewöhnliche Wort für Wahrheit als Übereinstimmung mit den Fakten, und (meist groß geschrieben) *Pravda*, die absolute Wahrheit, die auch die im ethischen Sinne ideale Ordnung des Guten bezeichnet. *Svoboda*, die normale Freiheit zu tun, was wir innerhalb der existierenden gesellschaftlichen Ordnung wollen, und *volja*, der metaphysisch aufgeladenere Trieb, seinem eigenen Willen bis zur Selbstzerstörung zu folgen – wie die Russen gerne sagen, im Westen habt ihr *svoboda*, aber wir haben *volja*. Dann gibt es *gosudarstvo*, den Staat in seinen gewöhnlichen administrativen Aspekten, und *derzhava*, den Staat als einzigen Agenten absoluter Macht. (Wendete man die bekannte Unterscheidung von Walter Benjamin und Carl Schmitt an, könnte man die Behauptung wagen, der Unterschied zwischen *gosudarstvo* und *derzhava* sei derjenige zwischen gesetzter und setzender Macht: *gosudarstvo* ist die staatliche administrative Maschine, die ihren von den Gesetzen geregelten und vorgeschriebenen Weg geht, während *derzhava* der Agent uneingeschränkter Macht ist.) Es gibt Intellektuelle, gebildete Menschen, und *Intelligentsia*, Intellektuelle, die mit einer besonderen Mission betraut und ihr verschrieben sind, um die Gesellschaft zu reformieren. (Entlang derselben Linie gibt es bei Marx bereits die implizite Unterscheidung zwischen »Arbeiterklasse« – eine einfache Kategorie sozialen Daseins – und »Proletariat« – eine Kategorie der Wahrheit, das eigentliche revolutionäre Subjekt.)

Ist dieser Gegensatz nicht letztlich derjenige, den Alain Badiou ausgearbeitet hat: zwischen Ereignis und der Positivität des reinen Seins? *Istina* ist die reine faktuale Wahrheit (Korrespondenz, Adäquatheit), während *pravda* das auf sich selbst bezogene Ereignis der Wahrheit bezeichnet; *svoboda* ist die gewöhnliche Wahlfreiheit, während *volja* das entschlossene Ereignis der Freiheit ist. Im Russischen ist diese Lücke klar sichtbar und hebt so das radikale Risiko hervor, das in jedem Wahrheits-Ereignis involviert ist: Es gibt keine ontologische Garantie, dass *pravda* dabei erfolgreich sein wird, sich selbst auf einer faktualen Ebene (die von *istina* abgedeckt ist) durchzusetzen. Und erneut scheint es, als wäre dieser Spalt in die russische Sprache eingebettet, in dem einzigartigen Ausdruck *awos* oder *na awos*, was so etwas wie »mit Glück« bedeutet; es artikuliert die Hoffnung, dass die Dinge gut ausgehen werden, wenn man eine riskante radikale Geste unternimmt, ohne alle ihre möglichen Folgen vorhersehen zu können, so etwas wie Napoleons »On attaque, et puis on verra«, was Lenin häufig zitierte.

Wo also steht Lenin hier? Milner verortet ihn am Rand, wo er die Spannung ins Extreme steigert: Obwohl er vollkommen der marxistischen Orthodoxie verpflichtet war, die die Revolution als Teil der globalen historischen Realität sieht, pflegte er in seiner politischen Praxis die größte Offenheit und Improvisation, indem er vom revolutionären Terror zu einer partiellen Öffnung zum Kapitalismus überging; und in diesem Prozess begingen die Bolschewiken »alle denkbaren Fehler«, wie er selbst formulierte:

»Während der Französischen Revolution selbst ist es einfach, die Momente auszumachen, in denen die vernünftigsten und mutigsten unter den Revolutionären verzweifelten. Die meisten von ihnen waren kompetent und gebildet, aber keine historischen Vorläufer in der Geschichte, keine wissenschaftliche Entdeckung, kein philosophisches Argument kam ihnen zu Hilfe. Dasselbe kann man über Lenin sagen. Wenn man seine Arbeiten liest, kann man nur seine Intelligenz, seine enzyklopädische Bildung und seine Fähigkeit zum Erfinden politischer Konzepte bewundern. Nichtsdestoweniger zeigen seine eigenen Schriften eine zunehmende Ungewissheit über die Situation, die er selbst geschaffen hatte. Richtig oder falsch, die NEP (Neue Ökonomische Politik) war nicht nur ein Wendepunkt; sie beinhaltete eine strenge Selbstkritik, fast bis zur Abtrünnigkeit. Zumindest stellte sie unter Beweis, dass Lenin mit seiner eigenen Wissenslücke im Feld der politischen Ökonomie konfrontiert worden war, wo er sich, als Marxist, seiner am sichersten war; er entdeckte tatsächlich politisches Neuland. Er traf auf genau die Schwierigkeit, die Saint-Just angekündigt hatte.«[11]

Dies bringt uns zurück zu Hegels Zwiespalt in Bezug auf politisches Engagement: Wie können wir Hegels Haltung nach-dem-Geschehen (Denken ist wie der Flug der Eule Minervas: sein Ziel ist nicht zu erkennen, was geschehen wird, sondern die rationale Struktur dessen zu erfassen, was ist) mit seinem leidenschaftlichen Engagement in politischen Fragen verbinden (seine letzte Schrift war eine Polemik gegen den britischen Reform Act von 1832)? Von welchem Standpunkt aus engagierte er sich? Wie vermied er es, in seinen engagierten Schriften in das *Sollen* zurückzufallen? Gab er in seiner Kritik des Reform Acts nicht seiner Angst nach, dass das allgemeine Wahlrecht (in dessen Richtung der Reform Act zielte) sein eigenes Modell des Ständestaats bedrohte? Beurteilte er die Ereignisse nicht dennoch vom Standpunkt des Modells eines rationalen Staats aus, wie er ihn in den *Grundlinien der Philosophie des Rechts* entwickelte – und tat seiner eigenen Einsicht Gewalt an, der zufolge die Tatsache, dass er das Modell entwickelt hat, bedeutet, dass seine Zeit vorüber ist? Es ist zu einfach zu sagen, dass für Hegel das, »was ist«, nicht nur ein stabiler

Zustand ist, sondern eine offene historische Situation voller Spannungen und Möglichkeiten.

Es ist produktiver, Hegels Festgefahrenheit mit Saint-Justs Einsicht zu verbinden: »Ceux qui font des révolutions ressemblent au premier navigateur instruit par son audace« (Revolutionäre sind dem ersten Seefahrer ähnlich, der allein von seinem Wagemut geleitet wird).[12] Ist das nicht die Implikation von Hegels Beschränkung auf seinen konzeptuellen Zugriff auf die Vergangenheit? Als engagierte Subjekte müssen wir mit einem auf die Zukunft gerichteten Blick agieren, aber aus apriorischen Gründen können wir unsere Entscheidungen nicht auf ein rationales Muster von historischem Fortschritt richten (wie Marx dachte), so dass wir improvisieren und Risiken eingehen müssen. War dies auch die Lehre, die Lenin aus seiner Hegel-Lektüre 1915 zog? Das Paradox ist, dass das, was Lenin von Hegel übernahm – der für gewöhnlich als der Philosoph der historischen Teleologie, der unvermeidlichen und geregelten Prozesse in Richtung Freiheit verschrien ist –, die äußerste Kontingenz des historischen Prozesses ist.

Man ist versucht, den »entschiedenen« Lenin von 1917 mit dem Lenin der letzten Jahre zu vergleichen, einem pragmatischeren und realistischeren Lenin, der verzweifelt versuchte, die Revolution in einer sehr viel bescheideneren Weise zu institutionalisieren. Was die beiden Haltungen aber gemein haben, ist – ich scheue mich nicht, das zu sagen – der rücksichtslose Wille, die Macht zu ergreifen und zu behalten. Lenins Entschlossenheit, die Macht zu übernehmen, spiegelte nicht nur seine Besessenheit von ihr, sie bedeutete noch viel mehr – seine Besessenheit (im guten Wortsinn), ein »befreites Gebiet« zu schaffen, einen von emanzipatorischen Kräften kontrollierten Raum außerhalb des globalen kapitalistischen Systems. Aus diesem Grund ist jeglicher romantischer Begriff von permanenter Revolution Lenin gänzlich fremd: Als nach der Niederlage der erhofften paneuropäischen Revolution in den frühen 1920er Jahren einige Bolschewiken dachten, es sei besser, die Macht wieder zu verlieren, als unter diesen Bedingungen an ihr festzuhalten, war Lenin entsetzt. Lenin war eine Art Strukturalist: der Ort der Macht hat gegenüber ihrem Gehalt Vorrang, so dass man daran festhalten sollte und dann sieht, wie man ihn ausfüllt.

Darüber hinaus gibt es einen klaren Gegensatz zwischen Lenins Strategie, große Aktionen zu riskieren, und seinem rücksichtslosen Pragmatismus – ein Pragmatismus, der an seiner Entscheidung deutlich wird, die Oktoberrevolution zu erzwingen. Nach der Februarrevolution sah Lenin sofort eine einzigartige Gelegenheit, die Macht zu übernehmen. Seine Einsicht resultierte aus seiner Analyse einer sehr spezifischen Konstellation – sie war kein Ausdruck irgendeines abstrakten »Dezisionismus«. Andererseits lag viel mehr »Utopismus« in Lenins Bemühung, den freien Raum außerhalb des kapitalistischen Systems mit neuen Inhalten zu füllen. Paradox ist, dass er ein Pragmatiker darin war, wie man an die Macht gelangen sollte, und ein Utopist in der Frage, was damit zu tun sei.

Was Lenin wirklich von Hegel lernte, war das Konzept konkreter Allgemeinheit und sein Gebrauch in der Politik. »Konkrete Allgemeinheit« bedeutet, dass es keine abstrakte Allgemeinheit von Gesetzen gibt, keine »typischen« Situationen, wir haben es immer mit Ausnahmen zu tun; dennoch ist eine konkrete Totalität die Totalität, die den konkreten Kontext von Ausnahmen regelt. Wir sollten folglich unserer Treue zur konkreten Analyse halber jegliche Form von Nominalismus zurückweisen. Der nominalistischen Behauptung, dass es keine reine neutrale Allgemeinheit gibt, dass jede Allgemeinheit in den Konflikt von partikularen Lebensweisen verstrickt ist, sollten wir antworten: »Nein, heute sind es die partikularen Lebensweisen, die nicht als autonome Formen historischer Existenz existieren, die einzige wirkliche Realität ist die des universellen kapitalistischen Systems.« Aus diesem Grund ist – im Gegensatz zur Identitätspolitik, die sich darauf konzentriert, wie jede (ethnische, religiöse, sexuelle) Gruppe ihre partikulare Identität annehmen kann – die viel schwierigere und radikalere Aufgabe, jede Gruppe zu befähigen, Eingang in die volle Allgemeinheit zu finden. Dieser Zugang zur Allgemeinheit meint keine Anerkennung, dass man auch Teil eines universellen menschlichen Geschlechts ist oder die Geltendmachung von bestimmten ideologischen Werten, die als universell betrachtet werden. Eher bedeutet er, die eigene Universalität anzuerkennen, die Art und Weise, in der sie in den Brüchen der eigenen partikularen Identität am Werk ist, als die »Arbeit des Negativen«, die jede solche Identität unterminiert.

Paradoxerweise trug Lenins philosophische Schwäche zu seiner politischen Genialität bei und war sogar ihre Voraussetzung. Obwohl Lukács in den frühen 1920er Jahren (in seinen Werken *Geschichte und Klassenbewusstsein* und *Lenin*) recht damit hatte, Lenins Denken und Handeln als auf die Struktur der Hegel'schen Subjektivität gegründet zu interpretieren, mit dem Proletariat als der historischen Subjekt-Substanz, war ihm nicht klar, dass aus komplexen Gründen historischer Dialektik ein sich über sein Handeln vollständig bewusster Lenin nicht in der Lage gewesen wäre zu handeln. Dies ist ein weiterer Fall der seltsamen Dialektik von Nicht-Wissen als Voraussetzung für das Handeln; überraschend ist, dass dieses Beispiel im Werk Lukács' auftaucht, eines Philosophen, dessen Begriff von Klassenbewusstsein die sich selbst transparente Identität von Wissen und Handeln impliziert (der Akt selbst, Klassenbewusstsein zu erlangen, ist für das Proletariat ein praktischer Akt, ein Tun, ein gleichzeitiger Wandel in ihrem tatsächlichen gesellschaftlichen Sein).[13] Es wundert daher nicht, dass, obwohl Lenin versuchte, einen theoretischen Rahmen für diese Praxis zu entwickeln (einen Rahmen von komplexer, überdeterminierter Totalität, in der die Ausnahme das Gesetz ist und eine Revolution im »schwächsten Glied« des kapitalistischen Systems ermöglicht), die Spannung zunehmend spürbar wurde.

Was tat also Stalin?

»Stalin wählte den einfachen Weg, indem er die absolute Einsamkeit von S1 [dem Herren-Signifikanten] bevorzugte, der zum absoluten Opportunismus führt. Keine Partei, keine Familie, keine Verbündeten außer punktuelle, aber auch keine vorbestimmte Theorie sozialer Formen, keine anerkannten Kriterien für Rationalität, keine ethischen Regeln.«[14]

Vielleicht ist Milners Lesart etwas zu eng hier. Auf einer bestimmten Ebene war Stalins Bruch mit Lenin rein diskursiver Natur und setzte gewaltsam eine radikal verschiedene Subjektökonomie durch. Der Spalt zwischen allgemeinen Prinzipien (»historischen Gesetzen«), die die Realität regelten, und pragmatischen, improvisierten Entscheidungen, die bei Lenin noch erkennbar sind, wird schlicht geleugnet, und beide Extreme stimmen unmittelbar überein: Auf der einen Seite erhalten wir einen totalen pragmatischen Opportunismus; auf der anderen wird dieser pragmatische Opportunismus von einer neuen marxistischen Orthodoxie legitimiert, die eine allgemeine Ontologie vertritt. Das bedeutet, dass Lenin selbst kein »Leninist« war: »Leninismus« ist eine rückwirkende Konstruktion des stalinistischen Diskurses. Den Schlüssel zum Leninismus als (stalinistischer) Ideologie liefert Michail Suslow, ein für Ideologie zuständiges Mitglied des Politbüros von den späten Jahren Stalins bis in die Gorbatschow-Ära. Alexej Jurchak bemerkte, dass weder Chruschtschow noch Breschnew irgendein Dokument veröffentlichten, bis Suslow es sich angeschaut hatte – warum?

»1990 beschrieb Fjodor Burlackij, ein früherer Berater Chruschtschows und Andropows, eine Technik, die Suslow verwendete, um Lenins Worte zu manipulieren. Suslow, der die Position des Chefideologen des Politbüros innehatte, hatte eine enorme Bibliothek mit Lenin-Zitaten in seinem Büro im Kreml. Sie waren auf Karteikarten geschrieben, nach Themen geordnet und in hölzernen Karteikästen untergebracht. Jedes Mal, wenn eine neue Polit-Kampagne, wirtschaftliche oder außenpolitische Maßnahme eingeführt wurde, fand Suslow ein geeignetes Zitat Lenins, um sie zu unterstützen. In den frühen 1960er Jahren zeigte der junge Burlackij Suslow den Entwurf zu einer Rede, die er für Chruschtschow vorbereitet hatte. Nachdem er den Text gewissenhaft studiert hatte, zeigte Suslow auf eine Stelle und sagte: ›Es wäre gut, diese Idee mit einem Zitat von Wladimir Illitsch zu illustrieren.‹ Als Burlackij antwortete, dass er ein geeignetes Zitat finden werde, unterbrach ihn Suslow: ›Nein, ich werde es selbst suchen.‹ Burlackij schreibt: ›Suslow rannte in die Ecke seines Büros, zog eine Schublade heraus und legte sie auf den Tisch. Mit seinen langen dünnen Fingern blätterte er schnell durch die Karten. Er zog eine heraus und las sie. Nein, die ist es nicht. Dann zog er noch eine heraus. Nein, auch nicht die richtige. Schließlich zog er noch eine Karte heraus und rief zufrieden aus: ›O. k., die hier wird es tun.‹

Lenins Zitate in Suslows Sammlung waren von ihrem Originalkontext isoliert. Da Lenin ein extrem fleißiger Schreiber war, der alle möglichen historischen Situationen und politischen Entwicklungen kommentierte, konnte Suslow geeignete Zitate finden, um nahezu jedes Argument und jede Initiative als ›leninistisch‹ zu legitimieren, manchmal sogar, wenn sie einander widersprachen. Ein weiterer Schreiber erinnert sich, dass ›genau dieselben Zitate von den Begründern des Marxismus-Leninismus, die Suslow erfolgreich unter Stalin verwendet hatte und für die Stalin ihn so hoch schätzte, von Suslow später verwendet wurden, um Stalin zu kritisieren‹.«[15]

Das war die Wahrheit des sowjetischen Leninismus. Lenin diente als höchste Referenz: Ein Zitat von ihm legitimierte jegliche politische, ökonomische oder kulturelle Maßnahme, aber in einer vollkommen pragmatischen und willkürlichen Weise – in zufällig genau derselben, in der die katholische Kirche auf die Bibel verwies. (Man sollte auch bedenken, in welchem Ausmaß Lenin selbst die Marx'schen Texte in ähnlicher Weise benutzte.) In anderen Worten, der Verweis auf Lenin stellte keine wie auch immer geartete Grenze dar: Jede politische Maßnahme war akzeptabel, wenn sie durch eines seiner Zitate legitimiert war. Der Marxismus wird so zur »Weltsicht«, die es uns erlaubt, die objektive Wirklichkeit und ihre Gesetze zu betreten, und dieser Prozess bringt eine neue falsche Sicherheit mit sich: Unsere Handlungen sind »ontologisch« gedeckt, Teil der »objektiven Wirklichkeit«, die von uns Kommunisten bekannten Gesetzmäßigkeiten reguliert wird. Der Preis, der für diese ontologische Sicherheit bezahlt wird, ist jedoch schrecklich: Exaktheit, im Sinn von Wahrheit über Tatsachen, der Lenin noch verpflichtet war, verschwindet – Tatsachen können willentlich manipuliert und rückwirkend geändert werden, Ereignisse und Personen werden Nicht-Ereignisse und Un-Personen. In anderen Worten, im Stalinismus kehrt das Reale der Politik – brutale subjektive Eingriffe, die der Textur der Realität Gewalt antun – mit voller Kraft zurück, wenn auch in der Form seines Gegenteils, des Respekts für objektive Kenntnis.

Der stalinistischen Wendung folgend, gründeten sich kommunistische Revolutionen auf eine klare Vision der historischen Realität (»wissenschaftlicher Sozialismus«), ihre Gesetze und Tendenzen, so dass trotz des unvorhersehbaren Wandels der Ereignisse die Revolution vollständig in diesem Prozess der historischen Realität verortet war – wie sie gerne verlauten ließen, sollte der Sozialismus in jedem Land seinen spezifischen Bedingungen zufolge aufgebaut werden, aber in Übereinstimmung mit den allgemeinen Gesetzen der Geschichte. Theoretisch war die Revolution damit der Dimension der Subjektivität, der radikalen Eingriffe des Realen in die Textur der »objektiven Realität« entledigt – in deutlichem Kontrast zur Französischen Revolution, deren radikalste Figuren sie als offenen Prozess wahrnahmen ohne jegliche Unterstützung durch eine höhere Notwendigkeit.

Mehr noch als zu Lenins Zeiten fahren wir heute durch nicht kartierte Territorien ohne globale kognitive Karte – aber was, was wenn es genau das Fehlen einer eindeutigen Karte ist, was uns Hoffnung verleiht, die totalitäre Schließung zu vermeiden?[16]

Wahlen, populärer Druck, Trägheit

Yanis Varoufakis beginnt seine *Ganze Geschichte* mit einem Bericht darüber, wie am 16. April 2015 Larry Summers ihm in einer dunklen Ecke an der Hotelbar in Washington sagte:

> »›Yanis, du hast einen schweren Fehler gemacht.‹ [...]
> ›Und was für ein Fehler war das, Larry?‹
> ›Du hast die Wahl gewonnen.‹«[17]

In welchem Sinn genau war der Wahlsieg von Syriza ein Fehler? In ihrem Akzeptieren des Wahlspiels, im Sieg zum falschen Zeitpunkt oder ...? Die zweite Runde der französischen Präsidentschaftswahlen im Mai 2017 konfrontierte uns noch stärker mit dem alten Dilemma der radikalen Linken: wählen oder nicht wählen bei den Parlamentswahlen? Die elende Wahl zwischen Marine Le Pen oder Emmanuel Macron setzt uns der Versuchung aus, gar nicht zu wählen, uns der Teilnahme an einem zunehmend bedeutungslosen Ritual zu verweigern.

Eine Entscheidung darüber zu treffen ist voller Zwiespälte. Die Argumentation gegen das Wählen oszilliert subtil (oder offen) zwischen zwei Versionen, der »weichen« und der »starken«. Die »weiche« Version zielt speziell auf die Mehrparteiendemokratie in kapitalistischen Ländern mit zwei Argumenten: (1) Die von der herrschenden Klasse kontrollierten Medien manipulieren die Mehrheit der Wähler und erlauben es ihnen nicht, rationale Entscheidungen in ihrem eigenen Interesse zu treffen; (2) Wahlen sind ein Ritual, das sich alle vier Jahre vollzieht, und seine Hauptfunktion besteht darin, die Wähler in den langen Zwischenzeiten zur Passivität zu verurteilen. Das Ideal, das dieser Kritik zugrunde liegt, ist dasjenige der nichtrepräsentativen »direkten« Demokratie mit fortlaufender Partizipation der Mehrheit. Die »starke« Version geht einen entscheidenden Schritt weiter und verlässt sich (offen oder nicht) auf ein tiefes Misstrauen der Mehrheit der Menschen: Die lange Geschichte der allgemeinen Wahlen im Westen zeigt, dass die große Mehrheit der Leute gesetzmäßig passiv ist, in der Trägheit des Überlebens gefangen, nicht mobilisierbar für ein Anliegen. Aus diesem Grund ist jede radikale Bewegung immer auf eine avantgardistische Minderheit beschränkt, und um die Hegemonie zu erobern, muss sie geduldig auf eine Krise warten (meist einen Krieg), die einen kurzen günstigen Zeitpunkt liefert. In solchen Momenten kann eine wahre Avantgarde die Chance nutzen, die Leute zu mobilisieren (selbst wenn es nicht die tatsächliche Mehrheit ist), und die Macht übernehmen.

Kommunisten waren immer äußerst »undogmatisch«, bereit, parasitär von anderen Themen zu profitieren: Land und Frieden (Russland), nationale Befreiung und Einheit gegen die Korruption (China).

Sie waren sich immer bewusst, dass die Mobilisierung bald vorüber sein würde, und bereiteten umsichtig den Apparat vor, um sich selbst zu diesem Zeitpunkt an der Macht zu halten. (Im Unterschied zur Oktoberrevolution, die die Bauern explizit als zweitrangige Verbündete behandelte, gab die Chinesische Revolution nicht einmal vor, proletarisch zu sein; sie sprach die Bauern direkt als ihren Unterstützerkern an.)

Das große, entscheidende Problem des westlichen Marxismus war das unzureichend motivierte revolutionäre Subjekt: Wie kommt es, dass die Arbeiterklasse ihren Übergang von an-sich-selbst zu für-sich-selbst nicht vollständig vollzieht und sich selbst als revolutionären Akteur konstituiert? Dieses Problem stellte die hauptsächliche raison d'être für den marxistischen Verweis auf die Psychoanalyse dar, der aktiviert wurde, um die unbewussten libidinalen Mechanismen zu erklären, die den Aufstieg des Klassenbewusstseins verhindern, welche doch dem Sein selbst und der gesellschaftlichen Situation der Arbeiterklasse eigen ist. Auf diese Weise wurde die Wahrheit der marxistischen sozioökonomischen Analyse erhalten, und es gab keinen Grund, den »revisionistischen« Theorien über das Aufkommen der Mittelschichten etc. Raum abzutreten. Aus demselben Grund war der westliche Marxismus auch konstant auf der Suche nach anderen sozialen Akteuren, die die revolutionäre Rolle übernehmen konnten, der Zweitbesetzung, die die unpässliche Arbeiterklasse ersetzen konnte: Dritte-Welt-Bauern, Studenten und Intellektuelle, die Ausgeschlossenen … und heute die Geflüchteten.

Das Versagen der Arbeiterklasse als revolutionäres Subjekt lag im Herzen selbst der bolschewistischen Revolution: Lenins Fähigkeit lag darin, das »Wutpotential« der entfremdeten Bauern zu erkennen. Die Oktoberrevolution wurde mit dem Slogan »Land und Frieden« gewonnen, der sich an die breite bäuerliche Mehrheit richtete, indem er den kurzen Moment ihrer radikalen Unzufriedenheit packte. Lenin hatte bereits ein Jahrzehnt zuvor entlang dieser Linie gedacht, weshalb er von der Aussicht auf Erfolg von Stolypins Landreform entsetzt war, die darauf zielte, eine neue starke Klasse unabhängiger Bauern zu schaffen – er schrieb, dass die Chance für eine Revolution, wäre Stolpyn erfolgreich gewesen, auf Jahrzehnte hinaus verloren wäre.

Alle erfolgreichen sozialistischen Revolutionen, von Kuba bis Jugoslawien, folgten diesem Modell, ergriffen die Gelegenheit in einer extrem kritischen Situation, kooptierten den nationalen Befreiungskampf oder andere Bewegungen, die von »Wutkapital« gefüttert wurden. Jemand, der an die Logik der Hegemonie glaubt, würde hier natürlich darauf hinweisen, dass die »kritische Masse« genau und nur durch eine Reihe von Äquivalenzen unter vielfältigen Forderungen erreicht wird, was immer von einem spezifischen, sogar einzigartigen Satz an Bedingungen abhängt. Eine Revolution geschieht nie, wenn alle Antagonismen in ein großes Eines kollabieren, sondern wenn sie synergetisch ihre Kräfte kombinieren.

Das Problem ist hier jedoch komplexer: Der springende Punkt ist nicht nur, dass eine Revolution nun nicht mehr auf dem Zug der Geschichte fährt, indem sie deren Regeln folgt, da es keine Geschichte gibt, wenn Geschichte ein kontingenter, offener Prozess ist. Das Problem ist ein anderes: Es ist, als *sei* da ein Gesetz der Geschichte, eine mehr oder weniger klare, vorherrschende Hauptlinie historischer Entwicklung, und als könne eine Revolution nur in ihren Zwischenräumen geschehen, »gegen den Strom«. Revolutionäre müssen geduldig warten auf den (für gewöhnlich sehr kurzen) Zeitraum, in dem das System offen versagt oder kollabiert, dann den günstigen Zeitpunkt nutzen, nach der Macht greifen, die in diesem Moment gewissermaßen auf der Straße liegt, bereit zum Zugreifen, und dann ihren Griff auf diese Macht nicht lockern, repressive Apparate aufbauen und so weiter. Dann, sobald der Moment der Verwirrung vorüber ist, die Mehrheit bereits ernüchtert und enttäuscht vom neuen Regime, ist es zu spät, um es wieder loszuwerden, und es ist fest verankert.

Aber es ist nicht nur das, Kommunisten haben auch immer Sorge getragen, den richtigen Moment zu kalkulieren, um populäre Mobilisierungen zu stoppen. Nehmen wir den Fall der chinesischen Kulturrevolution, der zweifelsohne Elemente einer umgesetzten Utopie enthält. Kurz vor ihrem Ende, bevor der Aufruhr von Mao selbst blockiert wurde (weil er bereits sein Ziel der Wiederherstellung der vollen Macht erreicht hatte und die Konkurrenz der obersten Nomenklatura losgeworden war), kam die »Schanghaier Kommune«, die in der Einleitung diskutiert wurde. Bedeutsam ist, dass Mao genau an diesem Punkt der Armee befahl, einzuschreiten und die Ordnung wiederherzustellen. Das Paradox liegt in der Führerfigur, die eine unkontrollierte Erhebung auslöst und dabei versucht, vollständige persönliche Macht auszuüben – die Überschneidung von extremer Diktatur und extremer Emanzipation der Massen.

Der sichtbarste Aspekt der »Anwesenheit des Volkes« ist folglich der Zusammenschluss von großen Menschengruppen an zentralen öffentlichen Orten, und eine wichtige offene Frage lautet: Wie kann die Anwesenheit / der Druck im Cyberspace funktionieren, was ist sein Potential? Anwesenheit des Volkes ist genau das, was der Begriff aussagt – Anwesenheit als Gegenteil von Repräsentation, Ausübung von Druck auf die repräsentativen Organe der Macht. Dies definiert den Populismus in all seinen Gestalten, und (gesetzmäßig, allerdings nicht immer) muss sie sich auf einen charismatischen Anführer stützen. Beispiele gibt es zuhauf: die Menge vor dem Kongress von Louisiana, die den populistischen Gouverneur Huey Long unterstützte und seinen Sieg in einer wichtigen Wahl 1932 sicherstellte; Massen, die in Serbien im Auftrag für Milošević Druck machten; Ansammlungen, die während des Arabischen Frühlings tagelang auf dem Tahrir-Platz ausharrten und den Sturz Mubaraks forderten; Massen in Istanbul während der Proteste gegen Erdogan und so weiter. In der Anwesenheit des Volkes machen die »Leute selbst« ihre Stärke direkt und jenseits von Repräsentation spürbar, aber zugleich werden sie zu einer anderen Form von Sein. In einem kurzen Gedicht über den Arbeiteraufstand in der DDR 1953 zitiert Brecht einen zeitgenössischen Parteifunktionär, der sagt, das Volk habe sein Vertrauen in die Regierung verloren. Wäre es deshalb nicht einfacher, fragt Brecht verschmitzt, das Volk aufzulösen und die Regierung ein neues wählen zu lassen? Anstatt das Gedicht als Ironie zu lesen, sollte man es ernst nehmen: Ja, in einer Situation der Mobilisierung des Volkes wird die träge Masse normaler Leute in eine politisch engagierte, vereinte Kraft verwandelt.

Man sollte immer bedenken, dass die dauerhafte Anwesenheit des Volkes einen dauerhaften Ausnahmezustand bedeutet – was geschieht also, wenn die Leute müde werden, wenn sie nicht mehr in der Lage sind, die Spannung aufrechtzuerhalten? Kommunisten an der Macht hatten zwei Lösungen (oder eher: zwei Seiten derselben Lösung): die Herrschaft der Partei über eine passive Bevölkerung und das Fingieren einer Mobilisierung des Volkes. Trotzki selbst war sich, als Theoretiker der permanenten Revolution, bewusst, dass »Menschen ... nicht jahrelang ununterbrochen in einem Zustand höchster Spannung und höchster Aktivität leben«[18] können, und er verwandelt diese Tatsache in ein Argument für die Notwendigkeit der avantgardistischen Partei: Die Selbstorganisation in lokalen Räten kann nicht die Rolle der Partei übernehmen, die sich um die Dinge kümmern sollte, wenn die Leute müde werden; und, um die Menschen bei Laune zu halten und den Anschein zu wahren, kann gelegentlich ein großes Spektakel der Pseudomobilisierung nützlich sein, von den stalinistischen bis zu den Paraden heute in Nordkorea. In kapitalistischen Ländern gibt es natürlich eine andere Form, den Druck des Volkes zu lockern: (mehr oder weniger) freie Wahlen – wie kürzlich in Ägypten und der Türkei, aber das funktionierte auch 1968 in Frankreich. Man sollte nie vergessen, dass der Akteur des Drucks des Volkes immer minoritär ist – die Anzahl aktiver Teilnehmer an der Occupy-Wallstreet-Bewegung von 2011 gegen globale ökonomische Ungleichheit lag näher an einem Prozent als an den 99 ihres Slogans.

Die französische Sprache verwendet nach bestimmten Verben oder Konjunktionen das sogenannte *ne explétif*. Es wird auch »nicht-negatives *ne*« genannt, weil es keinen verneinenden Wert hat – es wird in Situationen gebraucht, in denen der Hauptsatz eine negative Bedeutung hat (im Sinne von schlecht oder im Sinne einer Verneinung) wie bei Befürchtungen, Warnungen, Zweifeln oder verneinten Ausdrücken.[19] Ein Beispiel: *Elle a peur qu'il ne soit malade* (Sie fürchtet, dass er krank ist). Lacan bemerkte, dass diese überflüssige Verneinung perfekt die Lücke wiedergibt, die unser wahres unbewusstes Begehren von einem bewussten Wunsch trennt: Eine Ehefrau, die fürchtet, dass ihr Mann krank ist, kann sich durchaus Sorgen machen, dass er nicht krank ist (begehren, dass er krank ist). Und können wir nicht exakt dasselbe über die ewige Klage der regierenden Parteien in sozialistischen Ländern sagen, dass die normalen Leute nicht engagiert genug in der Politik sind, dass sie zu passiv und gleichgültig sind? »Ils ont peur que le peuple ne soit passif et indifférent« – was sie tatsächlich fürchten, ist, dass die normalen Leute *nicht* passiv und gleichgültig bleiben.

Sollen wir Wahlen also einfach ignorieren? Welche Wahlen auch immer stattfinden, sie messen etwas in einer rein numerischen Weise – den Anteil der Bevölkerung, der hinter den zentralen öffentlich präsentierten politischen Optionen steht. Aus diesem Grund müssen Kommunisten, wenn sie an der Macht sind, immer an der Form der freien, geheimen Wahl festhalten, selbst wenn das Ergebnis vollkommen vorhersehbare 90 Prozent oder mehr für das existierende Regime sind (nach zwei Jahren an der Macht setzten selbst die Roten Khmer dieses Ritual in Szene). Mitunter halten sie sogar an der Form der Mehrparteiendemokratie fest, wie früher in Polen oder in der DDR – wie viele Menschen sind sich bewusst, dass China heute eine Mehrparteiendemokratie ist, wo neben der Kommunistischen Partei auch anderen »patriotischen« Kräften Sitze zugeteilt sind. Ist außerdem nicht irgendeine Form von Wahl notwendig, um den Führungskörper der herrschenden Partei selbst zu bilden? Dies war das große Problem mit dem frühen Bolschewismus: Ist es möglich, eine innerparteiliche Demokratie ohne eine Art von Demokratie außerhalb der Partei zu haben? Wie hält man den Raum offen für wirkliche Rückmeldungen von den Menschen außerhalb des Parteizirkels? Das Problem war nie, dass die Parteinomenklatura nicht wusste, was die Leute wirklich dachten – über ihre Geheimdienste waren sie immer bestens darüber informiert.

Das chinesische Modell ist das konsistenteste in dieser Hinsicht: Mitglieder des herrschenden Organs (sieben Mitglieder der Dauerkommission des Politbüros der Kommunistischen Partei Chinas) werden auf dem Parteitag in etwa alle acht Jahre gewählt, und es gibt keine Debatte – am Ende des Kongresses werden sie einfach als eine geheimnisumwobene Enthüllung präsentiert. Die Auswahlprozedur beinhaltet vollkommen undurchsichtige Verhandlungen hinter den Kulissen, so dass die versammelten Delegierten, die die Liste einstimmig annehmen, davon erst erfahren, wenn sie wählen. Wir haben es hier nicht mit einer Art sekundärem »demokratischen Defizit« zu tun: Die Undurchdringlichkeit ist strukturell notwendig – innerhalb eines autoritären Systems, dessen einzige Alternativen die De-facto-Monarchie, wie in Nordkorea, oder das traditionelle kommunistische Modell eines Führers sind, der erst mit seinem Tod aufhört zu regieren.

Das grundlegende Problem ist dieses: Wie kann man über die Mehrparteiendemokratie hinausgelangen, ohne in die Falle direkter Demokratie zu tappen? In anderen Worten: Wie kann man einen anderen Modus von *Passivität* der Mehrheit erfinden, wie mit der unvermeidlichen *Entfremdung* des politischen Lebens umgehen? Diese Entfremdung muss auf ihrer grundlegendsten Ebene verstanden werden als der konstitutive Exzess des Funktionierens einer realen Macht, was vom Liberalismus und auch den linken Vorschlägen zur direkten Demokratie übersehen wird. Denken wir an den traditionellen liberalen Begriff von repräsentativer Macht, dem zufolge Bürger einen Teil ihrer Macht dem Staat übertragen, aber unter genauen Bedingungen (diese Macht ist per Gesetz begrenzt auf einige sehr präzise Umstände, in denen sie ausgeübt wird, da das Volk die höchste Quelle der Souveränität bleibt und die Macht wieder nehmen kann, wenn es so entscheidet). Kurz, der Staat mit seiner Macht ist der Juniorpartner eines Vertrags, den der Seniorpartner (das Volk) zu jedem Zeitpunkt annullieren oder ändern kann, etwa in derselben Weise, in der jeder von uns den Supermarkt wechseln kann, in dem wir einkaufen. Wenn wir aber einen genaueren Blick auf das Gebäude staatlicher Macht werfen, können wir leicht eine implizite, aber unmissverständliche Botschaft erkennen: »Vergesst unsere Beschränkungen – letztlich können wir mit euch tun, was wir wollen!« Dieser Exzess ist kein Anhängsel, der die Reinheit der Macht beschmutzt, sondern ein notwendiger Bestandteil – ohne ihn, ohne die Drohung von willkürlicher Allmacht, wäre die Staatsmacht keine wirkliche Macht und verlöre ihre Autorität.

Der Weg, diesen Fluch der Macht zu brechen, besteht darin, nicht der Phantasie von transparenter Macht nachzugeben; eher sollte man das Machtgebäude von innen aushöhlen, indem man es von seinen Akteuren trennt (dem Träger der Macht). Wie Claude Lefort vor Jahrzehnten ausarbeitete, liegt darin das Herz der »demokratischen Erfindung«, im leeren Ort der Macht, der Lücke zwischen dem Ort der Macht und den kontingenten Akteuren, die für eine begrenzte Zeit den Ort besetzen können. Paradoxerweise ist die zugrundeliegende Prämisse somit nicht nur, dass es keinen politischen Akteur gibt, der ein »natürliches« Anrecht auf Macht hat, sondern noch viel radikaler, dass »das Volk« selbst, die höchste Quelle der Demokratie, als substantielles Wesen nicht existiert. Im Kant'schen Sinn ist der demokratische Begriff des »Volkes« ein negativer, ein Konzept, dessen Funktion nur die ist, eine bestimmte Grenze zu bezeichnen: Es verbietet jedwedem bestimmten Akteur, mit voller Souveränität zu regieren. (Der einzige Moment, in dem »das Volk« existiert, ist bei demokratischen Wahlen, der genau den der Auflösung des gesamten gesellschaftlichen Gebäudes markiert – in Wahlen wird »das Volk« auf eine mechanische Sammlung von Individuen reduziert.) Die Behauptung, das Volk existiere, ist das grundlegende Axiom des »Totalitarismus«, und der Fehler des Totalitarismus ist streng homolog zum Kant'schen Missbrauch (»Paralogismus«) der politischen Vernunft: »das Volk existiert« durch einen bestimmten politischen Akteur, der handelt, als verkörpere er (und repräsentierte nicht nur) das Volk, seinen wahren Willen (die totalitäre Partei und seine Anführer) – d. h. in Begriffen einer transzendentalen Kritik, als phänomenale Verkörperung eines noumenalen Volkes.

Kritiker der repräsentativen Demokratie variieren endlos das Motiv, wie aus apriorischen formalen Gründen und nicht nur aufgrund zufälliger Störungen Mehrparteienwahlen die wahre Demokratie verraten – aber auch wenn man diesen Kritikpunkt als Preis akzeptiert, der für jede funktionierende Demokratie zu bezahlen ist, sollte man hinzufügen, dass genau *wegen* solcher minimaler »Entfremdung«, die der Begriff »repräsentativ« bezeichnet, eine Demokratie funktioniert. Das heißt, worauf diese »Entfremdung« hinweist, ist der »performative« Charakter demokratischer Auswahl: Die Leute wählen nicht das, was sie wollen (was sie im Voraus bereits wissen) – durch eine solche Auswahl entdecken sie erst, was sie wollen. Ein wirklicher Anführer folgt nicht einfach den Wünschen der Mehrheit; er oder sie macht den Leuten erst bewusst, was sie wollen.

Aus diesem Grund behält Demokratie ihre Bedeutung, selbst wenn die Auswahl, die sie eröffnet, sich zwischen sehr ähnlichen Programmen bewegt – eine solche leere Wahl macht deutlich, dass es einen vorbestimmten Träger der Macht gibt. Die logische Implikation dieser Prämisse ist die Idee Kojin Karatanis, die Wahlen mit einer Lotterie zu kombinieren, die entscheidet, wer uns regieren wird. Diese Idee ist traditioneller, als sie erscheinen mag (Karatani nennt selbst das antike Griechenland) – paradoxerweise erfüllt sie dieselbe Aufgabe wie Hegels Theorie der Monarchie. Karatani nimmt heldenhaft das Risiko auf sich, eine verrückt klingende Definition der Differenz zwischen Diktatur der Bourgeoisie und Diktatur des Proletariats vorzuschlagen: »Wenn universelles Wahlrecht mittels geheimer Wahl, nämlich die parlamentarische Demokratie, die Diktatur der Bourgeoisie ist, dann sollte die Einführung von Lotterie als Diktatur des Proletariats betrachtet werden.«[20] War dies nicht auch Lenins zugrundeliegende Idee, als er in *Staat und Revolution* seine – bereits erwähnte – Vision eines Arbeiterstaates umriss, in dem jeder *kukharka* lernen sollte, wie man den Staat regiert? Von der (Wahl-)Demokratie zur Lottokratie …

Bedeutet dies, dass Expertise keine Rolle spielt? Nein, da hier eine weitere Unterscheidung in den Blick kommt: diejenige zwischen S1 und S2, zwischen Herren-Signifikanten und Expertenwissen. Der Herr (das Volk durch die Wahl) entscheidet, trifft eine Auswahl, aber die Experten legen nahe, was ausgewählt werden sollte – die Leute wollen den Anschein von Auswahl, kein echtes Auswählen. So funktioniert unsere Demokratie – mit unserer Zustimmung: Wir tun so, als seien und entschieden wir frei, und akzeptieren nicht nur, sondern fordern ein, dass eine unsichtbare Anweisung (die in ebenjener Form unserer freien Rede eingebettet ist) uns sagt, was wir tun und denken sollen. Wie Marx schon vor langer Zeit wusste, liegt das Geheimnis in der Form selbst. In diesem Sinne ist in einer Demokratie jeder normale Bürger in Wirklichkeit ein König – aber ein König in einer konstitutionellen Demokratie, ein König, der nur formell entscheidet, dessen Funktion darin besteht, Gesetze zu unterschreiben, die eine exekutive Regierung verabschiedet hat. Aus diesem Grund ist das Problem demokratischer Rituale dem der konstitutionellen Demokratie homolog: Wie schützen wir die Würde des Königs? Wie halten wir den Anschein aufrecht, dass der König wirklich entscheidet, wenn wir alle wissen, dass das nicht stimmt? Was wir die »Krise der Demokratie« nennen, geschieht nicht, wenn das Volk aufhört, an seine eigene Macht zu glauben, sondern im Gegenteil, wenn es aufhört, den Eliten zu trauen, denen, die vermeintlich für sie wissen und ihnen Richtlinien geben, wenn sie die Angst verspüren, dass »der (wahre) Thron leer ist«, dass die Entscheidungsmacht nun *tatsächlich* ihre ist. In »freien Wahlen« liegt folglich immer ein minimaler Aspekt von Höflichkeit: Die Mächtigen geben höflich vor, die Macht nicht zu besitzen, und fordern uns auf, frei zu entscheiden, ob wir sie wieder an die Macht bringen wollen – was die Logik einer Geste spiegelt, die mit dem Ziel vollzogen wird, dass sie abgelehnt wird.

Aber inwiefern ist dies verschieden vom »totalitären« Kommunismus, wo die Wähler auch dazu aufgefordert werden, das leere Ritual der freien Auswahl – Wahl – dessen zu vollziehen, was ihnen ohnehin auferlegt wird? Die offensichtliche Antwort lautet, dass in demokratischen Wahlen eine minimale freie Auswahl besteht, eine Auswahl, die minimal von Gewicht ist. Aber ein wichtigerer Unterschied ist, dass im »totalitären« Kommunismus der Spalt zwischen dem Herren-Signifikanten und dem Expertenwissen verschwindet – aber wie? Der Abstand zwischen Lenin und Stalin betrifft genau diesen Punkt. Wo stehen wir also heute in Bezug auf dieses Dilemma?

Es gibt einen alten chinesischen Fluch (den in China niemand kennt, so dass er wahrscheinlich eine westliche Erfindung ist), der lautet: »Mögest du in interessanten Zeiten leben!« Interessante Zeiten sind Zeiten von Beunruhigung, Verwirrung und Leid. Und anscheinend können wir in einigen »demokratischen« Ländern in jüngster Zeit ein seltsames Phänomen beobachten, das beweist, dass wir in der Tat in interessanten Zeiten leben: Ein Kandidat taucht aus dem Nichts auf und gewinnt die Wahlen, in einem Moment der Verwirrung, indem er eine Bewegung um seinen oder ihren Namen herum bildet – sowohl Silvio Berlusconi als auch Emmanuel Macron sind auf diese Weise in die Szene hineingeplatzt. Aber wofür ist dieser Prozess ein Zeichen? Mit Sicherheit nicht für irgendeine Form von direktem Engagement des Volkes jenseits von Parteipolitik – im Gegenteil, wir sollten nie vergessen, dass solche Figuren mit der vollen Unterstützung des gesellschaftlichen und ökonomischen Establishments auftauchen. Ihre Funktion liegt darin, die tatsächlichen gesellschaftlichen Antagonismen zu verwischen – das Volk ist magisch vereint gegen eine dämonisierte »faschistische« Bedrohung. Václav Havel war 1990 der Erste, der diesen Traum hinausposaunte: Als er nach seiner Wahl zum Präsidenten erstmalig Helmut Kohl traf, unterbreitete er ihm einen merkwürdigen Vorschlag: »Warum arbeiten wir nicht gemeinsam daran, alle politischen Parteien aufzulösen? Warum bilden wir nicht einfach eine große Partei, die Partei Europas?« Wir können uns Kohls skeptisches Lächeln vorstellen …

Was dieses plötzliche Auftauchen von Parteien aus dem Nichts und ohne klares Programm anzeigt, ist die Auflösung des politischen Raumes, wie wir ihn bisher kannten: Selbst wenn politische Parteien der allgemeine Rahmen des politischen Lebens bleiben, ist es, als hätten sie ihr Potential erschöpft. Vielfache Optionen sind hier möglich, die alle davon abhängen, wie die neuen politischen Antagonismen – Populisten vs. Technokraten etc. – sich selbst Ausdruck verschaffen. Klar ist, dass es kein politisches Programm im eigentlichen Sinne mehr gibt, das die Leute mobilisieren und organisieren kann. Wenn es ein neues politisches Projekt geben sollte, wird es von der Linken kommen müssen.

Dieses merkwürdige Phänomen, einer der sichtbaren Effekte des bereits erwähnten langfristigen Neuarrangements des politischen Raums in Europa, führt uns wieder zu Berlusconi und Macron: Neue Bewegungen entstehen aus dem Nichts, wenn keine der großen alten Parteien, konservativ oder liberal, es mehr vermag, sich selbst als Akteur eines neuen radikalen Zentrums durchzusetzen, weshalb das Establishment in Panik gerät und eine neue Bewegung erfinden muss, um die Dinge so zu belassen, wie sie sind. Die Namen der jeweiligen Bewegungen (mehr als nur Parteien) klingen ähnlich in ihrer leeren Universalität, die für alles und alle passt. Wer würde nicht zustimmen zu *Forza Italia!* oder *La République en Marche* – wobei beide Slogans den abstrakten Sinn einer siegreichen Bewegung bezeichnen, ohne in irgendeiner Weise die Richtung und das Ziel der Bewegung zu benennen. Beide kamen als Reaktionen auf das in Panik geratene Establishment ans Ruder. Es gibt natürlich einen offensichtlichen Unterschied zwischen den beiden, eine unterschiedliche Betonung: Berlusconi betrat die Bühne nach der großen Antikorruptionskampagne, nachdem die gesamte traditionelle politische Konfiguration zusammengebrochen war und die ehemaligen Kommunisten als einzige tragbare Kraft übrig blieben, während Macron prominent wurde, als Le Pens neofaschistischer Populismus im Begriff war, die Wahlen zu gewinnen. Seine Rolle kann man am besten beschreiben mit einem Wort, das einige seiner Unterstützer verwenden: In den letzten Jahren ist Marine Le Pen allmählich ent-diabolisiert worden, wird als Teil des »normalen« (akzeptablen) politischen Raums wahrgenommen, und die Aufgabe besteht darin, sie zu *re-diabolisieren*, der politischen Öffentlichkeit zu zeigen, dass sie nach wie vor die alte antisemitische Faschistin ist und als solche von keinem ernsthaften Demokraten toleriert werden sollte. Eine solche Geste der Re-Diabolisierung ist ganz klar unzureichend: Anstatt sich auf den diabolischen Fetisch zu konzentrieren, sollte man sofort fragen, wie solch ein »Teufel« in unserer Gesellschaft aufkommen konnte (in Le Pens Fall ist es die Reaktion auf die Politik, deren Verkörperung Macron ist). Die Funktion der Diabolisierung besteht genau darin, diese Verbindung zu verwischen, die Schuld an einem Akteur außerhalb des demokratischen Raums festzumachen.

Ein klassisches liberales Argument, um für Clinton oder Macron gegen Trump oder Le Pen zu stimmen, besagt, dass zwar Clinton und Macron für genau das stehen, was Trump oder Le Pen erst ermöglicht hat, dass aber nicht für Clinton oder Macron zu stimmen bedeuten würde, eine heutige Katastrophe zu wählen, um eine mögliche künftige Katastrophe zu verhindern. Dieses Argument klingt überzeugend, unter der Bedingung, dass wir die Zeit ignorieren. Wenn Le Pen 2017 Präsidentin geworden wäre, hätte das eine starke antifaschistische Mobilisierung auslösen können, die ihre Wiederwahl undenkbar gemacht hätte und zusätzlich einer linken Alternative einen starken Anstoß hätte geben können. Beide Katastrophen (Le Pen als jetzige Präsidentin oder die Drohung von Le Pen als Präsidentin in fünf Jahren) sind nicht dieselbe: Die Katastrophe nach fünf Jahren von Macrons Regierung, wenn sie sich als Fehlschlag erweist, wird viel ernster sein als diejenige, die 2017 nicht geschehen ist.

Historisch war es die Aufgabe der Linken, solche Fragen zu stellen, weshalb es nicht verwundert, dass angesichts des verteufelten Feindes die radikale Linke bequemerweise von der Bildfläche verschwindet – erinnern wir uns daran, wie während der Wahlen in Frankreich 2017 jegliche linke Skepsis an Macron sofort als Unterstützung für Le Pen beklagt wurde. Wir können also die sichere Hypothese wagen, dass diese Eliminierung der Linken das wahre Ziel der Operation war und der dämonisierte Feind ein passender Stützpfeiler. Julian Assange schrieb kürzlich, dass der Grund, aus dem das Establishment der US-Demokraten das Narrativ des »Wir haben nicht verloren – Russland hat gewonnen« angenommen hat, darin liegt, dass, wenn sie es nicht getan hätten, der von Bernie Sanders während der Präsidentschaftswahl 2017 angezettelte Aufstand die Partei dominieren würde. Und in derselben Weise, in der das Establishment der Demokraten Trump diabolisiert, um Sanders loszuwerden, der eine Bedrohung darstellt, diabolisierte das französische Establishment Le Pen, um eine potentielle linke Radikalisierung abzuwenden.

Der Titel von Hadley Freemans Kommentar im *Guardian*, der englischen Stimme der Anti-Assange-pro-Hillary liberalen Linken, sagt alles: »Le Pen ist eine rechtsaußen Holocaust-Revisionistin. Macron ist es nicht. Schwierige Wahl?«[21] Wie vorauszusehen, beginnt der eigentliche Artikel mit: »Ist ein Investmentbanker zu sein analog dazu, ein Holocaust-Revisionist zu sein? Ist der Neoliberalismus gleichzusetzen mit dem Neofaschismus?« Dann macht er sich über die eingeschränkte linke Unterstützung zur Wahl Macrons in der Stichwahl lustig: »Ich werde jetzt Macron wählen – wenn auch mit Vorbehalt.« Dies ist liberale Erpressung in ihrer schlimmsten Form: Man muss Macron bedingungslos unterstützen, egal, ob er ein neoliberaler Zentrist ist, er ist einfach gegen Le Pen … Es ist die alte Geschichte von Hillary gegen Trump: Angesichts der faschistischen Bedrohung sollten wir uns alle unter ihrem Banner vereinigen (und bequemerweise vergessen, wie ihr Lager Sanders brutal ausmanövrierte und so dazu beitrug, dass die Wahl verloren wurde). Haben wir nicht wenigstens die Erlaubnis, die Fragen zu stellen: Ja, Macron ist proeuropäisch – aber welche Art von Europa verkörpert er? Genau das Europa, dessen Scheitern Le Pens Populismus füttert, das anonyme Europa im Dienst des Neoliberalismus! Das ist die Krux an der Sache: Ja, Le Pen ist eine Bedrohung, aber wenn wir uns alle für Macron starkmachen, geraten wir dann nicht in einen Zirkel und bekämpfen den Effekt, indem wir seine Ursache unterstützen? Das erinnert an ein Schokoladenabführmittel, das man in den USA erwerben kann. Es wird mit der paradoxen Aufforderung beworben: »Leiden Sie unter Verstopfung? Essen Sie mehr von dieser Schokolade!« – in anderen Worten: Essen Sie genau das, was die Verstopfung verursacht, um davon geheilt zu werden. In diesem Sinn ist Macron der Schokoladenabführmittelkandidat, der uns als Heilung genau das verspricht, was die Krankheit verursacht hat.

Beide Kandidaten präsentierten sich als Gegner des Systems, Le

Pen in einer offensichtlich populistischen Weise und Macron mit einem viel interessanteren Mittel: Er stand außerhalb der existierenden politischen Parteien, aber genau damit stand er für das System an sich, in seiner Gleichgültigkeit gegenüber etablierten politischen Auswahlmöglichkeiten. Im Gegensatz zu Le Pen, die für eigentliche politische Leidenschaft stand, für den Antagonismus von Wir gegen Sie (von Immigranten bis zu unpatriotischen Finanzeliten), repräsentierte Macron apolitische allumfassende Toleranz. Wir hören oft die Behauptung, Le Pens Politik bezöge ihre Stärke aus der Angst (Angst vor Migranten, vor den anonymen Finanzinstitutionen), aber gilt dasselbe nicht auch für Macron? Er gewann, weil die Wähler Angst vor Le Pen hatten, womit sich der Kreis schließt: Keiner der beiden Kandidaten bot eine positive Vision, beide waren Kandidaten der Angst.

Die wirklichen Einsätze dieser Wahl werden deutlich, wenn wir sie in ihrem größeren historischen Kontext situieren. In West- und Osteuropa gibt es Anzeichen einer langfristigen Neukonfiguration des politischen Raums. Bis vor kurzem war er beherrscht von zwei großen Arten von Parteien, die die gesamte Wählerschaft ansprachen – eine Partei rechts des Zentrums (Christdemokraten, liberal-konservative, für das »Volk«) und eine Partei links des Zentrums (Sozialisten, Sozialdemokraten) – mit kleineren Parteien, die einen engeren Wählerkreis ansprachen (ökologische, neofaschistische etc.). Jetzt entsteht allmählich eine Art von Partei, die für den globalen Kapitalismus steht, für gewöhnlich mit relativer Toleranz gegenüber Abtreibung, Rechten für Homosexuelle, religiöse und ethnische Minderheiten und so fort; im Gegensatz zu dieser Partei gibt es typischerweise eine immer stärkere Anti-Migrationspartei, die an ihren Rändern von direkt rassistischen neofaschistischen Gruppen begleitet ist. Der exemplarische Fall ist hier Polen: Nach dem Verschwinden der Exkommunisten sind die Hauptparteien die »anti-ideologische« liberale Zentrumspartei des ehemaligen Ministerpräsidenten Donald Tusk und die konservative christliche Partei der Kaczynski-Brüder. Das Schlüsselproblem für das radikale Zentrum ist heute: Welcher der beiden Hauptparteien, Konservativen oder Liberalen, wird es gelingen, sich selbst als Verkörperung der postideologischen Nicht-Politik gegenüber der anderen Partei darzustellen, die dann abgetan werden kann als »noch in den alten ideologischen Phantasmen verhaftet«? In den frühen 1990er Jahren waren die Konservativen besser darin; später waren es die liberalen Linken, die anscheinend Oberhand gewannen, und Macron ist die neueste Figur, die ein radikales politisches Zentrum repräsentiert. Jürgen Habermas und Peter Sloterdijk, die beiden großen Widersacher in der deutschen Szene, haben kürzlich öffentlich ihre Bewunderung für Macron in recht enthusiastischer Weise zum Ausdruck gebracht, als neue Hoffnung für Europa, sogar mit Andeutungen auf Hegel, der, als er Napoleon in Jena auf einem Pferd reiten sah, ihn als den Weltgeist zu Pferde beschrieb, so dass Macron die Verkörperung des heutigen europäischen Geistes wäre. Wenn solche radikalen Gegner beginnen, dieselbe Sprache zu sprechen, ist das immer symptomatisch – nicht für ihre tiefere Einheit, sondern für ihre Ablehnung (»Unterdrückung«), die sie vereint – in diesem Fall die Ablehnung einer radikaleren Linken.

Wir haben folglich den Tiefpunkt unseres politischen Lebens erreicht, eine Pseudoauswahl, wie sie im Buche steht. Ja, der Sieg Le Pens würde gefährliche Möglichkeiten beinhalten. Aber die Linderung, die Macrons triumphaler Sieg brachte, ist nicht weniger gefährlich, da uns sein Sieg kein Erwachen beschert hat – seine Wirkung ist eher das Gegenteil: Seufzer der Erleichterung überall, der Albtraum ist vorüber, Gott sei Dank wurde die Gefahr unter Kontrolle gebracht, Europa und unsere Demokratie sind gerettet, so dass wir wieder in unseren liberal-kapitalistischen Schlaf verfallen können.

In der hoffnungslosen Situation, in der wir uns befinden, weil wir vor eine falsche Wahl gestellt sind, sollten wir den Mut zusammennehmen und uns der Wahl enthalten. Enthalten und zu denken anfangen. Der Gemeinplatz »genug geredet, jetzt müssen wir handeln« ist zutiefst trügerisch – wir sollten nun genau das Gegenteil sagen: Genug des Drucks, etwas zu tun, fangen wir an, ernsthaft zu reden, d. h. zu denken! Und damit meine ich, dass wir auch die radikallinke Selbstgefälligkeit ablegen müssen, endlos darüber zu reden, dass die uns im politischen Raum angebotene Auswahl falsch ist und dass uns nur eine erneuerte radikale Linke retten kann – ja, in gewissem Sinn schon, aber warum entsteht diese Linke dann nie? Welche Vision hat die Linke anzubieten, die stark genug wäre, die Leute zu mobilisieren? Wir sollten nie vergessen, dass der eigentliche Grund für den Teufelskreis aus Le Pen und Macron, in dem wir uns befinden, das Verschwinden einer brauchbaren linken Alternative ist.

Es wundert nicht, dass ein neues Gespenst in der liberal-progressiven Politik in Europa und den USA umgeht, das Gespenst des Faschismus. Trump in den USA, Le Pen in Frankreich, Orbán in Ungarn – sie werden alle dämonisiert als das neue Böse, gegen das wir unsere Kräfte vereinen sollten. Jeder minimale Zweifel oder jede Reserviertheit wird sofort als Zeichen einer geheimen Kollaboration mit dem Faschismus verkündet. In einem bemerkenswerten Interview mit dem *Spiegel* im Oktober 2017 machte Emmanuel Macron Aussagen, die enthusiastisch von all denjenigen aufgenommen wurden, die die neue faschistische Rechte bekämpfen wollen:

> »Es gibt drei Möglichkeiten, wie man auf rechtsextreme Parteien reagieren kann. Die erste ist, so zu tun, als ob sie nicht existierten, und keine politischen Initiativen mehr zu wagen, aus Angst, diese Parteien gegen sich aufzubringen. In Frankreich ist das vielfach geschehen, und wir haben gesehen, dass es nicht funktioniert. Jene Menschen, welche Sie eigentlich unterstützen, finden sich dann nicht mehr in den Reden Ihrer Partei wieder. Und den Rechten verschafft man so immer mehr Gehör. Die zweite Reaktion ist, diesen rechtsextremen Parteien fasziniert hinterherzulaufen.
> SPIEGEL: Und die dritte Möglichkeit?
> Macron: Zu sagen, das sind meine wahren Feinde, und den Kampf gegen sie aufzunehmen. Genau das ist die Geschichte der zweiten Runde der Präsidentschaftswahlen in Frankreich.«[22]

Obzwar löblich, ist Macrons Haltung doch mit einer entscheidenden selbstkritischen Wendung zu versehen. Das dämonisierte Bild einer faschistischen Bedrohung dient klar einem neuen politischen Fetisch, in der einfachen Freud'schen Bedeutung eines faszinierenden Bildes, dessen Funktion darin besteht, den wahren Antagonismus zu verschleiern. Faschismus ist selbst inhärent fetischistisch, er benötigt eine Figur wie den Juden, der verdammt wird als externer Grund unserer Nöte; eine solche Figur befähigt uns, die immanenten Antagonismen zu verschleiern, die unsere Gesellschaft durchziehen. Meine Behauptung lautet, dass genau dasselbe für den Begriff »faschistisch« in der heutigen liberalen Vorstellung gilt: Er befähigt uns, die immanenten Sackgassen zu verschleiern, die an der Wurzel unserer Krise liegen. Der Wunsch, keine Kompromisse mit der Ultrarechten einzugehen, kann leicht den Grad verdunkeln, in dem wir bereits von ihr kompromittiert sind. Wir sollten jedes Zeichen dieses graduellen Auftauchens selbstkritischer Reflexion willkommen heißen, das, zwar vollkommen antifaschistisch ausgerichtet, auch einen kritischen Blick auf die Schwächen der liberalen Linken wirft – siehe beispielsweise die außerordentliche Rede Susan Sarandons.[23] Ihre Behauptung ist nicht, dass politische Korrektheit im Stil von »MeToo« zu weit geht, sondern dass sie pseudoradikal ist und ihre Radikalität nur eine Pose. Die Aufgabe besteht nicht darin, eine Koalition zwischen der radikalen Linken und der faschistischen Rechten zu bilden, sondern der Alt-Right-Bewegung den Sauerstoff der Arbeiterklasse abzuschneiden, indem man sich an ihre Wähler richtet. Der Weg, dies zu erreichen, ist, weiter nach links zu rücken mit einer radikaleren, kritischeren Botschaft, d. h., genau das zu tun, was Sanders und Corbyn unternommen haben und was die Wurzel ihres relativen Erfolgs war.

Ein weiterer Aspekt der neuen Welle von Rassismus ist die Mobilisierung der obszönen Kehrseite der Ideologie. Als der schwarze Konservative Ben Carson sich darum bewarb, Präsidentschaftskandidat der Republikaner zu werden, präsentierte er seine Lebensgeschichte als eine Entwicklung vom jugendlichen Kriminellen zum moralischen Christen. Als die Journalisten in seiner Vergangenheit wühlten, entdeckten sie überrascht, dass er nie ein Krimineller gewesen war: Er war die ganze Zeit über ein bescheidener, wohlerzogener Junge gewesen. Aber hier kommt die eigentliche Überraschung:

Als Antwort auf diese Entdeckung betonten Carsons Propagandisten, dass er sehr wohl in seiner Jugend ein Krimineller gewesen war – warum diese merkwürdige Insistenz? Wäre es für Carson nicht besser gewesen, sich vor den Augen seine Unterstützer (mehrheitlich weiße christliche Konservative) als von Anfang an guten Jungen darzustellen? Nein: Seine Kriminellen-Vergangenheit passte perfekt zu seinem Image, das des üblichen schwarzen Jungen, der in Verbrechen und andere Laster verstrickt ist und der Stärke fand in harter Arbeit, Disziplin und Christentum. Genau das wollten seine Unterstützer sehen: nicht einfach einen guten schwarzen Jungen (als solcher hätte er als einer von uns anerkannt werden müssen, uns vollkommen gleich), sondern jemanden, der es zuerst vollständig ausgekostet hat, schwarz zu sein, in all seinen transgressiven Aspekten (die Sünden »unterer« Rassen faszinieren die weißen Konservativen und sind klar ein Objekt doppeldeutigen Neids), und der dann die Kraft fand, seine schwarze Wildheit zu strafen und ein moralischer Christ wie sie zu werden. Denken wir ebenfalls daran, dass Carson auch behauptete, dass die Sklaverei, so bedauerlich sie auch war, den Schwarzen half, das Christentum zu entdecken und zu akzeptieren: Die Rolle des Christentums in dieser Geschichte bestand darin, die wilden Schwarzen zu zivilisieren, indem man sie in die weiße Kultur integrierte.

Erst vor diesem Hintergrund können wir verstehen, wie Donald Trump, eine obszöne und verdorbene Person und genau das Gegenteil christlicher Sittsamkeit, als der auserwählte Held der christlichen Konservativen fungieren kann. Die Erklärung, die man für gewöhnlich hört, ist, dass die christlichen Konservativen sich zwar des problematischen Charakters von Trumps Persönlichkeit wohl bewusst sind, sich aber entschieden haben, diesen Aspekt zu ignorieren, da das Wichtige für sie Trumps Agenda ist, insbesondere die Anti-Abtreibungs-Haltung. Wenn er erfolgreich neue konservative Mitglieder im Obersten Gericht durchsetzen kann, die dann Roe vs. Wade umstürzen können (die Entscheidung des Obersten Gerichtshofs, die Abtreibung zu legalisieren), wird dies alle seine anderen Sünden auslöschen … aber sind die Dinge wirklich so einfach? Was, wenn die

Dualität von Trumps Persönlichkeit – seine hohe moralische Haltung, begleitet von seiner persönlichen Obszönität und Vulgarität – genau das ist, was ihn für die christlichen Konservativen so attraktiv macht, was, wenn sie sich insgeheim mit genau dieser Dualität identifizieren? Das scheint auch für Polens momentanen De-facto-Regierenden, Jaroslaw Kaczynski, zu gelten, der 1997 in einem Interview mit der *Gazeta Wyborcza* höchst unelegant ausrief: »Teraz kurwa my«. Dieser Satz (der ein klassischer *Lokus* in der polnischen Politik wurde) kann vage mit »Es ist unsere verdammte Zeit, wir sind jetzt dran« wiedergegeben werden, aber die wörtliche Bedeutung ist vulgärer, etwas wie »Jetzt sind wir dran, die Hure zu ficken« (nachdem man in der Reihe im Bordell gewartet hat).[24] Es ist bedeutsam, dass dieser Satz öffentlich von einem devoten Katholiken geäußert wurde, dem Beschützer christlicher Moral: Es ist die versteckte Kehrseite, die die katholische »Moral«-Politik aufrechterhält.

Die kommunistische Seite ist ihrerseits nicht allzu weit entfernt von solchen Vulgaritäten. In seiner Rede auf der Lushan-Konferenz im Juli 1959 beispielsweise, als die ersten Berichte zeigten, was für ein Fiasko der Große Sprung nach vorn war, rief Mao die Parteikader dazu auf, ihren Teil der Verantwortung zu übernehmen, und er schloss seine Rede mit einem Eingeständnis seiner eigenen Verantwortung, insbesondere für die unglückliche Kampagne, Stahl in jedem Dorf herzustellen: »Das entstandene Chaos war groß, und ich übernehme die Verantwortung. Genossen, ihr müsst alle eure eigene Verantwortung analysieren. Wenn ihr scheißen müsst, dann scheißt! Wenn ihr furzen müsst, dann furzt! Ihr werdet euch damit viel besser fühlen.«[25]

Warum diese vulgäre Metapher? In welchem Sinn kann das selbstkritische Eingeständnis der eigenen Verantwortung für schwere Fehler mit dem Bedürfnis zu scheißen oder zu furzen verglichen werden? Ich vermute, die Antwort ist, dass für Mao Verantwortung zu übernehmen nicht ein Ausdruck für Reue ist, die einen sogar dazu veranlassen könnte zurückzutreten; es ist eher so, dass man sich selbst von der Verantwortung befreit, indem man es tut, folglich ist es kein Wunder, dass »ihr euch viel besser dabei fühlt«, wie nach einem guten

Schiss – man gibt nicht zu, scheiße zu sein, man wird die Scheiße in sich selbst los. Darauf läuft gewissermaßen die stalinistische »Selbstkritik« hinaus.

Die entscheidende Lehre liegt hier darin, dass dieses Öffnen des obszönen Hintergrunds unseres ideologischen Raums (um es etwas arg vereinfacht auszudrücken, die Tatsache, dass wir nun offener rassistische, sexistische etc. Aussagen machen, die bis vor kurzem zu unserer Privatsphäre gehörten) keineswegs bedeutet, dass die Zeit der Mystifizierung vorüber ist, dass die Ideologie nun offen ihre Karten zeigt. Im Gegenteil, wenn die Obszönität die politische Bühne betritt, ist die ideologische Mystifizierung am stärksten: Die wahren politischen, ökonomischen und ideologischen Einsätze sind unsichtbarer denn je. Kurz, die öffentliche Obszönität ist immer getragen von einem verborgenen Moralismus, seine Verfechter glauben, dass sie für eine Sache kämpfen, und auf dieser Ebene sollten sie attackiert werden. Das Problem ist nicht, dass Trump ein Clown ist. Das Problem ist, dass ein Programm hinter seinen Provokationen steht, eine Methode in seinem Wahnsinn liegt. Trumps vulgäre Obszönitäten (und auch die anderer) sind Teil ihrer populistischen Strategie, den einfachen Leuten ihr Programm zu verkaufen, ein Programm, das (wenigstens auf lange Sicht) gegen die einfachen Leute gerichtet ist: niedrigere Steuern für die Reichen, weniger Gesundheitsversorgung und Schutz der Arbeiter und so weiter. Leider sind die Leute bereit, viele Dinge zu schlucken, wenn sie ihnen mit einem Lachen vorgesetzt werden.

Es gibt einen köstlichen alten sowjetischen Witz über Radio Jerewan (den armenischen Radiosender, der die traditionelle Zielscheibe sowjetischer Witze war). Ein Hörer fragt: »Stimmt es, dass Rabinowitsch ein neues Auto in der Lotterie gewonnen hat?« Das Radio antwortet: »Im Prinzip ja, nur war es kein neues Auto, sondern ein altes Fahrrad, und er hat es nicht gewonnen, sondern es wurde ihm gestohlen.« Dasselbe gilt für die Präsidentschaftswahlen in Frankreich 2017: Stimmt es, dass das Volk Frankreichs in einer Demonstration großer antifaschistischer Einigkeit einen Außenseiter gewählt und eine Bedrohung Europas besiegt hat? Im Prinzip ja, nur repräsentiert Macron ein Europa, das keine Verbindung zu den einfachen Leuten hat, d.h. genau die Politik, die Le Pen solche Kraft verliehen hat, und er ist kein Außenseiter, sondern das Establishment in Reinform.

Natürlich sind Le Pen und Macron nicht dasselbe, der Unterschied zwischen ihnen ist offensichtlich, aber dennoch ist die Wahl zwischen beiden keine wirkliche Wahl. Um dies zu erkennen, reicht es, den Hintergrund beider unter die Lupe zu nehmen: Le Pen ist eine rassistische Populistin, aber sie spricht auch die Unzufriedenheit der Arbeiter und des Volkes an; Macron präsentiert sich selbst als einen toleranten, humanen Europabefürworter, aber die Wirtschaftspolitik, für die er steht, ist der Hauptgrund für die allgemeine Unzufriedenheit mit Europa. Die traurige Aussicht, die uns erwartet, ist eine Zukunft, in der wir alle vier Jahre in diese Panik verfallen, verängstigt durch irgendeine Art von »neofaschistischer Gefahr«, und in dieser Weise werden wir erpresst, unsere Stimme für den »zivilisierten« Kandidaten abzugeben in einer bedeutungslosen Wahl, der jede positive Vision fehlt … Währenddessen werden wir in der sicheren Umarmung des globalen Kapitalismus mit menschlichem Antlitz schlummern können. Die Obszönität der Situation ist atemberaubend: Der globale Kapitalismus präsentiert sich nun selbst als der letzte Schutzwall gegen den Faschismus; und wenn man versucht, auf einige ernsthafte Beschränkungen Macrons hinzuweisen, wird man – ja, in der Tat, der Komplizenschaft mit dem Faschismus bezichtigt, da, wie uns wiederholt von den großen (und nicht so großen) Medien erzählt wird, die extreme Linke und die extreme Rechte sich einander annähern: Beide sind antisemitisch, nationalistisch-isolationistisch, gegen Globalisierung etc. Das ist der springende Punkt der ganzen Operation: die Linke – die die einzige wirkliche Alternative ist – verschwinden zu lassen. Die Frau hinter Macron ist nicht seine Ehefrau, sondern die sprichwörtliche TINA – die Haltung des »There is no alternative« (»Es gibt keine Alternative«). Macron bringt keine Hoffnung, er tötet Hoffnung, die Hoffnung, dass wir die Bedrohung des rassistischen Populismus tatsächlich loswerden. Und diese Bedrohung ist sehr real – wie sie funktioniert, wurde am 24. Oktober 2017 deutlich, als die Medien von den folgenden Aussagen Viktor Orbáns, des ungarischen Premierministers, berichteten, ohne dass die Buchstaben rot vor Scham geworden wären:

»Orbán nannte Mittel- und Osteuropa (CEE) eine ›Zone ohne Migranten‹. Er behauptete dies bei der Feier des Jahrestags der Ungarischen Revolution von 1956 am 23. Oktober. Ihm zufolge seien die CEE-Länder erfolgreich darin, die illegale Einwanderung zurückzudrängen, und damit die einzige Zone, die frei von Migranten sei. ›Die mystische Finanzmacht schlug Europa mit der modernen Migration, Millionen von Migranten und der Invasion der Einreisenden. Dieser Plan wurde geschmiedet, um den gemischten Kontinent Europas herzustellen, aber wir haben ihn zurückgewiesen. Die Polen, Tschechen, Slowaken, Rumänen und Ungarn sollten sich in diesem Prozess zusammenschließen‹, forderte Orbán. Er ist sich sicher, dass die nächsten Wahlen in Europa zeigen werden, dass die Bürger selbst entscheiden und die politischen Entscheidungen in ihre eigenen Hände nehmen wollen. ›Wir wollen ein sicheres, faires, christliches und freies Europa‹, schloss er und warnte: ›Wir sollten nie die dunkle Seite der Macht unterschätzen‹, in Anspielung auf *Star Wars*, als er die Verschwörung der Hintermänner hinter der migrantischen Invasion benannte und hinzufügte, dass sie ›keine feste Struktur, aber ausgedehnte Netzwerke haben‹. Er stellte außerdem fest: ›Die Europäische Union, die Europäische Kommission müssen ihre Unabhängigkeit von Soros' Imperium wiedergewinnen, bevor der Milliardär sein Programm zur Zerstörung des Kontinents zu Ende bringen kann.‹«[26]

Jegliche Assoziation zwischen Orbáns »migrantenfreien Zonen« und den alten Versuchen der Nazis, »judenfreie Zonen« zu schaffen, sind selbstverständlich vollkommen miteinander verwandt. Orbáns Referenz auf die »dunkle Seite« Europas, die »mystische Finanzmacht«, in Soros, dem Juden, verkörpert, weist genau in diese Richtung, d. h. auf die faschistische Vorstellung einer plutokratisch-jüdischen Verschwörung. So erklärt die extreme populistische Rechte die Bedrohung durch muslimische Immigranten. In der antisemitischen Vorstellungswelt ist der »Jude« der unsichtbare Herr, der im Verborgenen die Strippen zieht, weshalb die muslimischen Immigranten *nicht* die heutigen Juden sind: Sie sind überaus sichtbar, nicht unsichtbar, sie sind ganz klar nicht in unsere Gesellschaften integriert, und niemand behauptet, dass sie im Verborgenen die Strippen ziehen – wenn man in ihrer »Invasion Europas« eine geheime Verschwörung sieht, dann müssen Juden dahinterstecken.

Die Tatsache, dass Orbán seine Rede bei der Jahrestagsfeier der Ungarischen Revolution von 1956 hielt, enthält unbeabsichtigte ironische Untertöne. Einer der pathetischsten Momente in dem Aufstand ereignete sich, als die Sowjetische Armee die Rebellen umzingelte und diese eine verzweifelte Botschaft nach Wien absetzten: »Wir verteidigen hier den Westen.« Nun, nach dem Zusammenbruch des Kommunismus, stellt die christlich-konservative Regierung als ihren Hauptfeind die westliche multikulturelle liberale Konsum-Demokratie dar, für die das heutige Westeuropa steht, und ruft nach einer neuen, organischeren gemeinschaftlichen Ordnung, die die »turbulente« liberale Demokratie der letzten zwei Jahrzehnte ersetzen soll. Orbán hat bereits seine Zustimmung zum »Kapitalismus mit asiatischen Werten« geäußert, wenn also der europäische Druck auf Orbán weitergeht, können wir ihn uns leicht vorstellen, wie er eine Botschaft in den Osten sendet: »Wir verteidigen hier Asien!«[27]

In den USA verteidigt Trump seine eigene Version »Asiens« (die selbstverständlich nichts mit der Realität Asiens zu tun hat), deren Umrisse leicht zu erkennen sind. Manchmal ist die beste Form, eine Nachricht zu bewerten, sie zusammen mit einer anderen Nachricht zu lesen – solch ein Vergleich befähigt uns häufig, die wahren Einsätze einer Debatte zu erkennen. Nehmen wir die Reaktionen auf einen scharfsinnigen Text: Im Sommer 2017 veröffentlichte David Wallace-Wells seinen Essay »Die unbewohnbare Erde«,[28] der sofort berühmt wurde. Er beschreibt klar und systematisch alle Bedrohungen für unser Überleben, von der globalen Erwärmung bis zur Aussicht auf eine Milliarde Klimaflüchtlinge, und den Krieg und das Chaos, den all das verursachen wird. Anstatt sich auf die vorauszusehenden Reaktionen zu konzentrieren (Beschuldigungen der Panikmache etc.), sollte man eher entlang zweier Fakten lesen, die mit der beschriebenen Situation verbunden sind. An erster Stelle steht natürlich Trumps direkte Verneinung ökologischer Bedrohungen; dann ist da die obszöne Tatsache, dass Milliardäre, die ansonsten Trump unterstützen, sich dennoch bereitmachen für die Apokalypse, indem sie in luxuriöse unterirdische Bunker investieren, wo sie für bis zu einem Jahr isoliert leben können, versorgt mit frischem Gemüse, Fitnesszentren und so weiter.[29]

Ein weiteres Beispiel ist ein Text von Bernie Sanders. Im Oktober 2017 schrieb Sanders einen scharfsinnigen Kommentar über das Budget der Republikaner mit einem Titel, der bereits alles sagt: »Der Haushalt der Republikaner ist ein Geschenk für die Milliardäre: Es ist wie Robin Hood umgekehrt.«[30] Dieser Text ist klar geschrieben, voller überzeugender Fakten und Einsichten – warum hatte er nicht mehr Resonanz? Wir sollten ihn zusammen mit den Medienberichten über die Wut lesen, die explodierte, als Sanders als Eröffnungsredner bei der Frauenversammlung in Detroit angekündigt wurde. Kritiker behaupteten, es sei eine schlechte Idee gewesen, Sanders, einen Mann, bei der Versammlung sprechen zu lassen, die sich den politischen Fortschritten bei den Frauenrechten widmete.[31] Ganz gleich, dass er nur einer von zwei Männern unter 60 Sprechern war, unter denen sich keine Transgender-Repräsentanten befanden (hier war die sexuelle Differenz plötzlich unproblematisch). Hinter dieser Empörung steckte natürlich die Reaktion des Clinton-Flügels der Demokraten auf Sanders: sein Unbehagen gegenüber Sanders' linker Kritik am heutigen globalen Kapitalismus. Wenn Sanders ökonomische Probleme hervorhebt, wird er des »vulgären« Klassen-Reduktionismus beschuldigt, während es niemanden stört, wenn Chefs großer Unternehmen LGBT+ unterstützen.

Sollten wir aus all dem also schließen, dass unsere Aufgabe darin besteht, Trump so schnell wie möglich abzusetzen? Als Dan Quayle, nicht gerade für einen hohen IQ berühmt, Bush Seniors Vizepräsident war, kursierte der Witz, dass der FBI einen geheimen Auftrag habe, falls Bush stürbe: Quayle augenblicklich zu töten. Hoffen wir, dass der FBI denselben Auftrag für Pence hat, für den Fall von Trumps

Tod oder Absetzung – Pence ist, wenn überhaupt möglich, noch schlimmer als Trump, ein wahrer christlicher Konservativer. Was die Trump-Bewegung minimal interessant macht, sind ihre Inkonsistenzen: Steve Bannon beispielsweise stellte sich nicht nur gegen Trumps Steuerplan, sondern trat offen für die Erhöhung der Steuern für Reiche auf 40 Prozent ein, und er argumentiert außerdem, dass Bankenrettung mit öffentlichem Geld »Sozialismus für die Reichen« sei – mit Sicherheit nichts, was Pence gerne hört.

Steve Bannon erklärte kürzlich den Krieg – aber wem? Nicht den Demokraten der Wall Street, nicht den liberalen Intellektuellen oder anderen üblichen Verdächtigen, sondern dem Establishment der Republikaner selbst. Nachdem er von Trump aus dem Weißen Haus geworfen wurde, kämpft er für Trumps Mission in ihrer Reinform, selbst wenn es sich manchmal sogar gegen Trump selbst richtet – vergessen wir nicht, dass Trump im Wesentlichen die Republikanische Partei zerstört. Bannon strebt an, eine populistische Revolte der unterprivilegierten Leute gegen die Eliten anzuführen – er nimmt Trumps Botschaft einer Regierung von und für die einfachen Leute wörtlicher, als Trump selbst es sich traut. Um es unverblümt zu sagen, Bannon ist wie die SA im Verhältnis zu Hitler, der Unterklassen-Populisten-Teil, dessen sich Trump wird entledigen (oder zumindest neutralisieren) müssen, um vom Establishment akzeptiert zu werden und reibungslos als Staatsoberhaupt zu funktionieren. Aus diesem Grund ist Bannon sein Gewicht in Gold wert: Er ist eine permanente Erinnerung an diesen Antagonismus, der die Republikanische Partei durchzieht. Seine Art von Populismus ist wenigstens in der Lage, die Scheinheiligkeit der vorherrschenden liberalen Ordnung zu erkennen. Ist beispielsweise die grundlegende Lehre aus der jüngsten Enthüllung der sogenannten Paradise Papers nicht die schlichte Tatsache, dass die Ultrareichen in ihren Sonderzonen leben, in denen sie nicht an die allgemeinen Gesetze gebunden sind? Micah White resümiert diese Lehre in zwei Punkten:

»Erstens werden die Leute überall, gleich ob sie in Russland oder Amerika leben, von demselben winzigen gesellschaftlichen Kreis der wohlhabenden Eliten unterdrückt, die unsere Regierungen, Unternehmen, Universitäten und Kultur ungebührlich kontrollieren. [...] Es gibt eine globale Plutokratie, die dieselbe Handvoll Unternehmen anheuert, um ihr Geld zu verstecken, und die untereinander mehr gemeinsam haben als mit den Bürgern ihrer Länder. Dies stellt die Bühne für eine globale soziale Bewegung bereit.

Zweitens und noch wichtiger, diese Leaks zeigen an, dass unsere Erde in zwei getrennte und ungleiche Welten geteilt ist: Eine wird bewohnt von 200 000 ultrareichen Individuen und die andere von den übrigen 7 Milliarden.«[32]

Wir lernen aus den Paradise Papers eigentlich nichts Neues – wir sind uns dessen seit langem vage bewusst gewesen. Was jetzt neu ist, ist nicht, dass unsere vagen Vermutungen von präzisen Daten bestätigt wurden, sondern ein Wandel in dem, was man mit Hegel die Sitten nennen sollte – öffentliche Gebräuche –, die Korruption nun weit weniger zu tolerieren scheinen. Man sollte diese neue Situation aber nicht idealisieren: Ein Kampf gegen Korruption kann leicht von konservativen antiliberalen Kräften vereinnahmt werden, deren langjähriges Motto lautet: »Zu viel Demokratie bringt Korruption.« Nichtsdestoweniger wird ein neuer Raum eröffnet: Von den Reichen und Mächtigen zu verlangen, die Gesetze zu befolgen, kann insofern subversiv sein, als das System es sich eigentlich nicht leisten kann, d.h., insofern als Steuerparadiese und andere Formen illegaler Finanzaktivitäten ein tiefverwurzelter Teil des globalen Kapitalismus sind.

Die erste Schlussfolgerung, die wir aus dieser seltsamen Notlage zu ziehen gezwungen sind, ist, dass der Klassenkampf als der Hauptfaktor zurückgekehrt ist, der unser politisches Leben bestimmt, im guten alten marxistischen Sinn der »Determination in letzter Instanz«: Auch wenn die Einsätze vollkommen anders erscheinen, von humanitären Krisen zu ökologischen Bedrohungen, der Klassenkampf lauert im Hintergrund und wirft seinen ominösen Schatten.

Die zweite Schlussfolgerung lautet, dass der Klassenkampf immer weniger direkt in einen Kampf *zwischen* politischen Parteien übersetzt wird und zunehmend *innerhalb* jeder großen Partei stattfindet. In den USA durchschneidet der Klassenkampf die Republikanische Partei (das Partei-Establishment vs. Populisten in der Art von Bannon) und die Demokratische Partei (der Clinton-Flügel vs. die Bewegung Sanders'). Wir sollten natürlich nie vergessen, dass Bannon der Leuchtturm der Alt-Right-Bewegung ist, während Clinton viele progressive Anliegen unterstützt wie den Kampf gegen Rassismus und Sexismus. Wir sollten aber auch nicht vergessen, dass der LGBT+-Kampf ebenfalls vom Mainstream-Liberalismus gegen den »Klassenessentialismus« der Linken kooptiert werden kann.

Die dritte Schlussfolgerung betrifft folglich die Strategie der Linken in dieser komplexen Situation. Während jeglicher Pakt zwischen Sanders und Bannon aus offensichtlichen Gründen ausgeschlossen ist, sollte es ein Schlüsselelement linker Taktik sein, rücksichtslos die Spaltungen im feindlichen Lager auszubeuten und für Bannons Unterstützer zu kämpfen. Um es kurz zu machen, es wird keinen Sieg der Linken geben ohne eine breite Allianz aller Anti-Establishment-Kräfte. Wir sollten nicht vergessen, dass unser eigentlicher Feind das globale kapitalistische Establishment ist und nicht die populistische Rechte, die nur eine Reaktion auf dessen Sackgassen ist. Wenn wir dies vergessen, wird die Linke schlicht von der politischen Landkarte verschwinden, wie es bereits mit der moderaten sozialdemokratischen Linken in weiten Teilen Europas geschehen ist (Deutschland, Frankreich …), oder wie Slawomir Sierakowski es in seinem »In Europe, the Only Choice is Right or Far-Right« ausdrückt: »Da die linken Parteien zusammengebrochen sind, ist eine einzige verbliebene Option für die Wähler der Konservatismus oder rechter Populismus.«[33]

Wird Trump also seine wohlverdiente Strafe erhalten? Seine impulsiven Entscheidungen, wie seine Weigerung, die in Quebec im Juni 2018 vereinbarte G7-Erklärung zu unterzeichnen, sind nicht nur Ausdruck seiner persönlichen Schrullen. Sie sind Reaktionen auf das Ende eine Ära im globalen Wirtschaftssystem, Reaktionen, die sich auf eine falsche Vorstellung davon gründen, was gerade geschieht.

Trumps falsche Vorstellung gründet sich aber nichtsdestoweniger auf die richtige Einsicht, dass das existierende Weltsystem nicht mehr funktioniert. Ein Wirtschaftszyklus nähert sich seinem Ende, ein Zyklus, der in den frühen 1970er Jahren begann, der Zeit, in der geboren wurde, was Yanis Varoufakis den »globalen Minotaurus« nennt, die monströse Maschine, die die Weltwirtschaft von den frühen 1980ern bis 2008 bestimmt hat. Die späten 1960er und frühen 1970er Jahre waren nicht einfach Zeiten der Ölkrise und Stagflation; Nixons Entscheidung, den Goldstandard für den US-Dollar aufzuheben, war ein Zeichen für eine viel radikalere Verschiebung in der grundlegenden Funktionsweise des kapitalistischen Systems. Am Ende der 1960er Jahre war die US-Ökonomie nicht mehr dazu in der Lage, weiterhin ihre Überschüsse gegenüber Europa und Asien wiederzuverwerten: Seine Überschüsse hatten sich in Defizite verwandelt. 1971 antwortete die US-Regierung auf diesen Rückgang mit einem gewagten strategischen Schachzug: Anstatt die aufkeimenden Defizite der Nation anzugehen, entschied sie sich für das Gegenteil, die *Defizite zu erhöhen.* Und wer würde dafür bezahlen? Der Rest der Welt! Und wie? Durch den permanenten Transfer von Kapital, das unaufhörlich über die zwei großen Ozeane rauschte, um Amerikas Defizite zu finanzieren. Diese Defizite begannen folglich zu operieren

»wie ein gigantischer Staubsauger, der die Überschüsse und Waren aller anderen aufsog. Während dieses ›Arrangement‹ die Verkörperung des größten Ungleichgewichts war, das man sich in planetarischem Maßstab vorstellen kann … verhalf es nichtsdestoweniger etwas zum Aufstieg, was einem globalen Gleichgewicht ähnlich zu sein schien, einem internationalen System zunehmend beschleunigter asymmetrischer Finanz- und Handelsflüsse, die in der Lage waren, den Schein von Stabilität und anhaltendem Wachstum zu simulieren … Durch diese Defizite angetrieben, fuhren die führenden Überschuss-Ökonomien der Welt (z.B. Deutschland, Japan und später China) fort, ihre Waren auszustoßen, die Amerika an sich zog. Fast 70% des Profits, der weltweit von diesen Ländern erwirtschaftet wurde, wurde dann wieder in Form von Kapitalzufluss an die Wall Street zurücktransferiert in die

Vereinigten Staaten. Und was hat die Wall Street damit getan? Sie verwandelte diesen Kapitalzufluss in direkte Investitionen, Aktien, neue Finanzinstrumente, neue und alte Formen von Anleihen usw.«[34]

Diese steigende negative Handelsbilanz zeigt, dass die USA ein unproduktives Raubtier sind: In den letzten Jahrzehnten haben sie täglich eine Milliarde Dollar von anderen Nationen aufgesaugt, um für ihren Konsum zu zahlen, und sind als solche der universelle Konsument im Sinne Keynes, der die Weltwirtschaft am Laufen hält. (So viel zur Anti-Keynesianischen Wirtschaftsideologie, die heute angeblich vorherrscht!) Dieser Zustrom von Geld, der tatsächlich wie der Zehnt ist, der in der Antike an Rom gezahlt wurde (oder die Opfer, die die alten Griechen dem Minotaurus brachten), stützt sich auf einen komplexen ökonomischen Mechanismus: Den USA wird als das sichere und stabile Zentrum »getraut«, so dass alle anderen, von den ölfördernden arabischen Ländern bis Westeuropa und Japan und nun selbst China, ihre Überschuss-Profite in den USA investieren. Da dieses Vertrauen in erster Linie ideologisch und militärisch, nicht ökonomisch ist, liegt das Problem der USA darin, ihre Rolle eines Imperiums zu rechtfertigen – sie brauchen einen permanenten Kriegszustand, so dass sie den »Krieg gegen den Terror« erfinden mussten, um sich selbst als der universelle Beschützer aller anderen »normalen« (nicht »Schurken«-) Staaten anzubieten. Der ganze Globus neigt folglich dazu, wie ein universelles Sparta zu funktionieren mit seinen drei Klassen, die sich als erste, zweite und dritte Welt herausbilden: (1) die USA als militärisch-politisch-ideologische Macht; (2) Europa und Teile Asiens und Lateinamerikas als die industriell-manufakturelle Region (entscheidend sind hier Deutschland und Japan, die führenden Exporteure der Welt, und natürlich das aufstrebende China); (3) der unterentwickelte Rest, die heutigen Heloten, die »Abgehängten«. In anderen Worten, der globale Kapitalismus hat einen neuen allgemeinen Trend hin zur Oligarchie hervorgebracht, der maskiert ist als die Feier der »Diversität der Kulturen«: Gleichheit und Universalismus verschwinden immer mehr als tatsächliche politische Prinzipien.

Seit 2008 ist dieses neospartanische Weltsystem dabei zusammen-zubrechen. In den Jahren Obamas hauchte Ben Bernanke, der Präsi-dent der US-Notenbank, dem System neues Leben ein: die Tatsache ausnutzend, dass der US-Dollar die globale Währung ist, finanzierte er Importe, indem er massiv Geld druckte. Trump hat sich entschlos-sen, das Problem in anderer Weise anzugehen: Indem er die zerbrech-liche Balance des globalen Systems ignoriert, hat er sich auf Elemente konzentriert, die als »Ungerechtigkeiten« für die USA präsentiert wer-den können: Riesige Importe reduzieren heimische Arbeitsplätze und so weiter. Was er aber als »Ungerechtigkeit« beklagt, ist Teil eines Systems, von dem die USA profitierten: Die USA haben tatsächlich die Welt bestohlen, indem sie Dinge importiert und mit Schulden dafür bezahlt und Geld gedruckt haben. Und dasselbe Spiel des Stehlens wird offensichtlich weitergehen: Trump hat nicht nur die Steuern für die Reichen gesenkt, er hat auch stillschweigend viele Forderungen der Demokaten nach Erleichterung der Situation der Armen gebil-ligt, was bedeutet, dass das Defizit explodieren wird … und sollte er danach gefragt werden, wird Trump vermutlich die alte Antwort von Reagan wiederholen: »Unser Defizit ist groß genug, um auf sich selbst aufzupassen!«

Deshalb wundert es nicht, dass Trump sich derzeit an Kim Jong-un in viel freundlicherer Weise wendet als an seine großen westlichen Verbündeten: Hier treffen ebenfalls zwei Extreme aufeinander, und wir sollten bedenken, dass Europa, ökonomisch und geopolitisch, Trumps wahrer Feind ist. Mit der Auflösung des Systems, das den Welthandel von 1970 an beherrscht hat, werden die USA mehr und mehr zum zerstörerischen Element des Welthandels. Im Gegensatz zu 1945 braucht die Welt die USA nicht, es sind die USA, die die Welt brauchen. Zwei Außenseiter haben sich folglich in Singapur getrof-fen: der ausgeschlossene Außenseiter (Kim) und der Außenseiter im Herzen unserer Welt. Da Trump bereits seine Absicht erklärt hat, Kim ins Weiße Haus einzuladen, verfolgt mich ein Traum – nicht der noble von Martin Luther King, sondern ein viel verrückterer (viel leichter umzusetzen als Luthers Traum). Trump hat seine Liebe für Militärparaden zu erkennen gegeben und schlägt vor, in Washington eine abhalten zu lassen, aber die Amerikaner scheinen die Idee nicht zu mögen. Was also, wenn sein neuer Freund Kim ihm dabei behilflich sein kann? Was, wenn dieser eine Gegeneinladung ausspricht und für Trump ein Spektakel im großen Stadion in Pjöngjang vorbereitet mit Hunderttausenden guttrainierter Nordkoreaner, die farbige Flaggen wedeln, um gigantische bewegte Bilder von den lächelnden Kim und Trump zu bilden?

In einer Welt, in der Entscheidungen bei intimen Treffen der »starken Anführer« getroffen werden, ist kein Platz für das bisherige Europa. Offensichtlich fühlt sich Trump am wohlsten in der Gesellschaft autoritärer Führer, mit denen er »Geschäfte« machen kann – insbesondere wenn sie nur im Namen ihres eigenen Landes handeln. »America first« kann ins Geschäft kommen mit »China first« oder »Russland first« oder dem Nach-Brexit-»UK first«, nicht mit einem vereinten Europa. Trumps Ziel ist, Handelsabkommen mit einzelnen Partnern abzuschließen, die zur Unterwürfigkeit gezwungen werden können, weshalb es von höchster Wichtigkeit ist, dass Europa als eine vereinte ökonomische und politische Kraft handelt. So gefährlich diese neue Situation ist, eröffnet sie doch eine einzigartige Chance für Europa: sich für die Formierung eines neuen globalen Wirtschaftssystems zu engagieren, das nicht mehr vom US-Dollar als globaler Währung beherrscht wird. In der globalen Wirtschaft herrscht Krieg, es ist deshalb Zeit für radikale Maßnahmen. Europa sollte sich bewusst sein, dass es keine Rückkehr zu dem von Trump aufgestörten Status quo gibt. Eine wahrhaft neue Weltordnung ist nötig, damit Trump seine gerechte Strafe erhält. Weder Russland noch China können sie erschaffen – sie sind im selben Spiel gefangen wie Trump –, sie sprechen alle die Sprache von »America (Russland, China) first«. Nur Europa kann es tun, aber genau hier ist die Reaktion Europas und Kanadas unzureichend: Anstatt sich für die Vision einzusetzen, handeln sie wie ein beleidigter Partner, der sich beschwert, dass die USA die etablierten Regeln gebrochen haben. In den letzten zehn Jahren ungefähr hat Europa zunehmend wie der ehemalige PLO-Chef

Yassir Arafat gehandelt, über den gesagt wird, er habe niemals eine Gelegenheit verpasst, eine Gelegenheit zu verpassen. Die Immigrantenkrise, Katalonien ... Es ist sehr wahrscheinlich, dass Europa erneut die Chance verpassen wird. Wir Europäer sind offensichtlich nicht stark genug, den US-Boykott gegen Iran abzulehnen. (Wie wir heute wissen, haben sich direkt nach Merkels stolzer Ankündigung, Deutschland werde so handeln, als wäre das Iran-Abkommen noch gültig, große deutsche Unternehmen stillschweigend aus dem Iran zurückgezogen.) In Zeiten wie diesen ist man wirklich beschämt, ein Europäer zu sein, trotz all der zahlreichen heldenhaften Erklärungen. Hier ist eine stolze französische Reaktion auf die neue Situation, die Trumps Rückzug aus dem Nuklearabkommen mit Iran geschaffen hat, die erklärt, dass Europa sich als souveräner Machtblock durchsetzen und handeln wird, als wäre der Pakt mit Iran noch gültig:

>Europa ist darauf vorbereitet, Maßnahmen einzuführen, um die Auswirkungen von Donald Trumps Sanktionen gegen jede Nicht-US-Firma, die weiterhin mit Iran Geschäfte macht, zu annullieren, sagte die französische Regierung. Die Warnung des französischen Finanzministers Bruno Le Maire legt nahe, dass Trumps Vorschläge, Europa zum Beitritt zur US-Außenpolitik zum Iran zu zwingen, eine ernsthafte Gegenreaktion seitens EU-Firmen und -Politikern haben könnten, insbesondere unter denjenigen, die für eine stärkere unabhängige europäische Außenpolitik eintreten. >Wir müssen in Europa an uns selbst arbeiten, um unsere europäische wirtschaftliche Souveränität zu verteidigen<, sagte Le Maire und fügte hinzu, dass Europa dieselben Instrumente nutzen könnte wie die USA, um seine Interessen zu verteidigen. Er ergänzte: >Wollen wir ein Vasall sein, der gehorcht und stramm steht?<<[35]

Klingt sympathisch – aber verfügt Europa über genug Stärke und Einheit, um das umzusetzen? Wird die neue osteuropäische postkommunistische »Achse des Bösen« (die sich von den baltischen Staaten bis Kroatien erstreckt) dem EU-Widerstand gegen die USA folgen, oder wird sie sich den USA beugen und so einen weiteren Beweis dafür liefern, dass die schnelle Ausdehnung der EU im Osten ein Fehler war? Was die Dinge noch komplizierter macht, ist, dass Europa in seinem eigenen populistischen Aufruhr gefangen ist, ausgelöst von der Tatsache, dass die Menschen der Brüsseler Technokratie immer weniger vertrauen und sie als ein Machtzentrum ohne demokratische Legitimation erleben. Das Ergebnis der jüngsten Wahlen in Italien ist, dass zum ersten Mal in einem entwickelten westeuropäischen Land euroskeptische Populisten an die Macht gelangt sind. Und bedenken wir auch, dass der Rückzug aus dem Iran-Abkommen nur eine von drei anti-europäischen Handlungen der USA ist: Da ist außerdem der Umzug der US-Botschaft in Israel von Tel Aviv nach Jerusalem, dem sich die EU vehement entgegengestellt hatte, und natürlich die Eröffnungsschüsse in einem Handelskrieg mit drei der größten Handelspartnern der USA, indem Zölle auf Stahl- und Aluminiumimporte aus der EU, Kanada und Mexiko erhoben wurden.

Obwohl wir fast alle mit der europäischen Reaktion sympathisieren, sollten wir nicht den (regelmäßig verkannten) Hintergrund der US-Entscheidung vergessen. Um ihn zu verstehen, müssen wir uns einem anderen Thema zuwenden, das vollkommen zusammenhanglos erscheinen mag: der Aufruhr in den USA über die abrupte Absetzung der erfolgreichen TV-Sendung *Roseanne* des Senders ABC aufgrund eines rassistischen Tweets des Stars der Sendung, Roseanne Barr. In ihrer Kolumne »Wird mit Roseanne Barrs Weggang die Arbeiterklasse der USA aus dem Fernsehen verschwinden?«[36] argumentiert Joanne Williams, dass die Linke endlich auf die weiße Arbeiterklasse hören sollte. Sie stellt fest, wie ein entscheidender Tatbestand in dieser Affäre unbemerkt geblieben ist: die Absetzung »beraubte das amerikanische Fernsehen einer der wenigen sympathischen Beschreibungen von weißem Arbeiterklasse-Leben im letzten halben Jahrhundert – in anderen Worten, seit das Fernsehen angefangen hat.«[37] Williams unterstützt unzweideutig den Ausschluss Barrs aufgrund ihrer rassistischen Tweets – aber sie fügt hinzu: »Nichtsdestoweniger ist Rasse nicht die einzige soziale Hierarchie. Respektlose Darstellungen der weißen Arbeiterklasse sind ein wesentlicher Bestandteil der kulturellen Respektlosigkeit, die einem Demagogen wie Trump den Weg geebnet hat.«[38] Die traurige Misere der weißen Arbeiterklasse ist das deutlichste Anzeichen für das Verschwinden des amerikanischen Traums:

> »Praktisch alle Amerikaner, die in den 1940er Jahren geboren wurden, verdienten mehr als ihre Eltern; heute ist es weniger als die Hälfte. Der Rostgürtel-Aufstand, der sowohl den Brexit als auch Trump gebracht hat, spiegelt die verrottenden Fabriken, sterbenden Städte und ein halbes Jahrhundert leerer Versprechen wider. Die Abgehängten sind sehr, sehr wütend; Trump ist ihr Mittelfinger. Je mehr er die Eliten von der Küste empört, desto mehr brüsten sie sich damit, uns auf die Nerven zu gehen. Endlich werden sie bemerkt.«[39]

Es ist wichtig, Trumps Handelskrieg gegen die engsten Verbündeten der USA vor diesem Hintergrund zu lesen: In seiner populistischen Fassung von Klassenkrieg besteht Trumps Ziel darin, (auch) Amerikas Arbeiterklasse (und sind die Metallarbeiter nicht die emblematischen Figuren der traditionellen Arbeiterklasse?) vor der »unfairen« europäischen Konkurrenz zu schützen und damit amerikanische Arbeitsplätze zu erhalten. Es ist falsch, Trump hier als reinen Demagogen abzutun:

> »Hinter den Kulissen versetzte Trump Nancy Pelosi in Erstaunen, die demokratische Präsidentin des Repräsentantenhauses, indem er jedes Sozialprogramm befürwortete, um das sie ihn ersuchte … Was immer man auch von diesem Präsidenten denken mag, er gibt nicht nur den Reichsten Geld, die natürlich am meisten bekommen, sondern auch vielen armen Menschen.«[40]

Noch einmal: Aus diesem Grund verfehlen alle Proteste öffentlicher Amtsträger und Ökonomen in der EU, Kanada und Mexiko wie auch die von ihnen vorgeschlagenen Gegenmaßnahmen ihr Ziel: Sie folgen der WHO-Logik des freien internationalen Handels, während nur eine neue Linke, die die Belange der Abgehängten anspricht, wirklich gegen Trump wirksam sein kann.

Auf einer tiefen und häufig verschleierten Ebene nehmen die US-Neokonservativen die EU als *den* Feind wahr. Diese Wahrnehmung, die im öffentlichen politischen Diskurs unter Kontrolle gehalten wird, explodiert in ihrem untergründigen obszönen Doppelgänger, der extremen rechts-christlichen fundamentalistischen politischen Vision mit ihrer obsessiven Angst vor der Neuen Weltordnung (Obama macht gemeinsame Sache mit den Vereinten Nationen, internationale Kräfte werden in den USA intervenieren und alle wahren amerikanischen Patrioten in Konzentrationslager stecken – vor ein paar Jahren gab es Gerüchte, dass Latino-Truppen bereits in den Ebenen des Mittleren Westens seien und Konzentrationslager errichteten ...). Ein Weg, dieses Dilemma zu lösen, ist der kompromisslose christlich-fundamentalistische Weg, der in den Arbeiten von Tim LaHaye und Konsorten Ausdruck findet: eindeutig die zweite Opposition der ersten unterzuordnen. Der Titel von LaHayes Roman deutet in diese Richtung: *The Europa Conspiracy* (Die Europa-Verschwörung). Die wahren Feinde der USA sind keine muslimischen Terroristen, sie sind nur Marionetten, die insgeheim von den europäischen Säkularisten manipuliert werden, den eigentlichen Kräften des Antichristen, die die USA schwächen und eine Neue Weltordnung unter der Herrschaft der Vereinten Nationen etablieren wollen. In gewisser Weise haben sie mit ihrer Wahrnehmung recht: Europa ist nicht einfach ein weiterer geopolitischer Block, sondern eine globale Vision, die letztlich unvereinbar mit den Nationalstaaten ist. Was also hält Europa davon ab, die Kräfte zu sammeln und zurückzuschlagen?

Am 18. Mai 2018 hatte ich eine Unterredung mit Will Self im Emmanuel Centre in London. Der denkwürdigste Moment (zumindest für mich) ereignete sich, als Self – während er weitgehend mit mir darin übereinstimmte, dass, falls die Dinge in der jetzigen Weise weitergingen, unsere Gesellschaft dem Untergang geweiht sei und eine unvorstellbare Katastrophe vor uns liege – mir vorwarf, noch immer auf einen großen »revolutionären« Akt zu hoffen, der die globalen Gezeiten wenden und unser Abgleiten in die Katastrophe verhindern wird. Sein Hauptargument war, dass wir mit unserem Lebensstil so tief in den Prozess von (nicht nur ökologischer) Selbstzerstörung versunken sind, dass keine Bewusstheit dessen, was wir zu tun im Begriff sind, uns davon abhalten kann, es zu tun. Self fragte dann das Publikum, wie viele unter ihnen Smartphones besäßen, und erinnerte sie daran, dass jedes Telefon Coltan benötigt, ein Edelmetall aus dem Kongo, wo es mit faktischer Sklavenarbeit in einer die Umwelt schädigenden Weise abgebaut wird. Was können wir also tun, wenn wir uns eingestanden haben, dass wir alle mitverantwortlich und unfähig sind, aktiv einzugreifen? Selfs Antwort: eigentlich nichts, nur unsere Steuern zahlen (um den Staat zu befähigen, eine minimale Rechts- und Wohlstandsordnung aufrechtzuerhalten) und unser isoliertes Leben genießen und uns einen runterholen … Meine Antwort (die ich dort nicht richtig artikulieren konnte) lautet, dass eine solche zynisch-hedonistische Haltung den Mächtigen perfekt in den Kram passt, dass es sich um Ideologie in Reinform handelt: Jegliche kollektive Gegenhandlung wird im Voraus entwertet (»Wer seid ihr, dass ihr protestiert? Benutzt ihr nicht auch Coltan? Welches Recht habt ihr also, die großen Unternehmen zu beschuldigen?«), so dass wir am Ende nichts weiter tun können, als Privatbürger zu bleiben, die masochistisch ihre Schuld genießen und sich in private Vergnügungen zurückziehen. Der momentane Zustand bedeutet nicht, dass wir verloren sind; er deutet eher in die Richtung von Joel 4:14: »Es werden Scharen über Scharen von Menschen sein im Tal der Entscheidung; denn des Herrn Tag ist nahe im Tal der Entscheidung.« Diese Zeilen liefern die erste exakte Beschreibung des Moments, in dem eine Gesellschaft am Scheideweg steht, mit einer Entscheidung konfrontiert, die ihr Schicksal bestimmen könnte. Dies ist die heutige Situation in Europa.

Jeder Anti-Immigrations-Populist würde dieser Behauptung uneingeschränkt zustimmen: Ja, Europas ureigene Identität ist bedroht von den muslimischen und anderen Flüchtlingsströmen. Aber die derzeitige Situation ist genau das Gegenteil: Es sind die Anti-Immigrations-Populisten, die die wahre Bedrohung für den emanzipatorischen Kern der europäischen Aufklärung darstellen. Ein Europa, in dem Marine

Le Pen oder Geert Wilders an der Macht sind, ist nicht mehr Europa. Was ist dieses Europa, für das es sich zu kämpfen lohnt?

Die wirkliche Neuheit der Französischen Revolution liegt in der Unterscheidung zwischen Bürgerrechten und Menschenrechten. Man sollte hier den klassisch marxistischen Begriff der Menschenrechte als Rechte der Mitglieder der bürgerlichen Zivilgesellschaft zurückweisen. Während Bürger durch die politische Ordnung eines souveränen Staates definiert werden, ist »menschlich« das, was von einem Bürger übrig bleibt, wenn er oder sie seiner Staatsbürgerschaft beraubt ist und sich in dem Zustand befindet, der in der Artillerie offener Raum genannt wird, reduziert auf einen abstrakten sprechenden Körper. In diesem Sinn sollten universelle Menschenrechte unser Bezugspunkt sein, wenn wir die schwierige Beziehung zwischen den Zwängen der Staatsbürgerschaft und den partikularen Lebensformen verhandeln. Ohne diesen Kompass gleiten wir unvermeidlich in die Barbarei ab.

In seiner Interpretation der berühmt-berüchtigten Unterscheidung zwischen Menschen- und Bürgerrechten weist Milner den marxistischen kritischen Begriff der Menschenrechte als diejenigen der Mitglieder der bourgeoisen Zivilgesellschaft zurück: Für Milner ist ein Bürger ein Mitglied einer Gemeinschaft, mit der er eine bestimmte Kultur teilt, während ein Mensch das ist, was von einem Bürger übrig bleibt, wenn er oder sie seiner Staatsbürgerschaft beraubt ist. Menschenrechte sind »natürliche« Rechte nur in dem Sinn von Externalität zu einer bestimmten Kultur; sie haben nichts zu tun mit der ewigen Natur, da sie nur für das gelten, was von einem Bürger bleibt, wenn er oder sie von einer spezifischen Polis subtrahiert wird. In dieser Weise ist ihre »Natur« ein rückwirkender Effekt von Kultur; sie gilt für einen Menschen, der auf das Nullniveau eines sprechenden Körpers reduziert ist:

»Man erhält einen Einblick in das Reale der Rechte des Körpers, wenn man untersucht, was geschieht, wenn sie Individuen verweigert werden. Jeder Tag bringt uns neue Beispiele. Ich muss nicht an Bomben und Giftgase denken, ich denke an Calais: Diejenigen, die dort seit

2000 versammelt sind, haben sich nichts zuschulde kommen lassen, sie werden nichts bezichtigt, sie verstoßen gegen kein Gesetz; sie sind einfach da und leben; der Beweis, dass sie leben, ist, dass sie eines Tages sterben werden. Niemand weiß, welche Sprachen sie sprechen, und man hört ihnen ohnehin nicht zu. Man weiß nur, dass sie sprechen. Sie sind deshalb auf den Status sprechender Körper reduziert; durch die Siedlung, in die sie geschickt werden, machen sie im wörtlichen Sinne und in negativer Form das Reale der Rechte von Männern/Frauen sichtbar ... Diese Rechte werden offen unterschieden von den Bürgerrechten, da die Flüchtlinge eben keine Bürger von Calais sind und es meist auch nicht werden wollen.«[41]

Milner besteht auf der »vulgären« Materialität dieser Rechte:[42] Sie sind grundlegender als die Rechte, öffentliche Versammlungen abzuhalten, freie Reden zu halten, freie Meinungen auszudrücken und so weiter. Vorher sind die materiellen Bedürfnisse eines Körpers dran: Wasser, Essen, Hygiene, ein minimaler Raum für Privatheit. Wenn Individuen dessen beraubt werden, verschwinden ihre »höheren« Menschenrechte. Menschenrechte sind zuerst grundlegende materielle Rechte: Toiletten, Küchen, Gesundheitsversorgung. Rechte beginnen mit dem Raum für die Notdurft – das ist die traurige Grundlage meiner Geschichte über die verschiedenen Formen europäischer Toiletten. Insofern Menschenrechte (im Unterschied zu den Bürgerrechten) zuerst während der Französischen Revolution proklamiert wurden, sollte man die Ironie zur Kenntnis nehmen, die in der Tatsache liegt, dass Calais eine französische Stadt ist. Hier betreten wir natürlich ein doppeltes Spiel: Marxisten betonen »materielle« Rechte gegenüber Meinungs- und Pressefreiheit etc. (scheitern aber daran, diese umzusetzen, wenn sie an der Macht sind), während die »bürgerlichen Demokratien« die anderen Freiheiten betonen.

Die Lehre daraus lautet, dass universelle Menschenrechte – in ihrer Universalität selbst – historisch produziert und spezifiziert sind; ihre genaue Reichweite und Inhalt sind das Ergebnis von soziopolitischen Kämpfen. Ist Milners Umbenennung in »Rechte von Männern/Frauen« nicht selbst ein Effekt zeitgenössischer feministischer Kämpfe? Wir sollten außerdem daran denken, dass Menschen, die von diesen Rechten betroffen sind, »Proletarier« sind in dem Sinne, dass sie, der Bürgerrechte beraubt, dennoch keine abstrakten cartesianischen Cogitos sind – sie kommen als Individuen, in eine spezifische Lebensform eingebettet, häufig in Konflikt mit derjenigen des Landes, in dem sie als Geflüchtete leben. Wir müssen hier also drei Ebenen berücksichtigen: die abstrakte Universalität eines Menschen qua Träger von Menschenrechten, die Partikularität einer spezifischen Lebensweise, zu der ein Mensch gehört, und die Singularität der Staatsbürgerschaft als des vermittelnden Moments zwischen den beiden Polen (als Bürger bin ich universell, aber universell als Zugehöriger zur Singularität eines Staates). Die Interaktion dieser drei Ebenen kann nur vielfache Schwierigkeiten hervorbringen – es mag genügen, an die Launen der Macht zu denken, die den zeitgenössischen Versuchen zu schaffen machen, radikale Emanzipation umzusetzen.

Um mit diesen Schwierigkeiten umzugehen, sollte eine andere Triade des Universellen, Partikularen und Singulären ins Spiel gebracht werden: die Triade der (universellen) Massenerhebung, die (partikulare) politische Organisation und … was sollte für das Singuläre stehen? Das dritte Element bringt uns zurück zu Lenin, mit dem wir dieses Kapitel begonnen haben. Im Schwelgen der feierlichen Reaktionen auf das hundertste Jubiläum der Oktoberrevolution 2017 blieb eine wichtige Lehre für die heutige Zeit unbemerkt (oder wurde erwähnt als Beweis, dass die Oktoberrevolution ein Putsch einer verschlossenen Gruppe war und gar kein wirklicher Volksaufstand). Diese Lehre betrifft die einzigartige Zusammenarbeit zwischen Lenin und Trotzki.

Der Kern von Lenins »Utopie« steigt aus der Asche der Katastrophe von 1914 auf, in der Abrechnung mit der Orthodoxie der Zweiten Internationalen: der radikale Imperativ, den bürgerlichen Staat zu zermalmen, d. h. den Staat selbst, und eine neue gemeinschaftliche Form ohne festes Heer, Polizei oder Bürokratie zu erfinden. Für Lenin war dies kein theoretisches Projekt für irgendeine ferne Zukunft – im Oktober 1917 behauptete Lenin, dass wir »auf einmal einen Staatsapparat bestehend aus zehn, wenn nicht zwanzig Millionen Menschen, in Bewegung setzen können.«[43] *Diese Dringlichkeit des Moments ist die wahre Utopie.* Man sollte an dem Wahnsinn (im rein Kierkegaard'schen Sinn) dieser leninistischen Utopie festhalten – wenn der Stalinismus für etwas steht, dann für eine Rückkehr zum realistischen »Common Sense«.

Man kann das explosive Potential von *Staat und Revolution* kaum überschätzen – in diesem Buch »wird auf das Vokabular und die Grammatik der westlichen politischen Tradition abrupt verzichtet«.[44] Was darauf folgte, kann man, in Anlehnung an Althussers Text über Machiavelli, *La solitude de Lénine* [Lenins Einsamkeit] nennen: die Zeit, als er im Wesentlichen allein dastand und gegen den Strom seiner eigenen Partei schwamm. Als Lenin in seinen »April-Thesen« von 1917 den *Augenblick* erkannte, die einzigartige Gelegenheit für eine Revolution, wurden seine Vorschläge zuerst von der Mehrheit seiner Parteigenossen mit Verblüffung oder Verachtung aufgenommen. Innerhalb der Bolschewistischen Partei unterstützte kein prominenter Anführer seinen Aufruf zur Revolution, und die *Prawda* unternahm den außergewöhnlichen Schritt, die Partei und die ganze Chefredaktion von Lenins »April-Thesen« zu distanzieren – weit entfernt von einem opportunistischen Schmeicheln oder einem Ausnutzen der vorherrschenden Stimmung in der Bevölkerung, waren Lenins Ansichten hochgradig idiosynkratisch. Bogdanow charakterisierte die »April-Thesen« als »das Delirium eines Wahnsinnigen«,[45] und sogar Nadeshda Krupskaja, Lenins Ehefrau, kam zu dem Schluss dass »es so aussieht, als sei Lenin wahnsinnig geworden«.[46]

Im Februar 1917 strandete Lenin in Zürich ohne belastbare Kontakte in Russland und erfuhr von den Ereignissen dort vor allem aus der Schweizer Presse; im Oktober führte er die erste sozialistische Revolution an – was geschah also in der Zwischenzeit? Im Februar erkannte Lenin sofort die revolutionäre Gelegenheit, das Ergebnis von einzigartigen kontingenten Umständen – wenn der Moment nicht genutzt würde, wäre die Chance für eine Revolution vielleicht für Jahrzehnte verspielt. Noch ein paar Tage vor der Oktoberrevolution schrieb Lenin: »Der Triumph sowohl der russischen als auch der Weltrevolution hängt vom Kampf zweier oder dreier Tage ab.« In seiner starrsinnigen Insistenz, man solle das Risiko eingehen und zum Handeln übergehen, war Lenin allein, lächerlich gemacht von der Mehrheit der Mitglieder des Zentralkomitees seiner eigenen Partei. So unerlässlich Lenins persönliches Eingreifen auch war, sollte man die Geschichte der Oktoberrevolution jedoch nicht in die eines einsamen Genies verwandeln, der den desorientierten Massen gegenüberstand und allmählich seine Vision durchsetzte. Lenin war erfolgreich, weil sein Appell zwar die Parteinomenklatura umging, aber Widerhall fand in dem, was man versucht ist, revolutionäre Mikropolitik zu nennen: die unglaubliche Explosion von Graswurzeldemokratie, von lokalen Komitees, die überall in Russlands großen Städten aus dem Boden schossen und, die Autorität der »legitimen« Regierung ignorierend, die Dinge in ihre Hände nahmen. Dies ist die nicht erzählte Geschichte der Oktoberrevolution, die Rückseite des Mythos einer winzigen Gruppe unerschrockener, dezidierter Revolutionäre, denen ein Staatsstreich gelingt …

Auf der anderen Seite ist der Begriff, dass eine winzige Gruppe unerschrockener, dezidierter Revolutionäre einen Staatsstreich erreicht, nicht *nur* ein Mythos – ein entscheidendes Körnchen Wahrheit liegt darin. Als die Unzufriedenheit in der Bevölkerung wuchs und Lenins Idee, dass eine revolutionäre Situation im Entstehen war, allmählich akzeptiert wurde, wollte die Mehrheit der Anführer der Bolschewistischen Partei einen massenhaften Volksaufstand organisieren. Trotzki vertrat jedoch eine Sicht, die traditionellen Marxisten nicht anders als »blanquistisch« erscheinen musste: Eine kleine, gutvorbereitete Elite sollte die Macht übernehmen. Nach kurzem Schwanken verteidigte Lenin Trotzki und erklärte, warum Trotzki nicht für Blanquismus eintrat:

»In einem Brief vom 17. Oktober verteidigte Lenin Trotzkis Taktik:
›Trotzki spielt nicht mit den Ideen Blanquis‹, sagte er. ›Eine militärische Verschwörung ist ein Spiel dieser Art nur, wenn es nicht von einer politischen Partei einer definierten Klasse von Leuten organisiert ist,

und wenn die Organisatoren die allgemeine politische Situation und die internationale Situation im Besonderen verkennen. Es gibt einen großen Unterschied zwischen einer militärischen Konspiration, die aus jedem Blickwinkel bedauerlich ist, und der Kunst einer bewaffneten Erhebung.«»[47]

In genau diesem Sinn war »Lenin der ›Stratege‹, Idealist, Anreger, der Deus ex machina der Revolution, aber der Mann, der die Technik eines bolschewistischen Staatsstreichs erfand, war Trotzki«.[48] Entgegen späterer »trotzkistischer« Verteidiger eines (nahezu) »demokratischen« Trotzki, der sich für authentische Massenmobilisierung und Graswurzeldemokratie einsetzt, sollte man hervorheben, dass Trotzki sich der Trägheit der Massen allzu bewusst war – das Höchste, was man von den »Massen« erwarten kann, ist chaotische Unzufriedenheit. Eine streng definierte, gutvorbereitete revolutionäre Kraft sollte dieses Chaos nutzen, um nach der Macht zu greifen, und damit den Raum öffnen, in dem die Massen sich wirklich organisieren können ... Hier stellt sich die entscheidende Frage: Was tut diese kleine Elite? In welchem Sinn »übernimmt« sie die Macht? Die wirkliche Neuerung von Trotzki wird hier sichtbar: Die Kampfkraft übernimmt nicht die Macht im traditionellen Sinn eines Palast-Staatsstreichs, indem sie Regierungsämter und Armeehauptquartiere besetzt, sie konzentriert sich nicht auf Konfrontationen mit der Polizei oder der Armee auf den Barrikaden. Zitieren wir einige Passagen aus Curzio Malapartes einzigartigem Buch *Die Technik des Staatsstreichs* (1931), um eine Ahnung davon zu bekommen:

> »Die Polizei Kerenskis und die Militärbehörden sind vor allem besorgt, die bureaukratischen und politischen Organisationen des Staates, Ministerien, Marien-Palais, Rat der Republik, Taurisches Palais, Duma, Winterpalais und Generalstab zu sichern. Trotzki, der diesen Fehler erkennt, wird seinen Angriff auf die technischen Organe der staatlichen und städtischen Maschinerie beschränken. Für ihn ist das Problem des Aufstands ein Problem technischer Natur. – ›Um sich heute des Staates zu bemächtigen‹, sagt er, ›braucht man eine Stoßtruppe und Techniker: Trupps bewaffneter Männer, Ingenieure als Einsatzleiter.‹

Während Trotzki den Staatsstreich rationell organisiert, bereitet das Zentralkomitee der bolschewistischen Partei die proletarische Revolution vor. Ein ›militärisches Zentrum‹, bestehend aus Stalin, Swerdlow, Bubnow, Uritzki und Dserschinski, fast alles erklärte Feinde Trotzkis, arbeitet den Plan der allgemeinen Erhebung aus. Die Männer, denen Stalin 1927 bemüht sein wird, das ganze Verdienst am Erfolg des Oktober-Staatsstreichs zuzuschreiben, haben kein Vertrauen in den von Trotzki organisierten Aufstand.

Am Vorabend des Staatsstreichs, als Trotzki ihm erklärt, daß die roten Garden sich um die Existenz der Regierung Kerenski nicht zu kümmern brauchen, daß es sich nicht darum handelt, die Regierung mit Kanonen zu bekämpfen, sondern sich des Staates zu bemächtigen, daß der Rat der Republik, die Ministerien und die Duma, vom Standpunkt der Taktik des Aufstands aus, keine Bedeutung haben und nicht die Ziele des bewaffneten Aufstands bilden, daß der Schlüssel zum Staate nicht die bürokratische und politische Organisation des Staates sind, auch nicht das Taurische Palais, das Marien-Palais oder das Winterpalais, wohl aber die technischen Einrichtungen, also Elektrizitätszentralen, Eisenbahnen, Telephon, Telegraph, Hafen, Gasometer, Wasserleitung.«[49]

Trotzki zielte folglich auf die materiellen (technischen) Raster der Macht (Eisenbahn, Elektrizität, Wasserversorgung, Post etc.), das Raster, ohne das die Staatsmacht im luftleeren Raum hängt und nicht funktionsfähig ist. Lasst die mobilisierten Massen die Polizei bekämpfen und den Winterpalast stürmen (ein Akt ohne wirkliche Relevanz): Der wesentliche Schritt wird von der winzigen engagierten Minderheit erreicht …

Anstatt einer elenden moralistisch-demokratischen Ablehnung einer solchen Prozedur nachzugeben, sollte man sie eher kühl analysieren und überlegen, wie man sie heute anwenden könnte, da diese Einsicht Trotzkis neue Aktualität gewonnen hat angesichts der fortschreitenden Digitalisierung unseres Lebens in dem, was als neue Ära posthumaner Macht charakterisiert werden könnte. Die meisten unserer Aktivitäten (und Passivitäten) werden nun in irgendeiner digitalen Wolke registriert, die uns außerdem permanent bewertet, und nicht nur unsere Handlungen werden nachverfolgt, sondern auch unsere emotionalen Zustände; wenn wir uns als in höchstem Maß frei empfinden (wenn wir im Netz surfen, wo alles zur Verfügung steht), sind wir vollständig »externalisiert« und werden subtil manipuliert. Das digitale Netzwerk verleiht dem alten Slogan »das Persönliche ist politisch« eine neue Bedeutung. Und es ist nicht nur die Kontrolle unseres Privatlebens, die auf dem Spiel steht: Alles wird heute von einem digitalen Netzwerk reguliert, vom Transport zur Gesundheit, von der Elektrizität zum Wasser. Aus diesem Grund ist das Netz heute unser wichtigstes Common, und der Kampf um seine Kontrolle ist heute *der* Kampf. Der Feind ist die Kombination aus privatisierten und staatlich kontrollierten Commons, Unternehmen (Google, Facebook) und staatlichen Sicherheitsbehörden (NSA). Aber das wissen wir alles, wo kommt also Trotzki ins Spiel?

Das digitale Netzwerk, das das Funktionieren unserer Gesellschaften stützt wie auch seine Kontrollmechanismen, ist die vollendete Figur des technischen Rasters, das die Macht stützt – und verleiht dies nicht Trotzkis Idee neues Leben, dass der Schlüssel zum Staat nicht in seinen politischen und behördlichen Organisationen liegt, sondern in seinen technischen Diensten? Ist es demzufolge, in derselben Weise, in der für Trotzki Kontrolle über die Post, Elektrizität, Eisenbahn und so weiter das Schlüsselmoment des revolutionären Greifens nach der Macht war, nicht so, dass die »Besetzung« des digitalen Rasters absolut entscheidend ist, wenn wir die Macht von Staat und Kapital brechen wollen? Und in derselben Weise, in der Trotzki die Mobilisierung einer geschlossenen, disziplinierten »Sturmtruppe, Technikexperten und Gruppen von bewaffneten Männern, die von Ingenieuren ange-führt werden« verlangte, um die »technischen Fragen« zu lösen, ist die Lehre der letzten Jahrzehnte, dass weder Graswurzelproteste (wie wir in Spanien und Griechenland gesehen haben) noch gutorgani-sierte politische Bewegungen (Parteien mit ausgereiften politischen Visionen) ausreichen – wir brauchen auch eine geschlossene, kämp-fende Kraft dezidierter »Ingenieure« (Hacker, Whistleblower …), die als eine disziplinierte konspirative Gruppe organisiert sind. Ihre Aufgabe wird es sein, das digitale Raster zu »übernehmen«, es den Händen der Unternehmen und staatlichen Behörden zu entreißen, die es heute *de facto* kontrollieren.

WikiLeaks war hier nur der Anfang, und unser Motto sollte hier ein maoistisches sein: Lasst hundert WikiLeaks erblühen! Die Panik und Wut, mit der die Mächtigen und diejenigen, die unsere digitalen Commons kontrollieren, auf Assange reagierten, sind ein Beweis, dass solches Handeln den Nerv trifft. Es wird viele Tiefschläge in diesem Kampf geben – unsere Seite wird bezichtigt werden, den Feinden in die Hand zu spielen (wie die Kampagne gegen Assange, er habe in Putins Diensten gestanden), aber wir sollten uns daran gewöhnen und lernen, mit Zinsen zurückzuschlagen und gnadenlos eine Seite gegen die andere auszuspielen, um sie alle niederzuzwingen. Wurden nicht auch Lenin und Trotzki bezichtigt, von den deutschen und/oder jüdischen Bankern bezahlt zu werden? Was die Furcht betrifft, dass solche Aktivität das Funktionieren unserer Gesellschaften stören und so Millionen Leben gefährden wird, sollten wir bedenken, dass die Mächtigen fähig sind, das digitale Raster selektiv herunterzufahren, um Proteste zu isolieren und aufzuhalten – wenn massive öffentliche Unzufriedenheiten explodieren, ist der erste Schritt immer, das Internet und die Mobiltelefone abzuschalten.

Wir benötigen folglich ein politisches Äquivalent der Hegel'schen Triade des Universellen, des Partikularen und des Singulären. Universell: ein massenhafter Aufstand, im Stil von Podemos. Partikular: eine politische Organisation, die die Unzufriedenheit in ein operatives politisches Programm übersetzen kann. Singulär: »elitäre« spezialisierte Gruppen, die rein technisch handeln und das Funktionieren der staatlichen Kontrolle und Regulierung unterlaufen. Ohne dieses dritte Element werden die beiden anderen wirkungslos bleiben.

3.

Von der Identität zur Universalität

Was Agatha wusste

Agatha Christies 80. Buch, *Passagier nach Frankfurt* – veröffentlicht 1970, in der englischen Ausgabe mit dem Untertitel »An Extravaganza«, eine ihrer wenigen Arbeiten ohne Film- oder Fernsehadaption – ist ein Roman, der »vom Unwahrscheinlichen zum Undenkbaren gleitet und schließlich in einem unverständlichen Durcheinander landet. Preise sollten ausgelobt werden für Leser, die das Ende erklären können. Er dreht sich um den Jugendaufstand der 1960er Jahre, Drogen, einen neuen arischen Superman und so weiter, Themen, zu denen Christies Verständnis, um es gelinde zu sagen, nicht solide war.«[1] Dieses »unverständliche Durcheinander« ist nicht Christies Senilität geschuldet: Seine Gründe sind klar politischer Natur. *Passagier nach Frankfurt* ist Christies persönlichstes und gefühlsbeladenstes Buch und zugleich ihr politischstes; es bringt ihre persönliche Verwirrung zum Ausdruck, ihr Gefühl, vollkommen verloren zu sein in dem, was in der Welt der späten 1960er Jahre vor sich ging – Drogen, sexuelle Revolution, Studentenproteste, Morde etc. Man sollte sich klarmachen, dass dieses überwältigende Gefühl der Verwirrung von einer Autorin formuliert wird, deren Spezialität Krimis waren, Geschichten über Verbrechen, über die dunkelste Seite der menschlichen Natur. Der tiefere Grund für ihre Verzweiflung ist das Gefühl, dass es in der chaotischen Welt von 1970 nicht mehr möglich war, Kriminalgeschichten zu schreiben, die noch eine stabile, auf Gesetz und Ordnung gegründete Gesellschaft voraussetzten, die nur momentan durch ein Verbrechen aufgestört, dann aber wieder von dem Detektiv in Ordnung gebracht wird. In der Gesellschaft von 1970 waren Chaos und Verbrechen weit verbreitet, es kann also nicht verwundern, dass *Passagier nach Frankfurt* kein Detektivroman ist: Es gibt keinen Mord, keine Logik, keine Deduktion. Christies Sinn für den Zusammenbruch der elementaren kognitiven Landkarte, ihre überwältigende Angst vor dem Chaos, zeigt sich deutlich in der Einleitung des Romans:

»Es ist das, was die Presse Ihnen jeden Tag liefert, in der Morgenzeitung ganz allgemein als Nachrichten aufbereitet. Sammeln Sie es sich von der Titelseite zusammen. Was tut sich heute in der Welt? Was sagt, denkt, tut jedermann? Halten Sie dem England des Jahres 1970 den Spiegel vor.

Betrachten Sie einen Moment lang jeden Tag die Titelseite, machen Sie sich Notizen, wägen Sie ab und sortieren Sie.

Jeden Tag geschieht ein Mord.

Ein Mädchen erdrosselt.

Ältere Frauen überfallen und ihrer kargen Ersparnisse beraubt.

Junge Männer oder Teenager – greifen an oder werden angegriffen.

Gebäude und Telefonzellen verwüstet und ausgebrannt.

Drogenschmuggel.

Diebstahl und Überfall.

Kinder vermisst, und die Körper von ermordeten Kindern unweit ihrer Elternhäuser abgelegt.

Kann das England sein? Ist England wirklich so? Man hat das Gefühl – nein, noch nicht, aber es könnte bald so sein.

Angst erwacht – Angst vor dem, was kommen könnte. Weniger aufgrund tatsächlicher Ereignisse als wegen der möglichen Ursachen. Manche bekannt, manche ungewiss, aber man fühlt sie. Und nicht nur im eigenen Land. Da sind kürzere Absätze auf anderen Seiten, Meldungen aus Europa, aus Asien, aus Amerika – Nachrichten aus aller Welt.

Flugzeugentführungen.

Kidnapping.

Gewalt.

Aufstände.

Hass.

Anarchie – und all das nimmt zu.

All das scheint zu einem Zerstörungskult, zu Freude an Grausamkeit zu führen.

Was hat das alles zu bedeuten?«[2]

Was hat das also alles zu bedeuten? Im Roman liefert Christie eine Antwort; hier die Handlung: Auf einem Flug nach Hause von Malaysia wird Sir Stafford Nye, ein gelangweilter Diplomat, in der Passagierlounge des Frankfurter Flughafens von einer Frau angesprochen, deren Leben in Gefahr ist; um ihr zu helfen, willigt er ein, ihr seinen Pass und seine Bordkarte zu leihen. Auf diese Weise wird er unwissentlich in eine internationale Intrige hineingezogen, aus der der einzige Ausweg darin besteht, die machtversessene Gräfin von Waldsausen auszutricksen, die die Weltherrschaft erringen möchte, indem sie die Jugend des Planeten manipuliert und bewaffnet. Diese schreckliche weltweite Konspiration hat etwas mit Richard Wagner und dem »jungen Siegfried« zu tun. Wir erfahren, dass Hitler gegen Ende des Zweiten Weltkriegs in eine Nervenheilanstalt ging, dort eine Gruppe Leute traf, die glaubten, Hitler zu sein, und mit ihnen die Identitäten tauschte und so den Krieg überlebte. Er flüchtete dann nach Argentinien, wo er heiratete und einen Sohn bekam, der mit einem Hakenkreuz an der Ferse gebrandmarkt wurde: »Der junge Siegfried.« Währenddessen werden in der Gegenwart Drogen, Promiskuität und Studentenproteste alle insgeheim von Naziagitatoren verursacht, die Anarchie verbreiten wollen, um ihre Naziherrschaft auf globaler Ebene wiederherstellen zu können.

Diese »schreckliche weltweite Konspiration« ist natürlich ideologische Phantasie in Reinform: eine verrückte Kondensierung der Angst vor der extremen Rechten und extremen Linken. Das Mindeste, was wir Christie zugutehalten können, ist, dass sie das Herz der Konspiration in der extremen Rechten (Neonazis) verortet und nicht bei einem der üblichen Verdächtigen (Kommunisten, Juden, Muslime). Die Idee, dass Neonazis hinter den Studentenprotesten von 1968 und dem Kampf um die sexuelle Befreiung standen, zeugt mit ihrem offensichtlichen Wahnsinn nichtsdestoweniger von der Auflösung einer konsistenten kognitiven Landkarte unserer Notlage; die Tatsache, dass Christie gezwungen ist, Zuflucht zu einer solch paranoiden Konstruktion zu suchen, deutet auf die äußerste Verwirrung und Panik hin, in der sie sich befand. Das Bild unserer Gesellschaft, das sie zeichnet, ist einfach verwirrt, fern von der Realität (zufällig gilt das ebenso, wenn auch in deutlich geringerem Maße, für den merkwürdigsten aller Romane von John Le Carré, *Eine kleine Stadt in Deutschland*, der in einer ähnlichen Situation spielt). Ist ihre Vision aber wirklich zu verrückt, um ernst genommen zu werden? Ist unsere Zeit mit Anführern wie Donald Trump und Kim Jong-un nicht ebenso verrückt wie ihre Vision? Sind wir heute nicht alle ein Haufen Passagiere nach Frankfurt? Unsere Situation ist in einer Weise misslich, die der von Christie beschriebenen ähnelt: Wir haben eine rechte Regierung, die die Arbeiterrechte durchsetzt (in Polen), eine linke Regierung, die die strengste Sparpolitik betreibt (in Griechenland). Es kann daher nicht verwundern, dass Christie, um eine minimale kognitive Landkarte zurückzugewinnen, auf den Zweiten Weltkrieg zurückgreift, den »letzten guten Krieg«, und unsere Misere in dessen Koordinaten rücküberset.

Man sollte nichtsdestoweniger zur Kenntnis nehmen, wie die Form selbst von Christies Auflösung (ein großer Nazikomplott, der hinter allem steht) die faschistische Idee der jüdischen Verschwörung seltsam spiegelt. Heute schlägt die extreme populistische Rechte eine ähnliche Erklärung für die muslimische Migranten-»Bedrohung« vor. In der antisemitischen Vorstellungswelt ist der »Jude« der unsichtbare Herr, der insgeheim die Strippen zieht – was genau der Grund ist, aus dem muslimische Migranten *nicht* die heutigen Juden sind: Sie sind viel zu sichtbar, nicht unsichtbar, sie sind klar nicht in unsere Gesellschaft integriert, und niemand würde behaupten, dass sie insgeheim irgendwelche Strippen ziehen. Wenn man in ihrer »Invasion Europas« einen geheimen Komplott sieht, dann müssen Juden dahinterstecken – wie ein Artikel tatsächlich nahelegte, der kürzlich in einer der wichtigen rechten Wochenzeitschriften in Slowenien erschien und wo es hieß: »George Soros ist eine der verdorbensten und gefährlichsten Personen unserer Zeit«, verantwortlich für »die Invasion der negroiden und semitischen Horden und damit für die Dämmerung der EU … als ein typischer Talmud-Zionist ist er der Todfeind der westlichen Zivilisation, des Nationalstaates und des weißen, europäischen Mannes.« Sein Ziel sei es, eine »Regenbogenkoalition zu bilden, die aus sozial Marginalen wie Schwulen, Feministinnen, Muslimen und arbeitsscheuen kulturellen Marxisten« besteht, die dann eine »Zersetzung des Nationalstaats« ausführen werden und »die EU in eine multikulturelle Dystopie der Vereinten Staaten von Europa verwandeln«. Darüber hinaus sei Soros inkonsistent in seiner Werbung für den Multikulturalismus:

> »Er fördert ihn ausschließlich in Europa und den USA, während er im Fall von Israel, in einer Weise, die mir vollkommen gerechtfertigt erscheint, seinem Monokulturalismus, latenten Rassismus und dem Bau einer Mauer zustimmt. Im Gegensatz zur EU und den USA verlangt er auch nicht, dass Israel seine Grenzen öffnen und ›Flüchtlinge‹ akzeptieren solle. Eine Scheinheiligkeit, die dem Talmud-Zionismus eigen ist.«[3]

Ist diese widerliche Phantasie, die Antisemitismus und Islamophobie vereint, so verschieden von der von Christie ersonnenen? Sind nicht beide ein verzweifelter Versuch, sich in verworrenen Zeiten zu orientieren? Das extreme Schwanken in der öffentlichen Wahrnehmung der koreanischen Krise ist an sich bedeutsam. In der einen Woche wird uns erzählt, wir stünden vor einem Atomkrieg, dann gibt es eine siebentägige Pause, dann explodiert die Kriegsbedrohung wieder. Als ich Seoul im August 2017 besuchte, erzählten mir meine Freunde dort, es gäbe keine ernste Kriegsgefahr, da das nordkoreanische Regime sich bewusst sei, dass es ihn nicht überleben würde, da nun die südkoreanischen Behörden die Bevölkerung auf einen Atomkrieg vorbereiteten. Vor nicht allzu langer Zeit berichteten unsere Medien über den zunehmend lächerlichen Austausch von Beschimpfungen zwischen Kim Jong-un und Donald Trump. Die Ironie lag darin, dass in einer Situation, in der zwei offensichtlich unreife Männer wütend werden und sich Beschimpfungen zubrüllen, unsere einzige Hoffnung sich auf anonyme und unsichtbare institutionelle Zwänge richtet, um ihren Zorn daran zu hindern, in einem echten Krieg zu explodieren. Für gewöhnlich neigen wir dazu, uns darüber zu beschweren, dass in der heutigen entfremdeten und bürokratisierten Politik institutioneller Druck und Zwang die Politiker daran hindern, ihre tatsächlichen Sichtweisen zum Ausdruck zu bringen; nun hoffen wir, dass solche Zwänge den Ausdruck allzu verrückter persönlicher Visionen verhindern werden. Wie sind wir an diesen Punkt gelangt?

Alain Badiou warnte kürzlich vor den Gefahren einer wachsenden postpatriarchalen nihilistischen Ordnung, die sich selbst als das Territorium neuer Freiheiten präsentiert. Die Auflösung der gemeinsamen ethischen Grundlage unseres Lebens wird klar angezeigt durch die Abschaffung des allgemeinen Wehrdienstes in vielen entwickelten Ländern: Genau das Konzept, in der Lage zu sein, sein eigenes Leben für eine gemeinsame Sache zu riskieren, erscheint zunehmend sinnlos, wenn nicht gar lächerlich, so dass die Armee, als Körper, an dem alle Bürger gleichermaßen teilhaben, graduell eine Söldnerarmee wird. Diese Auflösung betrifft beide Geschlechter in verschiedener Weise: Männer werden allmählich zu ewigen Jugendlichen ohne klaren Übergang zur Reife (Militärdienst, einen Beruf ergreifen, selbst die Bildung spielt diese Rolle nicht mehr). Kein Wunder also, dass postpatriarchale Jugendgangs sich so stark vermehrt haben, die eine Ersatzinitiation und soziale Identität liefern. Im Unterschied zu Männern sind Frauen heute immer frühreifer und der Erwartung ausgesetzt, dass sie ihr Leben kontrollieren, ihre Karriere planen; in dieser neuen Version der sexuellen Differenz sind Männer verspielte Heranwachsende, Gesetzlose, während Frauen hart, reif, ernst, gesetzestreu und streng erscheinen. Eine neue weibliche Figur ist folglich im Entstehen begriffen: ein kalter, kompetitiver Akteur der Macht, verführerisch und manipulativ, was das Paradox beweist, dass »Frauen unter den Bedingungen des Kapitalismus erfolgreicher sind« (Badiou): Der zeitgenössische Kapitalismus hat sein eigenes Idealbild der Frau erfunden.

Dies führt uns wieder zu Trump und Kim, diesen beiden ewigen Heranwachsenden, beide anfällig für irrationale, brutale Ausbrüche, die ihre eigenen Chancen vermindern. Obwohl die Unterschiede zwischen Nordkorea und den USA auf der Hand liegen, sollte man dennoch darauf insistieren, dass beide Anhänger der extremen Version von Staatssouveränität sind (»Korea first«; »America first«); außerdem hat der offensichtliche Wahnsinn Nordkoreas (ein kleines Land, das bereit ist, aufs Ganze zu gehen und die USA zu bombardieren) seinen Gegenpart in den USA, die noch immer vorgeben, die Rolle der globalen Polizei zu spielen, ein einziger Staat, der das Recht beansprucht zu entscheiden, welche anderen Staaten Atomwaffen besitzen dürfen. Die Lösung ist folglich nicht, Nordkorea zu zermalmen, sondern einen echten Weg zur »Internationalisierung« von Atomwaffen zu finden, die Situation inakzeptabel werden zu lassen, dass ein einzelner souveräner Staat sie besitzen darf (und andere damit bedrohen). Sobald wir uns nur auf den »Wahnsinn« Nordkoreas konzentrieren, unterschreiben wir bereits die Prämisse, dass es nicht erlaubt sein sollte, das zu tun, was nur ausgewählte »Supermächte« tun können – wir sollten danach streben, die gesamte Situation zu ändern.

Diese Notwendigkeit, die gesamte Ordnung zu ändern, taucht genau zu dem Zeitpunkt auf, an dem wir uns der Drohung einer vollständigen Zerstörung gegenübersehen (durch Atomkrieg oder eine Umweltkatastrophe). In einer solchen Situation ist unsere erste Reaktion ein defensives Bemühen, um unser Überleben sicherzustellen: Vergessen wir die emanzipatorischen Projekte radikalen Wandels, unsere Aufgabe ist es jetzt, für das Überleben dessen zu kämpfen, was wir haben, mit allen Kompromissen und der Mäßigung, die ein solches Unterfangen einschließt … aber was haben wir denn? Die Drohung einer vollständigen Zerstörung der Menschheit macht uns die Totalität der Menschheit bewusst – die Menschheit erscheint uns nur als eine Entität vor dem Hintergrund ihrer (Selbst)Zerstörung, an sich war sie vorher nicht sichtbar. Die eigentliche Wahl ist folglich nicht die zwischen dem Erhalt dessen, was wir haben, und dem

Verlust von allem (oder in Begriffen des Kalten Krieges, zwischen der Entwicklung von Nuklearwaffen, um unsere liberalen Freiheiten zu schützen, und der Aufgabe von Nuklearwaffen, wobei wir uns der Gefahr aussetzen, unsere Freiheiten zu verlieren); wie Alenka Zupančič es ausgedrückt hat:

> »Die wirkliche Wahl ist diejenige zwischen dem Verlust von allem und der Schöpfung dessen, was wir im Begriff sind zu verlieren: Nur dies könnte uns am Ende retten, in einem tieferen Sinn ... Wenn wir in der Bedrohung und der Angst gefangen sind, ›alles zu verlieren‹, sind wir tatsächlich Geiseln von etwas, das (noch) nicht existiert. Und ist diese Art von Erpressung nicht genau das Mittel, um sicherzustellen, dass es nie existieren wird? Es lässt uns uns darauf konzentrieren, das zu erhalten, was wir haben, schließt aber jede reale Alternative aus und jedes Mittel, um die Dinge wirklich anders zu denken ... Der mögliche Weckruf der Bombe lautet nicht einfach: ›Lasst uns alles unternehmen, was in unserer Macht steht, um es zu verhindern, bevor es zu spät ist‹, sondern eher: ›Lasst uns zuerst diese Totalität (Einheit, Gemeinschaft, Freiheit) aufbauen, die wir durch die Bombe zu verlieren im Begriff sind.‹«[4]

Darin liegt die einzigartige Chance, die durch die reale Bedrohung nuklearer (oder ökologischer, was hier denselben Zweck erfüllt) Zerstörung entsteht: Wenn uns die Gefahr bewusst wird, dass wir alles verlieren können, werden wir automatisch von einer rückwirkenden Illusion gefangen, einem Kurzschluss zwischen der Realität und ihren verborgenen Potentialen. Was wir retten wollen, ist nicht die Realität unserer Welt, sondern die Realität, wie sie gewesen wäre, *wenn wir nicht durch Antagonismen behindert worden wären, die die Drohung einer Atomkatastrophe hervorgebracht haben.* Dies ist unsere wirkliche Wahl, wenn wir der totalen Zerstörung gegenüberstehen: diejenige zwischen einem panischen Rückzug in den Selbsterhalt und aktivem Engagement für einen Wandel, der auf viel mehr zielt. Wenn wir die Stärke für die zweite Option aufbringen, dann gehen wir – in Hegel'schen Begriffen – von einer »abstrakten Allgemeinheit« (der entfesselten Negativität, die nur in globaler nuklearer Zerstörung enden kann) zur »konkreten Allgemeinheit« über (einer alternativen neuen Ordnung, in der solche Katastrophen nicht mehr möglich sind).

Was wir benötigen, ist nichts weniger als eine neue und globale Anti-Atom-Bewegung, eine globale Mobilisierung, die Druck ausübt auf die Atommächte und energisch vorgeht, Massenproteste, Boykotte etc. organisiert. Sie sollte sich nicht nur auf Nordkorea konzentrieren, sondern auch auf die Supermächte, die das Recht beanspruchen, Atomwaffen zu monopolisieren. Die öffentliche Drohung, Atomwaffen einzusetzen, sollte als strafbare Handlung geahndet werden, und Führer, die ihre Bereitschaft zur Schau stellen, Millionen von unschuldigen Leben zu gefährden, um ihre eigene Macht zu sichern, sollten wie die schlimmsten Verbrecher behandelt werden.

Wie man die Huntington-Krankheit bekämpft

Es ist bedeutsam, dass Trumps erste Auslandsreise Saudi-Arabien und Israel galt. Wenn wir dies mit dem triumphalen Empfang kombinieren, den er dem ägyptischen Präsidenten al-Sisi im Weißen Haus bereitete, können wir sehen, wie eine neue Achse des Bösen im Mittleren Osten mit Unterstützung der USA Form annimmt: Türkei, Saudi-Arabien, Israel, Ägypten. Der jüngste brutale Ausschluss Katars ist der erste große Akt dieser Achse, wahrscheinlich eine Strafe für die positive Rolle von Al-Dschasira während des Arabischen Frühlings. Die atemberaubende Ironie liegt darin, dass dies im Namen des Kampfs gegen den Terror unternommen wird, während Saudi-Arabien in den repressivsten Staatsterror im Jemen verwickelt ist und Millionen von Menschen mit Bomben bewirft und ins Exil treibt. Die Tatsache, dass dieser Staatsterror mehr oder weniger von unseren Medien ignoriert wird, sagt alles – und so bedauerlich die jüngsten Angriffe in London sind, sollten wir gleichwohl bemerken, dass diejenigen, die über den Jemen nicht sprechen wollen, auch über die Anschläge in London und Paris schweigen sollten.

Es ist der geopolitische Hintergrund dieser tektonischen Verschiebungen, der uns zu denken geben sollte. Eine Karikatur, die im Juli 2008 in der Wiener Tageszeitung *Die Presse* veröffentlicht wurde, zeigte zwei stämmige, wie Nazis aussehende Österreicher, die an einem Tisch sitzen; einer von ihnen hält in seiner Hand eine Zeitung und bemerkt zu seinem Freund: »Hier kannst du wieder sehen, wie ein vollkommen gerechtfertigter Antisemitismus missbraucht wird als billige Israel-Kritik!« Diese Karikatur dreht das Standard-Argument gegen Kritiker der Politik des Staates Israel um, und wenn heute christlich-fundamentalistische Unterstützer israelischer Politik linke Kritik an israelischer Politik zurückweisen, steht ihre implizite Argumentationslinie dann nicht in unheimlicher Weise dieser Logik nahe? Wenn wir an Anders Breivik denken, den norwegischen antimigrantischen Massenmörder: Er war ein Antisemit, aber pro Israel, da er in Israel die erste Verteidigungslinie gegen die muslimische Expansion sah. Er möchte sogar den Jerusalemer Tempel wieder aufgebaut sehen, aber in seinem »Manifest« schrieb er: »Es gibt in Westeuropa kein Judenproblem (außer im Vereinigten Königreich und Frankreich), da wir nur eine Million Juden in Westeuropa haben, wobei 800 000 von dieser Million in Frankreich und dem Vereinigten Königreich leben. Die USA andererseits mit mehr als sechs Millionen Juden (600 Prozent mehr als in Europa) hat in der Tat ein beträchtliches jüdisches Problem.« Breivik setzt folglich das äußerste Paradox des zionistischen Antisemiten um.[5]

Die pseudolinke Gegenseite dieses Paradoxes wird am besten von einem Graffiti an einer Wand in Ljubljana, meiner Heimatstadt, zum Ausdruck gebracht: »Wenn ich ein Palästinenser von der Westbank wäre, wäre ich auch ein Holocaust-Leugner« – genau diese Logik sollte man um jeden Preis vermeiden, und sei es nur, um nicht ein zionistisches Argument zu reproduzieren: »Ein Holocaust-Überlebender hat das Recht, kleinere Ungerechtigkeiten zu ignorieren, die der Staat Israel an Palästinensern begeht.« In beiden Fällen wird der eigene Opferstatus als Rechtfertigung für die rassistische Behandlung des Gegners gebraucht, in einer Linie mit der Logik: »Man sollte die gelegentlichen antisemitischen Ausbrüche unter Arabern unter dem

Blickwinkel des palästinensischen Leids verstehen, und man sollte die israelische Politik in der Westbank unter dem Blickwinkel der schrecklichen Vergangenheit der antisemitischen Pogrome verstehen.« Eine solche Argumentation ist nicht gerade arm an Blasphemie: Auf der zionistischen Seite reduziert sie den unvorstellbaren Schrecken des Holocausts auf ein Instrument lokaler Politik und ist damit ein Affront für die Millionen von Opfern. Die einzig wirklich ethische Haltung ist hier die der universellen Solidarität: Wir sollten den palästinensischen Kampf um Autonomie unterstützen, nicht trotz des gelegentlichen arabischen Antisemitismus, sondern aus demselben Grund, aus dem wir des Holocausts gedenken sollten. Die pseudo-anti-imperialistische Formel des Zionismus als beispielhafte Form heutigen Rassismus ist in genau derselben Weise falsch wie die zionistische Formel des »Antisemitismus und anderer Formen des Rassismus«, die dazu tendiert, jede Kritik am Staat Israel als antisemitisch zu disqualifizieren. Jegliche Scheinheiligkeit muss hier zurückgewiesen werden – es sollte weder »Verständnis« für die aggressive Weise geben, in der lokale Juden von der muslimischen Bevölkerung in Norwegen oder Schweden misshandelt werden, noch dafür, wie Frauen und Homosexuelle in vielen muslimischen Gruppen und Staaten behandelt werden. Die Allianz zwischen der westlichen radikalen Linken und »anti-imperialistischen« fundamentalistischen Muslimen, die die politisch korrekten westlichen Radikalen und die muslimischen Fundamentalisten zu seltsamen Verbündeten macht, sollte als ideologische Abscheulichkeit zurückgewiesen werden. Wenn wir gegen Antisemitismus kämpfen und der Kampf für Palästinenser-Rechte nicht als Teil derselben Unternehmung betrachtet wird, befinden wir uns in einem neuen Zustand der Barbarei.

Heute sehen wir eine neue Version des zionistischen Antisemitismus: den islamophoben Respekt für den Islam. Dieselben Politiker, die vor der Gefahr der Islamisierung des christlichen Westens warnen, von Trump bis Putin, gratulierten Erdogan respektvoll zu seinem Sieg im türkischen Referendum (welches ihm weitreichende neue Machtbefugnisse garantierte) – das autoritäre Reich des Islam ist für die Türkei in Ordnung, aber nicht für uns.[6] Wir können uns also gut eine neue Version der Karikatur aus *Die Presse* vorstellen, in der zwei stämmige, wie Nazis aussehende Österreicher an einem Tisch sitzen, einer von ihnen eine Zeitung in der Hand hält und seinem Freund kommentiert: »Hier kannst du wieder mal sehen, wie berechtigte Islamophobie für billige Kritik an der Türkei missbraucht wird!« Wie sollen wir diese seltsame Logik verstehen? Es ist ganz klar eine Reaktion auf und zugleich eine Fehlbehandlung der großen gesellschaftlichen Krankheit unserer Zeit: Huntington.

Die ersten Symptome der Huntington'schen Krankheit sind zuckende, unwillkürliche und unkontrollierte Bewegungen, die sich zuerst als allgemeine Unruhe, kleine unbeabsichtigte oder unvollständige Bewegungen, fehlende Koordination zeigen können ... Sieht eine Explosion von brutalem Populismus nicht ganz ähnlich aus? Er beginnt mit etwas, das wie unwillkürliche, gewalttätige Exzesse gegen Immigranten erscheint, Ausbrüche, die unorganisiert sind und allgemeines Unbehagen und Unruhe anlässlich von »ausländischen Eindringlingen« zum Ausdruck bringen, aber dann graduell zu einer wohlkoordinierten und ideologisch begründeten Bewegung anwächst – was der andere Huntington (Samuel) den »Kampf der Kulturen« nannte. Diese Übereinstimmung ist verräterisch: Worauf sich dieser Begriff tatsächlich für gewöhnlich bezieht, ist die Huntington'sche Krankheit des heutigen globalen Kapitalismus.

Samuel Huntington zufolge ist seit dem Ende des Kalten Krieges der »Eiserne Vorhang der Ideologie« durch den »lila Vorhang der Kultur« ersetzt worden. Huntingtons dunkle Vision des »Kampfs der Kulturen« mag als das genaue Gegenteil von Francis Fukuyamas leuchtender Aussicht auf das Ende der Geschichte in Gestalt einer weltweiten liberalen Demokratie erscheinen. Was kann verschiedener von Fukuyamas pseudohegelianischer Idee sein, dass die endgültige Formel der besten gesellschaftlichen Ordnung in der kapitalistischen liberalen Demokratie gefunden wurde, als ein »Kampf der Kulturen« als politischer Hauptkampf im einundzwanzigsten Jahrhundert? Wie passen beide also zusammen?

Aus heutiger Erfahrung ist die Antwort klar: Der »Kampf der Kulturen« *ist* Politik »am Ende der Geschichte«. Die ethnisch-religiösen Konflikte sind die Form des Kampfs, die zum globalen Kapitalismus passt: In unserem Zeitalter der »Post-Politik«, wenn eigentliche Politik allmählich durch gesellschaftliche Verwaltung durch Experten ersetzt wird, sind die einzig verbleibende legitime Quelle von Konflikten kulturelle (ethnische, religiöse) Spannungen. Der heutige Aufstieg »irrationaler« Gewalt muss folglich als strikt korrelativ zur Entpolitisierung unserer Gesellschaft betrachtet werden, d. h. zum Verschwinden der eigentlichen politischen Dimension und ihrer Übersetzung in verschiedene Ebenen der »Verwaltung« von gesellschaftlichen Anliegen. Wenn wir diese These akzeptieren, verbleibt als einzige Alternative zum »Kampf der Kulturen« die friedliche Koexistenz von Kulturen (oder von »Lebensformen«, ein heute populärerer Begriff): Zwangsehen und Homophobie (oder die Idee, dass eine Frau, die sich allein im öffentlichen Raum bewegt, darum bittet, vergewaltigt zu werden) sind in Ordnung, sie sind nur auf andere Länder beschränkt, die andererseits wirtschaftlich vollständig in den Weltmarkt integriert sind.

Die Neue Weltordnung, die entsteht, ist demnach nicht mehr die einer liberalen Demokratie à la Fukuyama, sondern die einer friedlichen Koexistenz verschiedener politisch-theologischer Lebensweisen – Koexistenz selbstverständlich im Kontext eines sanften Funktionierens des globalen Kapitalismus.

Die Obszönität dieses Prozesses liegt darin, dass es sich selbst als Fortschritt im antikolonialen Kampf präsentieren kann: Dem liberalen Westen wird nicht länger erlaubt, seine Standards auf andere zu übertragen, alle Lebensweisen werden gleich behandelt … Kein Wunder, dass Robert Mugabe Sympathie für Trumps Slogan »America first!« zeigte: »America first!« für euch, »Zimbabwe first!« für mich, »Indien first!« oder »Nordkorea first!« für sie. So funktionierte das Britische Imperium, das erste kapitalistische Imperium: Jede ethnisch-religiöse Gemeinschaft durfte ihre eigene Lebensweise verfolgen – Hindus in Indien konnten seelenruhig Witwen verbrennen und so weiter –, und diese lokalen »Gebräuche« wurden entweder als barbarisch kritisiert oder für ihre vormoderne Weisheit gepriesen, in jedem Fall aber toleriert, da die Tatsache zählte, dass sie wirtschaftlich Teil des Imperiums war.

Trumps »America first«-Politik hat einen Raum für China eröffnet, um sich selbst als Akteur einer neuen Globalisierung zu präsentieren: Im Herbst 2017 bedrängte der chinesische Präsident Xi Jinping die Führer der Welt, Protektionismus zurückzuweisen, die Globalisierung in die Arme zu schließen und zusammenzuhalten wie ein »fliegender Schwarm Langhalsgänse«. Xi feierte die neuen chinesischen Infrastrukturprojekte im Wert von mehreren Milliarden Dollar als Form, eine aktuelle Version der alten Seidenstraße zu errichten, die ein Goldenes Zeitalter der Globalisierung ankündigt. Es ist wichtig zu erkennen, dass hier kein Widerspruch besteht zwischen Marktglobalisierung und der Betonung seiner eigenen besonderen »Lebensweise« in der kulturellen Sphäre.

Aus diesem Grund ist die jüngste Zurschaustellung einer neuen deutsch-französischen Einheit wie auch Angela Merkels Aussage, dass Europa wird lernen müssen, für sich selbst einzustehen und nicht mehr auf Schutz durch die USA angewiesen zu sein, ein mehr als willkommenes Zeichen für ein steigendes europäisches Selbstbewusstsein: In der Neuen Weltordnung von Trump, Putin, Modi, Mugabe und Erdogan ist kein Platz für das, wofür Europa steht. Europa wird für sein emanzipatorisches Vermächtnis einstehen müssen, indem es nicht diese ausländischen Bedrohungen bekämpft, sondern seine eigene Version davon – die Bedrohung durch den nationalistischen Populismus. Deshalb lohnt es sich, für die Idee der europäischen Einheit zu kämpfen, trotz der Misere ihrer derzeitigen Existenz: In der heutigen global-kapitalistischen Welt bietet sie das einzige Modell von transnationaler Organisation mit der Autorität, nationale Souveränität zu begrenzen, und der Aufgabe, ein Minimum an ökologischen und sozialstaatlichen Standards zu garantieren. Etwas, das direkt aus den besten Traditionen der europäischen Aufklärung entspringt, überlebt darin. Es ist unsere Pflicht, uns nicht nur als Schuldige kolonialer Ausbeutung zu bezichtigen, sondern für diesen Teil des Erbes zu kämpfen, der wichtig für das Überleben der Menschheit ist. Europa ist immer mehr allein in der neuen globalen Welt, abgetan als alter, erschöpfter, irrelevanter Kontinent, der eine sekundäre Rolle in den heutigen geopolitischen Konflikten spielt. Wie Bruno Latour es kürzlich ausdrückte: »L'Europe est seule, oui, mais seule l'Europe peut nous sauver« (Europa ist allein, ja, aber allein Europa kann uns retten).

Eines der zuverlässigen Zeichen von politischem Opportunismus ist das, was man – in Entsprechung zur Teilchenphysik – politischen Korrelationismus nennen könnte. Stellen wir uns vor, ich und mein Feind halten beide einen Ball in unserer Hand, der entweder weiß oder schwarz sein kann, und keiner von uns beiden kennt die Farbe. Es ist nicht erlaubt, in die eigene geschlossene Hand zu schauen; es gibt folglich vier Möglichkeiten: weiß-weiß, schwarz-schwarz, weiß-schwarz und schwarz-weiß. Nehmen wir nun an, dass wir aus irgendeinem Grund wissen, dass die beiden Bälle (der in meiner Hand und der in der Hand meines Feindes) verschiedene Farben haben; in diesem Fall gibt es nur zwei Möglichkeiten, weiß-schwarz und schwarz-weiß, und wenn ich dann zufällig die Farbe des Balls meines Feindes erfahre, weiß ich automatisch die Farbe meines Balls – beide korrelieren. (Dies geschieht, wenn Teilchen gespalten werden und ihre Spins korreliert bleiben: Wenn ich den Spin eines Teilchens messe, weiß ich automatisch denjenigen des anderen.) Etwas Ähnliches geschieht häufig – und ist geschehen – in der (zumeist linken) Politik. Wenn ich nicht sicher bin, welche Position in einem bestimmten politischen Kampf ich vertreten soll, aber die Position meines Feindes erfahre, dann nehme ich automatisch die gegenteilige ein. Man sollte hinzufügen, dass Lenin scharfe Kritik an dieser Haltung formuliert hat (ironischerweise war sein Ziel Rosa Luxemburg).[7] So geschehen im kulturellen Kalten Krieg: Als in den späten 1940er Jahren die westliche Kultur wahrgenommen wurde als diejenige, die einen universalistischen Kosmopolitismus förderte (unter jüdischem Einfluss), beschlossen prosowjetische Kommunisten von der UdSSR bis Frankreich, patriotisch zu werden, ihre eigenen kulturellen Traditionen stark zu machen und den Imperialismus zu bezichtigen, sie zu zerstören.

Geht etwas Ähnliches nicht vor sich in der Reaktion auf das Referendum in Katalonien, das Spanien Ende 2017 in Aufruhr versetzte? Erinnern wir uns, wie Putin die Auflösung der Sowjetunion zur Megakatastrophe erklärte – aber nun unterstützt er die katalanische Unabhängigkeit. Dasselbe gilt für all die europäischen Linken, die sich der Auflösung Jugoslawiens als dunkler deutsch-vatikanischer Verschwörung entgegenstellten – nun aber ist Trennung (genau wie in Schottland) in Ordnung. Und die westlichen zentristischen Liberalen sind nicht besser: Immer bereit, jede separatistische Bewegung zu unterstützen, die die geopolitische Macht Russlands schwächt, warnen sie nun vor der Bedrohung für die spanische Einheit (bedauern dabei natürlich scheinheilig die Polizeigewalt gegen katalanische Wähler). In Slowenien hat diese Verwirrung ihren Gipfel erreicht: Die alte Linke, die ganz am Ende mehrheitlich gegen die slowenische Unabhängigkeit war und sich für ein erneuertes und offeneres Jugoslawien einsetzte, organisiert nun Petitionen und Demonstrationen für Katalonien, während die nationalistische Rechte, die für die vollständige slowenische Unabhängigkeit kämpfte, nun diskret für die Einheit Spaniens eintritt (da ihr konservativer Kollege Mariano Rajoy der spanische Premierminister war). Das europäische Establishment sollte sich schämen: Offensichtlich haben manche das Recht auf Souveränität und andere nicht, je nach geopolitischer Interessenlage.

Ein Argument gegen die katalanische Unabhängigkeit erscheint nichtsdestoweniger rational: Ist Putins Unterstützung nicht offensichtlich Teil seiner Strategie, Russland zu stärken, indem er für die Auflösung Europas arbeitet? Sollten dann Befürworter eines starken, vereinten Europas nicht für die Einheit Spaniens einstehen? Hier sollte man sich trauen, das Argument umzudrehen. Unterstützung für die Einheit Spaniens ist auch Teil der derzeitigen Kampagne, die Macht der Nationalstaaten gegen die europäische Einheit durchzusetzen. Was wir benötigen, um neue lokale Souveränitäten (Kataloniens, Schottlands vielleicht etc.) unterzubringen, ist ganz einfach eine stärkere europäische Einheit: Nationalstaaten sollten sich an eine bescheidenere Rolle gewöhnen als Vermittler zwischen regionalen Autonomien und einem vereinten Europa. Auf diese Weise kann Europa schwächende Konflikte zwischen Staaten vermeiden und als deutlich stärkerer internationaler Akteur auf gleicher Höhe mit anderen großen geopolitischen Blöcken in Erscheinung treten.

Das Versagen der EU, eine klare Haltung zum katalanischen Referendum einzunehmen, ist nur der jüngste in einer Reihe schwerer Fehler, wobei der größte der totale Mangel einer kohärenten politischen Strategie gegenüber dem Flüchtlingsstrom aus dem Mittleren Osten und Nordafrika nach Europa ist. Was in letzter Zeit in Jemen und Syrien vor sich geht (die systematische Zerstörung des gesamten Jemen, das schreckliche Leid von Zivilisten in Ghouta etc.), gibt ein neues Beispiel dafür, wie zukünftige Migranten geschaffen werden – nun ist die Zeit, etwas zu tun, nicht indem wir auf die nächste Flüchtlingswelle warten, wenn wir unsere humanitären Schlachten wieder aufnehmen können. Die konfuse Reaktion auf die Ankunft von Flüchtlingen zeigte, dass der grundlegende Unterschied zwischen Immigranten und Flüchtlingen nicht zur Kenntnis genommen wurde: Immigranten kommen nach Europa, um nach Arbeit zu suchen, um die Nachfrage nach Arbeitskraft in entwickelten europäischen Ländern zu befriedigen, während Flüchtlinge nicht primär zum Arbeiten kommen, sondern um einen sicheren Ort zum Überleben zu finden – sie mögen häufig das neue Land nicht einmal, in dem sie sich wiederfinden. Flüchtlinge, die sich in Calais gesammelt haben, sind hier paradigmatisch: Sie wollten nicht in Frankreich bleiben, sondern nach England weiterziehen. Dasselbe gilt für die Länder, die sich am meisten dagegen wehren, Flüchtlinge aufzunehmen (die neue »Achse des Bösen«, Kroatien, Slowenien, Ungarn, Tschechien, Polen, die baltischen Staaten und Österreich): Sie sind definitiv nicht die Länder, in denen sich Flüchtlinge niederlassen wollen. Aber vielleicht ist der absurdeste Effekt dieser Verwirrung, dass Deutschland, das einzige Land, das sich in einer halbwegs anständigen Weise den Flüchtlingen gegenüber benommen hat, die Zielscheibe vieler Kritiker wurde, nicht nur von rechten Verteidigern Europas, sondern auch von Linken: In typischer Über-Ich-Manier konzentrierten sie sich auf das stärkste Glied der Kette und griffen es dafür an, nicht noch stärker zu sein.

Der besorgniserregendste Aspekt der katalanischen Krise war also die Unfähigkeit Europas, eine klare Haltung zu beziehen: ihren Mitgliedern entweder zu erlauben, ihre eigene Politik gegenüber dem Separatismus oder den Flüchtlingen zu entwickeln, oder wirkungsvolle Maßnahmen gegen diejenigen zu ergreifen, die keine kollektiv gefällten Entscheidungen akzeptieren wollen. Warum ist dies so wichtig? Europa sollte als minimale Einheit funktionieren, einzelne Staaten unterstützen und ein Sicherheitsnetz für ihre Spannungen bereitstellen. Nur ein solches Europa kann ein wichtiger Akteur gegen die aufkommende Neue Weltordnung sein, in der die mächtigen Akteure immer weniger einzelne Staaten sind. Es liegt klar im Interesse der USA und Russlands, die EU zu schwächen oder gar ihre Auflösung zu betreiben: Damit wird dann ein Machtvakuum geschaffen, das von neuen Allianzen einzelner europäischer Staaten mit Russland oder mit den USA gefüllt werden wird. Wer in Europa könnte das wollen?

Die ewige Wiederkehr desselben Klassenkampfs

Die Spannung zwischen globalem Raum und Nationalstaaten liegt in dieser Verteidigung einer spezifischen (ethnischen, religiösen, kulturellen) Lebensweise, die als durch die Globalisierung bedroht wahrgenommen wird; allerdings ist die ganze Vorstellung, die eigene Lebensweise beschützen zu müssen, in all ihren Versionen problematisch, einschließlich der »progressiven«. Denken wir an die Polemik in den USA im Zusammenhang mit den Statuen von Robert E. Lee – war Lee ein Südstaaten-Gentleman, der nur für einen bestimmten Lebensstil kämpfte? Ein populäres Bild des Südstaaten-Gentlemans existiert selbst in der »progressiven« Literatur, von Horace in Lillian Hellmans *Die kleinen Füchse* [*The Little Foxes*], einem gutmütigen Patriarchen mit schwachem Herzen, der von den Plänen seiner Frau entsetzt ist, ihr Eigentum in brutaler kapitalistischer Weise auszubeuten, bis zu Atticus Finch in Harper Lees *Wer die Nachtigall stört* [*To Kill a Mockingbird*], der, wie sich in der Fortsetzung herausstellt, auch eine dunkle rassistische Seite hat. Plötzlich sollte es bei der Konföderation nicht um Sklaverei, sondern darum gegangen sein, eine lokale Lebensweise vor dem brutalen kapitalistischen Ansturm zu schützen. Diese ikonischen linksliberalen Figuren von konservativem bukolisch-patriarchalischem Antikapitalismus helfen Schwarzen aus den Südstaaten, wenn sie unterdrückt und zu Unrecht beschuldigt werden; ihre Sympathie endet jedoch, wenn die Schwarzen nicht nur zu kämpfen beginnen, sondern auch ihre tatsächliche, durch das liberale Establishment des Nordens ermöglichte Freiheit zu hinterfragen beginnen.

Aber Robert E. Lee war noch nicht einmal ein solcher Gentleman. Es gibt keine Berichte darüber, dass er irgendwie geartete Bedenken in Bezug auf die Sklaverei hatte. Darüber hinaus gab es selbst innerhalb der Sklavenbesitzer eine Teilung zwischen denjenigen, die beim Weiterverkauf ihrer Sklaven darauf achtgaben, dass Familien mit Kindern zusammen blieben, und denjenigen, die sich damit nicht aufhielten und sie trennten – Lee gehörte zu dieser zweiten, deutlich härteren Gruppe. Er mag ein Gentleman mit hübschen Manieren und persönlicher Ehrbarkeit gewesen sein, aber er handelte nichtsdestoweniger brutal mit Sklaven – die Schwierigkeit liegt darin, zu akzeptieren, dass die beiden Merkmale zusammenpassen.

Ein wahrer weißer Gentleman wurde auf Befehl von Robert E. Lee exekutiert: John Brown, eine der politischen Schlüsselfiguren in der Geschichte der USA, der leidenschaftliche christliche Abolitionist, der am dichtesten dran war, emanzipatorisch-egalitäre Logik in die politische Landschaft der USA einzuführen. Wie Margaret Washington, eine bekannte US-amerikanische Historikerin, es ausgedrückt hat, machte er sehr deutlich, dass er keinen Unterschied zwischen Weißen und Schwarzen sah, und zwar »nicht dadurch, dass er es sagte, sondern durch das, was er tat«[8] – so spricht und handelt ein wahrer

Gentleman, wenn man dem Wort »Gentleman« eine emanzipatorische Dimension verleihen kann. Sein konsequenter Egalitarismus
brachte ihn dazu, sich im bewaffneten Kampf gegen die Sklaverei
zu engagieren: 1859 versuchte er, Sklaven zu bewaffnen und damit
eine gewalttätige Rebellion gegen den Süden auszulösen; die Revolte
wurde niedergeschlagen und Brown von einer Kompanie verhaftet,
die von niemand anderem als Robert E. Lee kommandiert wurde.
Nachdem er des Mordes, des Verrats und der Anstiftung eines Sklavenaufstands für schuldig befunden worden war, wurde Brown am
2. Dezember gehängt. Noch heute, lange nachdem die Sklaverei abgeschafft wurde, ist Brown im amerikanischen kollektiven Gedächtnis
eine Figur, die spaltet: Seine einzige Statue, die an einer obskuren
Stelle im Quindaro-Viertel in Kansas City steht (die ursprüngliche
Stadt Quindaro war ein wichtiger Punkt auf der Underground Rail-
road), ist oft beschädigt worden.

Es ist also unnötig zu erwähnen, dass alle großen amerikanischen
Gründungsmythen neu analysiert werden sollten: Es gibt eine an-
dere, dunkle Seite des Unabhängigkeitskriegs, von Alamo und so weiter. Die »Helden von Alamo« verteidigten auch die Sklavenhaltung.
Diese andere Seite wird in einem interessanten Film von 1999 dargestellt, Lance Hools *One Man's Hero* [dt. *Rileys letzte Schlacht*], in dem die
Geschichte von Jon Riley (gespielt von Tom Berenger) und dem Saint
Patricks Bataillon erzählt wird, einer Gruppe von irischen katholischen Immigranten, die während des mexikanisch-amerikanischen
Kriegs von 1846–1848 von der mehrheitlich protestantischen US-Armee zur katholisch-mexikanischen Seite wechselte und heldenhaft
kämpfte, um die Republik Mexiko gegen die Aggression der USA zu
verteidigen. Am Ende des Films, während er in einem Steinbruch für
Kriegsgefangene arbeitet, wird Riley von seinem früheren US-Kom-
mandanten mitgeteilt, er sei nun frei, worauf er antwortet: »Ich bin
immer frei gewesen.«

Es geht aber nicht einfach darum, den Unabhängigkeitskrieg als
falsch zu entlarven: Zweifellos hat das Werk Jeffersons, Paines usw.
eine emanzipatorische Dimension. Wenn auch Sklavenbesitzer, ist

Jefferson dennoch ein wichtiges Verbindungsglied in der Kette der modernen Emanzipationskämpfe, und man tut recht daran, zu behaupten, dass der Kampf um die Abschaffung der Sklaverei im Wesentlichen eine Fortsetzung von Jeffersons Werk war. Jefferson war eine andere Art von Mann als Robert E. Lee, und die Inkonsistenzen in seiner Position zeigen nur, dass die Amerikanische Revolution ein unvollendetes Projekt ist (wie Habermas es ausdrücken würde). In gewissem Sinne ist ihre wahre Folgerung, der zweite Akt, der Bürgerkrieg; in einer weiteren Perspektive war sie erst 1960 mit der Einführung des Wahlrechts für Schwarze vorüber; und in noch einer anderen Sichtweise ist sie, wie die Fortdauer des Mythos von der Konföderation zeigt, noch immer nicht abgeschlossen. (In ähnlicher Form hat Immanuel Kant, obwohl seine Sichtweisen rassistisch sind, dennoch zu dem Prozess beigetragen, der zu emanzipatorischen Kämpfen geführt hat – um es platt zu sagen: Ohne Kant gäbe es keinen Marxismus und keinen Sozialismus.) Dies ist der Punkt, den Trump verfehlte, als er den »Respekt« für Lee in einen Kanon des Respekts für die amerikanische Tradition stellte und fragte, wo dieser enden würde – erst Lee, dann Washington, dann … Was hinter dem Kampf um die Statuen von Lee lauert, ist einfach die Weigerung, die Amerikanische Revolution zu Ende zu bringen.

Aber da ist ein weiterer Aspekt in Trumps Erklärungen, der regelmäßig ignoriert wird: Sein Widerstreben, die Alt-Right-Gewalt eindeutig zu verurteilen, und seine wiederholten Behauptungen, dass »beide Seiten schuldig sind«, spiegeln die linke multikulturelle Strategie (»Das stimmt, der ISIS begeht schreckliche Verbrechen – aber tun wir nicht ähnliche Dinge? Wer sind wir, um sie zu verurteilen?«). Wie Jamil Khader in einem wichtigen Beitrag hervorgehoben hat,[9] stellte Trump in seiner Reaktion auf die Morde in Charlottesville nicht nur Multikulturalismus zur Schau, sondern auch und vor allem das emanzipatorische Erbe des Universalismus.[10] Dieser Aspekt wurde auch in den meisten liberalen und linken Antworten auf Trumps Kommentare über Sklaverei und weiße Überlegenheit übersehen:

»Keine Identität kann die leere Stelle der Universalität mit ihrem eigenen Inhalt leicht ausfüllen; Identitäten sollten immer angenommen werden, um die Versprechen der immanenten universellen Dimension zu erfüllen, die in der Form einer Lücke in ihrem Kern steckt. Radikaler, wenn nicht revolutionärer Wandel kann nur geschehen, wenn Liberale und Linke ihre Konzeption von Identität im Licht der unterdrückten universellen Dimension in ihrem Kern überdenken. [...] Das Problem ist, dass liberale und linke Mainstream-Diskurse über Identitätspolitik und politische Korrektheit den Kampf um Gerechtigkeit, Freiheit und Gleichheit von Unterdrückung und Ausbeutung auf Toleranz und Respekt unter der Flagge einer postrassischen Ideologie verschoben haben. [...] Trumps andere kontroverse Aussagen über moralische Gleichwertigkeit zwischen neonazistischen weißen suprematistischen Terroristen und Antifa-Aktivisten sind nicht aus dem Nichts entstanden. Tatsächlich sind seine Aussagen über Gewalt auf ›vielen Seiten‹ und dass es ›viele gute *Leute* auf beiden *Seiten*‹ gebe, symptomatisch für dieselben humanistischen Strategien, die Liberale und Linke während der Kultur- und Kanonkriege verwendet hatten, um Konflikte zu relativieren, den Anderen zu subjektivieren (indem man dem bösen Anderen eine Stimme und eine menschliche Geschichte gab) und auf neutralem Boden zu bleiben.«[11]

In derselben Linie schrieb Walter Benn Michaels anlässlich der (häufig lächerlichen) Polemik über kulturelle Aneignung:

»Selbst unsere eigenen Geschichten gehören uns nicht – keine Geschichte gehört irgendjemandem. Wir sind eher alle in der Position von Historikern, die versuchen herauszufinden, was tatsächlich geschehen ist. [...] Identitätsverbrechen – sowohl die phantasmatischen, wie der Kulturraub, als auch die wirklichen, wie Rassismus und Sexismus – eignen sich perfekt für diesen Zweck, da der Widerstand gegen sie, anders als die Umverteilung von Wohlstand nach unten, die Klassenstruktur intakt lässt. [...] Das Problem ist nicht, dass reiche Leute nicht das Leiden der armen Leute fühlen können; man muss kein Opfer der Ungleichheit sein, wenn man die Ungleichheit auslöschen möchte. Und das Problem ist auch nicht, dass die Geschichte der Armen nicht die der Reichen ist; die wesentliche Frage in Bezug auf unsere Geschichten ist weniger, ob sie jemandes Privilegien aufdecken, sondern ob sie wahr sind. Das Problem ist, dass die ganze Idee von kultureller Identität inkohärent ist und dass die Dramen der Aneignung, die sie ermöglicht, eine zunehmend ökonomisch stratifizierte Gesellschaft hervorbringt, mit einem Modell von gesellschaftlicher Gerechtigkeit, die alles anspricht außer die ökonomische Stratifizierung.«[12]

Benn Michaels hat hier vollkommen recht: Natürlich sollten wir die weißen liberalen kulturellen Aneignungen bekämpfen, aber nicht einfach, weil sie ein Ungleichgewicht im kulturellen Austausch ausüben – wir sollten sie bekämpfen, weil sie den Kampf um Emanzipation in einer Weise praktizieren, die seine Schlüsseldimension ignoriert und neutralisiert. Und dasselbe gilt für den feministischen Kampf. In den letzten Jahrzehnten ist eine neue Form des Feminismus zur Berühmtheit gelangt, vor allem in den USA, die man kaum anders denn als »neoliberalen Feminismus«[13] bezeichnen kann; seine drei Hauptmerkmale sind: (1) die Individualisierung der anhaltenden Geschlechterungleichheit (heute ist Geschlechterungleichheit nicht systemisch, sondern im Wesentlichen eine Konsequenz aus individuellen Entscheidungen, so dass es keine Notwendigkeit für eine strukturelle Analyse und größere gesellschaftliche Veränderungen gibt); (2) Privatisierung politischer Antworten (Lösungen müssen individuell sein); (3) Befreiung durch Kapitalismus (Frauen können Geschlechtergerechtigkeit durch den freien Markt erreichen und sicherstellen: »Die Feministin ist Unternehmerin, fähig, mit Männern in Wettbewerb zu treten und auf dem Markt zu gewinnen oder zu verlieren.«).[14] Der Reiz dieses Ansatzes liegt auch in den Genüssen, die er verspricht: die Vermeidung von Konflikten (organisiertem politischen Kampf), das Schwelgen in Konsum und finanziellem Erfolg etc.[15] Haben wir es hier nicht mit einem beispielhaften Fall von hegemonialer Reartikulation zu tun, bei dem der Feminismus in eine andere Kette von Gleichungen eingerückt wird? Wenn dieser Prozess der Reartikulation offen und letztlich kontingent ist, dann können wir nicht behaupten, dass neoliberaler Feminismus ein »Verrat« des »wahren« Feminismus ist, der weibliche Befreiung mit der universellen Emanzipation all derer verbindet, die ausgebeutet sind. Ist dieser Feminismus also eine konkrete Allgemeinheit, die sich selbst in neue Figuren verwandelt, in der wir keine kritische Unterscheidung zwischen radikalen und bourgeoisen Feminismen einführen sollten, sondern verschiedene Feminismen als partikulare Momente betrachten, die jeweils neue Inhalte beitragen, neue Räume politischer Praxis öffnen und zugleich spezifische Beschränkungen implizieren? Wenn nicht, aus welchem genauen Grund nicht? Weil der Klassenkampf der einzige universelle Antagonismus ist, ein Antagonismus, der das gesamte gesellschaftliche Gefüge durchzieht, das Unmögliche/Reale, das seinen Schatten auf alle anderen Antagonismen wirft.

Die grundlegende Prämisse des klassischen Marxismus (die Prämisse, auf die sich der Aufruf zur »Einheit von Theorie und Praxis« gründet) ist, dass aufgrund ihrer objektiven sozialen Position (die des »Anteils der Anteillosen« (Rancière) des sozialen Gebäudes, der Punkt seiner »symptomatischen Krümmung« (Badiou), die Arbeiterklasse zu einer korrekten Einsicht in den Stand der Gesellschaft (ihrer grundlegenden Antagonismen) getrieben wird und zugleich zum Handeln, das unternommen werden muss, um sie wieder in Ordnung zu bringen (die revolutionäre Veränderung). Gilt dies noch heute? Zeugt der Aufstieg der populistischen Wut nicht von einem irreduziblen Bruch in der »Einheit von Theorie und Praxis«? Es ist, als ob die »objektive« gesellschaftliche Position der Ausgebeuteten und Marginalisierten sie nicht mehr zu einer klaren kognitiven Kartierung ihrer Notlage triebe, die sie zu einem universellen emanzipatorischen Kampf führt, sondern sich eher in einer frustrierten und gelegentlich gewalttätigen Machtlosigkeit ausdrückt, die den Verlust ihrer grundlegenden Orientierung verrät. Anstelle einer vereinten Front fürchten lokale Unterklassen also Immigranten, die sich in Fundamentalismen flüchten, während die Gewerkschaften für den Wohlstand derer kämpfen, die sie vertreten, häufiger gegen andere Teile der Arbeiterklasse als gegen das Kapital – kann man sich hier eine vereinte Front vorstellen? Die projektierte Einheit wird zwangsläufig und kontinuierlich von der Gegenmacht unterlaufen, die dem sich abspielenden Prozess des Klassenkampfs innewohnt: Der Konflikt zwischen lokalen Unterschichten und Immigranten (oder zwischen feministischem Kampf und Arbeiterkampf) ist keine extern auferlegte Abscheu, die durch die Manipulationen feindlicher Propaganda erzeugt wird, sondern die Erscheinungsform desselben Klassenkampfs. Lokale Arbeiter nehmen Immigranten als Handlanger des Großkapitals war, in das Land gebracht, um ihre Kraft zu unterwandern und mit ihnen in Konkurrenz zu treten, da ihre Löhne niedriger sind; Immigranten sehen lokale Arbeiter, selbst wenn sie arm sind, als untrennbaren Teil der westlichen Ordnung, die sie marginalisiert. In einer solchen Situation, in der der Wettbewerb real ist, genügt einfaches Predigen nicht, dass sie beide tatsächlich auf derselben Seite stehen.

Darin liegt die fatale Beschränktheit der Versuche, dem Aufstieg des Rechtspopulismus einen Linkspopulismus entgegenzusetzen, einen Populismus, der die wirklichen Sorgen der einfachen Leute anhören würde, anstatt zu versuchen, ihnen irgendeine hochtheoretische Vision ihrer historischen Aufgabe aufzuzwängen. Die Ängste, Hoffnungen und Probleme, die »wirkliche Leute« erleben, erscheinen ihnen als Momente einer bestimmten ideologischen Vision, d.h., wie Althusser richtig erkannt hat, Ideologie ist nicht ein konzeptueller Rahmen, der der vielfältigen Realität von außen aufgezwängt wird, sondern sie ist unsere Erfahrung selbst von Realität. Um aus der Ideologie auszubrechen, ist es nicht genug, die verzerrende ideologische Brille loszuwerden – harte theoretische Arbeit ist nötig.

Schauen wir uns, um einen Geschmack von der Komplexität dieses Kampfes zu erhalten, ein jüngeres Beispiel für den Konflikt zwischen verschiedenen emanzipatorischen Forderungen an. Auf dem Campus einer US-amerikanischen Universität ereignete sich kürzlich ein Zwischenfall:[16] Eine Gruppe von Latino-Arbeitern restaurierte die Fassade eines Hauses auf einem Plateau, von wo aus sie Blick auf einen nahen Swimmingpool hatten; dort nahm eine Gruppe junger Mittelschichtsfrauen ein Sonnenbad im Bikini, denen die Arbeiter dann Komplimente hinüberwarfen (was in Lateinamerika *piropo* genannt wird). Wie vorauszusehen, fühlten sich die Frauen belästigt und beschwerten sich, und die Lösung der Behörden war nicht weniger vorhersehbar: Man trennte das Haus von der Pool-Zone durch eine Plastikwand und baute einen speziellen Plastiktunnel, durch den hindurch die Arbeiter zu ihrer Arbeitsstelle gehen mussten, ohne Sicht auf den Pool – ein perfektes Beispiel für die politisch korrekte Weise, mit Sexismus umzugehen, die nur die Schranken verstärkt, durch die Personengruppen voneinander getrennt werden.

Vom Standpunkt der Frauen aus war das Geschehen ein eindeutiger Fall männlich-chauvinistischer Belästigung, die Frauen zu sexueller Beute objektiviert, während vom Standpunkt der Arbeiter ihr Ausschluss ein nicht weniger eindeutiger Fall von Aufrechterhaltung der Klassenunterscheidung war, von Schutz der weißen Mittelschicht vor dem Kontakt mit gewöhnlichen Arbeitern. Handelt es sich hier um einen Fall von feministischem Kampf gegen Klassenkampf, für den die langfristige Lösung darin bestünde, beide irgendwie zusammenzubringen und beide Seiten davon zu überzeugen, dass ihre jeweiligen Kämpfe Momente desselben universellen Kampfs für Emanzipation sind? So einfach ist es nicht, da der Klassenkampf selbst die Spannung zwischen beiden Kämpfen überdeterminiert: Das »piropo« der Arbeiter war offensichtlich so störend für die Frauen, weil es von Unterschichten-Männern kam, die ihre Aufmerksamkeit nicht wert waren, und die Männer waren sich dieser Dimension bewusst, als sie gemaßregelt wurden. Der Feminismus kann auch ein Klassenspiel spielen, das beinhaltet, dass die Unterschichten vulgär, männlich-chauvinistisch, politisch unkorrekt sind, so dass die Angst vor Belästigung sich als eigentliche Angst vor der Vulgarität der Unterschichten erweist. Dies bedeutet jedoch keinesfalls, dass wir den Frauen sagen sollten: »Ertragt die Belästigung aus Solidarität mit der Arbeiterklasse (und denkt daran, dass sie Latinos sind, die eine andere Denkweise haben)!« – auf dieser Ebene, in dieser direkten Konfrontation zweier Sichtweisen kann der Konflikt nicht gelöst werden, und *diese ausweglose Sackgasse* ist *die Realität des Klassenkampfs.*

Die überdeterminierende Rolle des Klassenkampfs anzuerkennen erschöpft sich nicht darin, die übliche »essentialistische« marxistische

Behauptung zu akzeptieren, dass Sexualität gewalttätig aufgrund des Klassenkampfs wird, aber an sich gewaltfrei bleibt – Klassenkampf kooptiert die immanente Gewalt und die Sackgassen, die die Sexualität an sich betreffen. In derselben Weise gehorchen andere partikulare Kämpfe ihrer eigenen immanenten antagonistischen Logik: Beispielsweise sind unterschiedliche ethnisch-religiöse »Lebensweisen« immanent nicht übereinstimmend aufgrund der verschiedenen Modi, die kollektive Jouissance zu regulieren, während die menschliche Industrie unsere Umwelt in potentiell gefährdender Weise beeinträchtigt, unabhängig von den spezifischen Produktionsweisen. Klassenkampf führt keinen Antagonismus ein, sondern überdeterminiert den immanenten Antagonismus. Genauer: Klassenantagonismus ist doppelt eingeschrieben – er trifft sich selbst in seiner oppositionellen Determiniertheit, unter den Kämpfen, deren Totalität er überdeterminiert. Zurück zu unserem Beispiel: Der Klassenkampf wird repräsentiert vom Widerstand gegen die mexikanischen Arbeiter seitens der badenden Frauen (im Gegensatz zu ihren feministischen Forderungen), er überdeterminiert außerdem genau die Artikulation dieser partikularen Kämpfe. Die Aktualität des Klassenkampfes ist die Spannung zwischen zwei emanzipatorischen Kämpfen – aber, noch einmal, nicht in dem Sinne, dass die Arbeiter für das Proletariat stehen und die Frauen für die Bourgeoisie. Wenn man zu entscheiden hätte, welcher Seite man Priorität einräumen sollte in diesem Konflikt, gäbe es starke Argumente dafür, dass die badenden Frauen in der Tat belästigt wurden und in irgendeiner Form beschützt werden sollten. Die allgemeine Dynamik von Klassenkampf ist der überdeterminierende Faktor des Konflikts und folglich derjenige, der den Konflikt in seinen eigenen Begriffen unlösbar macht (selbst wenn wir den belästigten Frauen Priorität geben, liegt ein Schatten von Ungerechtigkeit in dieser Wahl). Dasselbe gilt für die entgegengesetzte Entscheidung: Klassenkampf ist das, was auch die »Klassenwahl« der mexikanischen Arbeiter über die badenden Frauen ungerecht macht. Paradoxerweise ist Klassenkampf selbst der Faktor, der die Reichweite der Referenz auf den Klassenkampf beschränkt …

Das formale Merkmal, das den Klassenkampf außergewöhnlich macht, ist, dass er nicht reduziert werden kann auf einen Fall von Identitätspolitik: Während das Ziel des Feminismus nicht darin besteht, Männer zu zerstören, sondern neue und gerechtere Regeln darüber zu etablieren, wie die beiden Geschlechter interagieren sollten, und während der aggressivste religiöse Fundamentalismus sich selbst behaupten will, indem er andere Religionen zerstört, zielt der proletarische Klassenkampf darauf, die Klassen*unterschiede* abzuschaffen und nicht nur die herrschende Klasse zu beseitigen, sondern auch sich selbst – das Ziel des proletarischen Kampfes ist es, Bedingungen zu schaffen, in denen Proletarier selbst aufhören zu existieren. (Entlang derselben Argumentationslinie hat John Summers hervorgehoben, wie Multikulturalismus als eine Ideologie unternehmerischer Eliten entstanden ist: eine Politik, die sich auf Geschlecht, Rasse oder jegliche sonstige Identität richtet, ist eine von Vornherein verlorene Sache. Der Kampf um Identität ist ein perfekter Ersatz für den Klassenkampf, da er die Leute im permanenten gegenseitigen Konflikt hält, während die Elite sich zurückzieht und das Spiel aus sicherem Abstand beobachtet.)[17] Eine jüngere im *Guardian* veröffentlichte Analyse fördert die grundlegende Inkonsistenz von Identitätspolitik zutage:

»Viele Linke sind sich akut bewusst geworden, dass die Farbenblindheit von den Konservativen verwendet wurde, um Opposition gegen politische Maßnahmen zu machen, die historische Fehler und andauernde ethnische Ungleichheiten wiedergutmachen sollten. Mit dem Zusammenbruch der Sowjetunion traten die antikapitalistischen ökonomischen Anliegen der alten Linken in den Hintergrund gegenüber einer neuen Weise, Unterdrückung aufzufassen: Die Politik der Umverteilung wurde ersetzt durch eine ›Politik der Anerkennung‹. Die moderne Identitätspolitik war geboren. Wie die Oberlin-Professorin Sonia Kruks schreibt: ›Was Identitätspolitik stark von früheren Bewegungen abweichen lässt, ist ihre Forderung auf Grundlage genau dessen, weshalb Anerkennung zuvor verweigert worden war: als Frauen, als Schwarze, als Lesben fordern die Gruppen Anerkennung […] Diese

Forderung richtet sich nicht auf die Inklusion in den Schoß »universel-
ler Menschheit« ... noch auf Respekt ›trotz‹ der eigenen Differenzen,
was gefordert wird, ist Respekt für sich als anderer.‹

Als die liberale Ikone Bernie Sanders Unterstützern sagte: ›Es ist nicht
gut genug zu sagen, »Hey, ich bin eine Latina, stimme für mich«, gab
Quentin James, ein Führer von Hillary Clintons engagiertem Bemühen
um Farbige, zurück, dass Sanders ›Kommentare in Bezug auf Identitätspolitik nahelegen, er sei selbst ein weißer Suprematist‹. Dies führt
uns zum bemerkenswertesten Merkmal des heutigen rechten politischen Tribalismus: die weiße Identitätspolitik, die um die Idee von
Weißen als gefährdeter, diskriminierter Gruppe mobilisiert worden
ist. Die Leute wollen ihren eigenen Stamm als außergewöhnlich betrachten, als etwas, worauf sie stolz sein können; darum geht es beim
Stammesinstinkt. Jahrzehntelang sind Nichtweiße in den USA nun
ermutigt worden, ihren Stammesinstinkten in genau dieser Weise zu
frönen, aber zumindest öffentlich war dies bei weißen Amerikanern
nicht der Fall.«[18]

Identitätspolitik erreicht ihren Gipfel (oder eher ihren Tiefpunkt),
wenn sie sich auf die einzigartige Erfahrung einer spezifischen Grup-
penidentität bezieht als vollendete Tatsache, die nicht in irgendeine Universalität aufgelöst werden kann: »nur eine Frau / Lesbe /
Trans / Schwarze / Chinesin weiß, wie es ist, eine Frau / Lesbe / Trans /
Schwarze / Chinesin zu sein«. Auch wenn diese Aussage in einer gewissen trivialen Weise zutrifft, sollte man ihr sorgsam jegliche politische
Relevanz verweigern und schamlos an dem alten aufklärerischen
Axiom festhalten: Alle Kulturen und Identitäten können verstanden
werden – man muss sich nur bemühen.[19] Das Geheimnis von Identitätspolitik ist, dass in ihr die weiße / männliche / hetero-Position
weiterhin den universellen Standard bildet, jeder versteht dies und
weiß, was das bedeutet, weshalb dies der blinde Fleck von Identitätspolitik ist, die eine Identität, die einzufordern verboten ist. Früher
oder später kommt es jedoch zur Rückkehr des Unterdrückten: Die
weiße / männliche / hetero-Identität bricht los und beginnt dieselbe
Karte auszuspielen – »Niemand versteht uns wirklich, man muss

weiß/hetero/männlich sein ...« Was diese Umkehrungen beweisen, ist, dass man Universalität nicht so einfach loswerden kann. Der alte marxistische Standpunkt, dass es keine neutrale Universalität gibt, d. h., jede Universalität, die sich selbst als neutral präsentiert, verschleiert und privilegiert damit tatsächliche Privilegien, sollte uns nicht dazu verleiten, Universalität an sich aufzugeben – wenn wir dies tun, verdecken wir die Tatsache, dass unsere eigene Argumentation gegen falsche Universalitäten von einer Position wahrer Universalität spricht (die uns dazu befähigt, die Position der Unterprivilegierten als ungerecht wahrzunehmen). Paradoxerweise würde die Einforderung von weißer/hetero/männlicher Identität sie ihrer implizierten Universalität berauben und dazu zwingen, ihre Partikularität zu akzeptieren.

Eine solche Einforderung könnte wirken, als spiele sie direkt den weißen Suprematisten in die Hände – aber tut sie dies? Jeder, der über den neuen Anti-Immigrations-Populismus besorgt ist, sollte sich die Mühe machen, *Europa: The Last Battle* (Tobias Bratt, Schweden, 2017) zu sehen, einen zehnteiligen Dokumentarfilm, der einfach und gratis heruntergeladen werden kann. Er präsentiert ausführlich die Neonazi-Version der letzten hundert Jahre europäischer Geschichte: Sie war dominiert durch jüdische Banker, die unser gesamtes Finanzsystem beherrschen; von Anfang an stand das Judentum hinter dem Kommunismus, und wohlhabende Juden finanzierten direkt die Oktoberrevolution, um einen vernichtenden Schlag gegen Russland zu führen, einen eisernen Verteidiger des Christentums; Hitler war ein friedlicher deutscher Patriot, der, nachdem er demokratisch gewählt worden war, Deutschland von einem zerstörten Land in einen Wohlfahrtsstaat verwandelte mit dem höchsten Lebensstandard der Welt, weil es sich aus den internationalen, von Juden kontrollierten Banken zurückzog; das internationale Judentum erklärte ihm den Krieg, obwohl Hitler verzweifelt nach Frieden strebte; nach dem Scheitern der europäischen kommunistischen Revolutionen in den 1920er Jahren bemerkte das kommunistische Zentrum, dass zuerst die moralischen Grundlagen des Westens zerstört werden müssen (Religion, ethnische

Identität, Familienwerte), so dass es die Frankfurter Schule gründete, deren Ziel darin bestand, Familie und Autorität als pathologische Herrschaftswerkzeuge zu denunzieren und jegliche ethnische Identität als unterdrückerisch zu untergraben. Heutzutage zeigen ihre Anstrengungen in Gestalt verschiedener Formen von kulturellem Marxismus endlich Ergebnisse; unsere Gesellschaften sind in ewiger Schuld für ihre angeblichen Sünden gefangen, sie sind offen für die ungezügelte Invasion von Immigranten, verloren in ihrem leeren hedonistischen Individualismus und Mangel an Patriotismus. Diese Korruption wird insgeheim kontrolliert von Juden wie Soros, und nur eine neue Figur wie Hitler, der unseren patriotischen Stolz wiedererwecken würde, kann uns retten ... Wenn man dieses Spektakel betrachtet, kann man kaum den Eindruck vermeiden, dass, obwohl die Autoren viel weiter gegangen sind, als unsere durchschnittlichen rassistischen Populisten bereit wären zu gehen, wir in *Europa* eine Art »abwesendes Zentrum« der derzeit florierenden Multitude kommunitaristisch-populistischer Bewegungen bekommen, den Nullpunkt, gegen den sie alle tendieren und in dem sie konvergieren würden.

Als ich in meiner Kritik an dieser Tendenz behauptete, die größte Bedrohung für Europa seien seine populistischen/rassistischen Verteidiger, wurde mir die offensichtliche Absurdität dieser Aussage vorgehalten: Wie können diejenigen, die Europa verteidigen, eine Bedrohung für es sein? Im Prinzip ist die Antwort einfach: Das Europa, das diese Verteidiger zu retten versuchen (ein neotribales Europa fester ethnischer Identitäten) ist die Negation all dessen, was am europäischen Vermächtnis großartig ist. (Der offensichtliche anti-europäische Vorwurf gegen meine Behauptung ist natürlich, dass Europa, der Vertreter globaler kolonialer Herrschaft, kein Recht hat, seine ideologischen Grundlagen als mögliche Waffe gegen Rassismus anzubieten.) Darin liegt ein Stück Wahrheit – und es ist kein Wunder, dass die meisten radikalen »Verteidiger« Europas mit Misstrauen auf das Christentum schauen und heidnische (keltische, nordische) Spiritualität bevorzugen. Und es lässt sich leicht erkennen, wo das Problem liegt – selbst diejenigen, die noch Lippenbekenntnisse für das christliche Europa ablegen, verteidigen ein merkwürdiges Christentum mit einer erkennbar heidnischen Wendung. Wie kürzlich berichtet wurde, erklärte Viktor Orbán

>das Ende der >liberalen Demokratie< in Ungarn und fügte hinzu, sie habe dabei versagt, Freiheiten und christliche Kultur in der Folge der Migrantenkrise zu verteidigen. Er schwor, eine >christliche Demokratie< zu errichten und die EU-Regeln herauszufordern. >Die Ära liberaler Demokratie ist an ihr Ende gelangt. Sie ist ungeeignet, die menschliche Würde zu verteidigen, unzulässig, um Freiheit zu geben, nicht in der Lage, physische Sicherheit zu garantieren und kann nicht mehr die christliche Kultur bewahren<, so Orbán.«[20]

Sind diese Aussagen nicht schwer zu vereinbaren mit Aussagen wie der folgenden aus den Galatern 3:28: »Hier ist nicht Jude noch Grieche, hier ist nicht Sklave noch Freier, hier ist nicht Mann noch Frau; denn ihr seid allesamt einer in Christus Jesus.« Und wie würden christliche Verteidiger der Familie mit der berühmten Passage aus Matthäus 12:46-50 umgehen:

»Als er noch zu dem Volk redete, siehe, da standen seine Mutter und seine Brüder draußen, die wollten mit ihm reden. Da sprach einer zu ihm: Siehe, deine Mutter und deine Brüder stehen draußen und wollen mit dir reden. Er antwortete aber und sprach zu dem, der es ihm ansagte: Wer ist meine Mutter, und wer sind meine Brüder? Und er streckte die Hand aus über seine Jünger und sprach: Siehe da, das ist meine Mutter, und das sind meine Brüder! Denn wer den Willen tut meines Vaters im Himmel, der ist mir Bruder und Schwester und Mutter.«

Es gibt gleichwohl ein anderes Gegenargument auf höherem Niveau, das häufig gegen Immigranten verwendet wird: Der Punkt ist nicht, dass sie in ihrer Lebensweise anders sind als wir, sondern dass *sie* Probleme mit der Differenz (der Koexistenz von verschiedenen Lebensweisen) an sich haben. Der beispielhafte Fall ist hier der des niederländischen rechtspopulistischen Politikers Pim Fortuyn, der im Mai

2002, zwei Wochen vor den Wahlen, in denen ihm ein Drittel der Stimmen vorausgesagt worden war, umgebracht wurde: ein Rechtspopulist, dessen persönliche Merkmale und selbst (die meisten seiner) Ansichten fast zur Gänze politisch korrekt waren – er war schwul, hatte gute persönliche Beziehungen zu vielen Immigranten, und er hatte einen angeborenen Sinn für Ironie … kurz, er war ein guter toleranter Liberaler in fast jeder Hinsicht, *außer in seiner wesentlichen politischen Haltung*: Er war gegen fundamentalistische Immigranten wegen ihres Hasses auf Homosexualität, Frauenrechte etc.

Die Erwiderung lautet natürlich, dass dieses Argument auf einem Meta-Rassismus ruht, d.h. einer subtileren Form von Rassismus, in der wir unsere Überlegenheit über den Anderen genau deshalb geltend machen, indem wir behaupten, der Andere, nicht ich, sei rassistisch … Aber da gibt es ein grundlegendes Problem, mit dem wir es hier zu tun haben: Die Offenheit und Fluidität von Identitäten einzufordern ist nicht genug, und es ist Unentschiedenheit, die die Leute zu denjenigen treibt, die eine populistische ethnische Identität vorschlagen. Die harte Frage lautet folglich: Welche Art von Identität ist akzeptabel für einen radikalen Linken? Abstrakter Universalismus funktioniert nicht, wie unter anderem Claude Lévi-Strauss deutlich gemacht hat, der in den Essays im zweiten Band seiner *Strukturalen Anthropologie*[21] kraftvoll bewies, wie eine starke Einforderung der eigenen ethnischen Identität und selbst der eigenen Überlegenheit gegenüber anderen nicht notwendig Rassismus beinhaltet. Er zeigt, dass viele Stämme, die sich selbst menschlich nennen (in Bezug auf andere, denen sie diese Qualität absprechen), d.h., in deren Sprache das Wort für »menschlich« dasselbe Wort ist wie »unserem Stamm zugehörig«, nicht rassistisch sind im modernen Sinne des Wortes. Obwohl sie offensiv rassistisch scheinen mögen, zeigt ein näherer Blick, dass ihre Haltung viel bescheidener ist: Sie sollte als implizite Behauptung verstanden werden, dass man in seiner eigenen Lebensweise gefangen ist – »Wir sind, was wir sind, und für uns ist es das, was menschlich zu sein bedeutet; wir können nicht aus unserer Welt heraustreten, um uns und andere aus dem Nichts zu betrachten, also lassen wir auch die anderen sein, wie sie sind.« Kurz, ihre Behauptung von Selbstidentität ist nicht negativ durch andere in der Form von Neid vermittelt.

Um ihre eigenen Spaltungen zu maskieren, gründet sich die populistische Identität auf die negative Referenz auf den Anderen: kein Nazi ohne einen Juden, kein Europäer ohne die Immigranten-Bedrohung etc. Politische Korrektheit gründet sich jedoch auch auf eine negative Referenz, die parasitär vom sexistischen/rassistischen »inkorrekten« Anderen profitiert – aus diesem Grund ist die politisch korrekte Subjektivität eine Mixtur aus ewiger Selbstbezichtigung (der Suche nach den Überbleibseln von Sexismus oder Rassismus in einem selbst) und Arroganz (beständiges Ermahnen und Verurteilen der schuldigen Anderen). Das Paradox ist folglich, dass das Problem von populistischem Fundamentalismus nicht in der Tatsache liegt, dass er zu identitär wäre (wogegen wir die Fluidität und Kontingenz jeglicher Identität betonen sollten), sondern im Gegenteil darin, dass er über keine eigentliche Identität verfügt, sondern seine Identität sich an die Verneinung seines konstitutiven Anderen klammert. Sind die sogenannten Fundamentalisten, seien sie Christen oder Muslime, wirklich Fundamentalisten im eigentlichen Sinne des Wortes? Glauben sie wirklich? Was ihnen fehlt, ist ein Merkmal, das leicht in allen wahren Fundamentalismen zu erkennen ist, von tibetanischen Buddhisten bis zu den Amish in den USA: die Abwesenheit von Ressentiment und Neid, die tiefe Gleichgültigkeit gegenüber der Lebensweise der Ungläubigen. Wenn die heutigen sogenannten Fundamentalisten wirklich glauben, sie hätten ihren Weg zur Wahrheit gefunden, warum sollten sie sich bedroht fühlen von Ungläubigen, warum sollten sie sie beneiden? Wenn ein Buddhist einen westlichen Hedonisten trifft, verurteilt er ihn oder sie nicht – er nimmt nur gütig zur Kenntnis, dass die Suche des Hedonisten nach Glück aussichtslos ist. Im Gegensatz zu wahren Fundamentalisten sind die Pseudofundamentalisten verärgert, neugierig, fasziniert von dem sündigen Leben der Ungläubigen. Man spürt, dass sie, indem sie den sündigen Anderen bekämpfen, ihre eigene Versuchung bekämpfen. Deshalb sind die sogenannten christlichen oder muslimischen Fundamentalisten ein Unglück für den wahren Fundamentalismus.

Bedeutet dies, dass wir einfach die friedliche Koexistenz verschiedener Lebensweisen tolerieren sollten? Unglücklicherweise ist dies keine Lösung. Wir sollten auf dem eigentlich dialektischen Zugang bestehen: Eine solche Akzeptanz von Identität entkräftet keinesfalls Universalität, sie macht sie nur »konkret« im Hegel'schen Sinne. Wenn weiße Suprematisten sagen: »Wir wollen nur das für uns, was die vermeintlich marginalisierten Anderen für sich fordern – unsere Identität, unsere Lebensweise frei behaupten und entwickeln«, ist an der Aussage an sich nichts falsch. Das Problem ist, dass sie nicht nur das, sondern viel mehr meinen und implizit ihre eigene Lebensweise auf Kosten von anderen privilegieren – kurz, das Problem liegt in ihrer impliziten Universalität. Jede Lebensweise impliziert ihre eigene Universalität: Es geht nicht nur um sie selbst, sondern auch darum, wie man sich zu anderen verhalten sollte, und beides kann nicht voneinander getrennt werden. Westlicher liberaler Multikulturalismus ist anders als, sagen wir, die Koexistenz von Religionen und ethnischen Gruppen in Indien; das Problem mit (nicht nur) dem Islam ist, wie er sich zu anderen Religionen und Kulturen (und dem Atheismus) in seinen eigenen Ländern verhält – werden sie als gleich toleriert, können sie im öffentlichen Raum agieren? Wenn westliche Liberale bestimmte sexuelle Praktiken von (nicht nur) Muslimen verbieten, wie beispielsweise gegen den Willen der Frau arrangierte Ehen, hat der Staat das Recht einzugreifen, oder ist dies ein Eingriff in eine andere Lebensweise? Das Problem ist, dass das Verhältnis zwischen verschiedenen Lebensweisen immer auch einen Konflikt von Universalitäten darstellt – es gibt keinen universellen neutralen Raum, der davon ausgenommen wäre.

Die einzig wahre emanzipatorische Geste ist deshalb die, auf dem Streben nach Universalität zu beharren (wie es beispielsweise Malcolm X getan hat). Und die weiße Person sollte selbstverständlich einen selbstkritischen Blick auf ihre Position werfen, ohne jedoch im Teufelskreis ewiger Schuld verhaftet zu bleiben. Das Verbot, die partikulare Identität weißer Männer (als Modell der Unterdrückung anderer) einzufordern, verleiht ihnen, obwohl es sich als Eingeständnis ihrer Schuld darstellt, eine zentrale Position: Die Verweigerung des Rechts, ihre Partikularidentität zu behaupten, macht sie zu einem universell-neutralen Medium, dem Ort, von dem aus die Wahrheit der Unterdrückung des anderen zugänglich ist. Und aus diesem Grund schwelgen weiße Liberale so fröhlich in Selbstkasteiung: Das wahre Ziel ihrer Aktivität ist es nicht, den anderen zu helfen, sondern der Lustgewinn, der ihnen aus den Selbstbezichtigungen erwächst, das Gefühl ihrer eigenen moralischen Überlegenheit anderen gegenüber. Das Problem mit der Selbstverneinung weißer Identität ist nicht, dass sie zu weit geht, sondern dass sie nicht weit genug geht: Während ihr geäußerter Inhalt radikal erscheint, verbleibt ihre Äußerungsposition diejenige einer privilegierten Universalität.

Wenn wir versuchen, uns darüber klarzuwerden, wie wir den universellen Kampf um Emanzipation mit der Pluralität von Lebensweisen zusammenbringen sollen, sollte nichts dem Zufall überlassen bleiben, nicht einmal die offensichtlichsten allgemeinen Begriffe. Linksliberale betrachten selbst den Begriff der »Lebensweise« misstrauisch (wenn es sich nicht auf die marginalen Minderheiten bezieht natürlich), als würde er protofaschistisches Gift verbergen; gegen dieses Misstrauen sollte man den Begriff in seiner Lacan'schen Version akzeptieren, als etwas, das jenseits aller kulturellen Merkmale auf den Kern des Realen, der *Jouissance* zielt – eine Lebensweise ist letztlich die Weise, in der eine bestimmte Gemeinschaft ihre *Jouissance* organisiert. Aus diesem Grund ist »Integration« so ein sensibles Thema: Wenn eine Gruppe unter dem Druck steht, sich in eine größere Gemeinschaft zu integrieren, widersetzt sie sich häufig aus Angst, ihren Modus der *Jouissance* zu verlieren. Eine Lebensweise umfasst nicht nur Rituale des Essens, der Musik, des Tanzes, des gesellschaftlichen Lebens und so weiter, sondern auch und vor allem Gebräuche und geschriebene und ungeschriebene Gesetze über das sexuelle Leben (inklusive der Regeln von Paarung und Heirat) und über soziale Hierarchien (Respekt für die Älteren etc.). In Indien beispielsweise verteidigen einige postkoloniale Theoretiker sogar das Kastensystem als spezifische Lebensweise, die vor dem globalen Ansturm des globalen Individualismus geschützt werden sollte.

Um dieses Problem zu lösen, ist die bevorzugte Vision die einer vereinten Welt mit all ihren partikularen Formen des Gedeihens, wobei jede von ihnen seine Differenz gegenüber den anderen behauptet, aber als eine positive Demonstration von Kreativität, die zum Wohlstand der gesamten Gesellschaft beiträgt. Wenn eine ethnische Gruppe daran gehindert wird, ihrer Identität in dieser kreativen Weise Ausdruck zu verleihen, weil sie unter Druck steht, darauf zu verzichten und sich in die vorherrschende (meist westliche) Kultur und Lebensweise selbst zu »integrieren«, kann sie darauf nur reagieren, indem sie sich in negative Differenz zurückzieht, einen regressiven, puristischen Fundamentalismus, der die vorherrschende Kultur bekämpft, einschließlich gewalttätiger Mittel – kurz, die fundamentalistische Gewalt ist eine Reaktion, für die die vorherrschende Kultur verantwortlich ist.

Diese gesamte Sicht kreativer Differenzen, partikularer Identitäten, die zu einer geeinten Welt beitragen, aber bedroht sind von dem gewaltigen Druck auf die Minderheiten, sich zu »integrieren« – in anderen Worten, von der falschen Universalität der westlichen Lebensweise, die sich selbst als allgemeiner Standard durchsetzt –, muss im Ganzen zurückgewiesen werden. Die Welt, in der wir leben, ist eine, aber sie ist es, weil sie durchzogen ist (und in gewisser Weise zusammengehalten wird) von demselben Antagonismus, der dem Herzen selbst des globalen Kapitalismus eingeschrieben ist. Universalität ist nicht über und oberhalb von partikularen Identitäten verortet, sie ist ein Antagonismus, der jede »Lebensweise« von innen her durchschneidet. Dieser Antagonismus bestimmt alle emanzipatorischen Kämpfe: Explizite und ungeschriebene Gesetze von Hierarchie, Homophobie, männlicher Herrschaft und so weiter sind wesentliche Bestandteile der »Lebensweise«, in der solche Kämpfe stattfinden. Nehmen wir den sehr sensiblen Fall von China und Tibet: Die brutale chinesische Kolonisierung Tibets ist eine Tatsache, aber diese Tatsache sollte uns nicht blind dafür machen, was für eine Art von Land Tibet vor 1949 war und sogar vor 1959 – eine raue Feudalgesellschaft mit einer extremen Hierarchie, geregelt bis in das letzte Detail. In den späten 1950er Jahren, als die chinesischen Behörden die tibetische »Lebensweise« noch mehr oder weniger tolerierten, besuchte ein Dorfbewohner seine Verwandten in einem Nachbardorf, ohne seinen Feudalherrn um Erlaubnis zu bitten. Als er gefangen und ihm eine schwere Strafe angedroht wurde, suchte er Zuflucht in einer nahe gelegenen chinesischen Garnison, aber als sein Herr davon erfuhr, beschwerte er sich darüber, dass die Chinesen sich brutal in die tibetische Lebensweise einmischten – und er hatte recht! Was sollten die Chinesen also tun? Ein weiteres ähnliches Beispiel ist das eines traditionellen tibetischen Brauchs: Wenn ein Leibeigener einem Landbesitzer oder Geistlichen auf einem schmalen Weg begegnete,

> »stellte er sich an den Rand, in gewissem Abstand, legte einen Ärmel über seine Schulter, beugte sich herab und streckte die Zunge heraus – eine Höflichkeitsgeste, die Niedrigergestellte den ihnen Höhergestellten erwiesen –, und sie wagten es erst, ihre Reise fortzusetzen, nachdem die ehemaligen Leibeigenen vorübergegangen waren.«[22]

Um jegliche Illusionen über Tibet zu zerstreuen, ist es nicht ausreichend, die geschmacklose Natur dieses Brauchs zur Kenntnis zu nehmen. Über das übliche Beiseitetreten und Verbeugen hinaus musste das untergeordnete Individuum – um dem Ganzen noch die Krone aufzusetzen – sein Gesicht in einem Ausdruck demütigender Dummheit (mit offenem Mund, die Zunge hervorgestreckt, die Augen nach oben gedreht) erstarren lassen, um mit dieser grotesken Grimasse seine nutzlose Dummheit unter Beweis zu stellen. Der springende Punkt liegt hier darin, die Gewalt dieser Praxis zu erkennen, eine Gewalt, die keine Berücksichtigung kultureller Differenzen und kein Respekt für die Andersheit reinwaschen sollte. Noch einmal: Wo sollte in Fällen wie diesem der Respekt vor der Lebensweise des anderen seine Grenze finden? Es ist richtig, wir sollten nicht von außen intervenieren und unsere Standards durchsetzen, aber ist es nicht die

Pflicht eines jeden Kämpfers für Emanzipation, bedingungslos diejenigen in anderen Kulturen zu unterstützen, die von innen heraus solchen unterdrückerischen Bräuchen Widerstand leisten?[23]

Antikolonialisten betonen regelmäßig, wie die Kolonisierer versuchen, ihre eigene Kultur als universell durchzusetzen, und damit die indigene Lebensweise schwächen; aber wie sieht es mit der gegenteiligen Strategie aus, die darin besteht, die lokalen Traditionen zu bestärken, um die koloniale Herrschaft effizienter zu machen? Es verwundert nicht, dass die britische Kolonialverwaltung in Indien das *Gesetzbuch des Manu* – eine alte detaillierte Rechtfertigung für und Handbuch des Kastensystems – zu einem grundlegenden Text erhob, der als Referenz für die Etablierung des Rechtskodex dienen sollte, der die hochgradig effiziente Herrschaft über Indien so weit ermöglichen sollte, dass man sogar sagen kann, dass das *Gesetzbuch des Manu* erst im Nachhinein zu *dem* Buch der Hindu-Tradition wurde. Und, in einer subtileren Weise, tun die israelischen Behörden dasselbe in der Westbank: Sie tolerieren stillschweigend (oder wenigstens untersuchen sie nicht ernsthaft) »Ehrenmorde«, da sie sich bewusst sind, dass die wahre Bedrohung für sie nicht von den devoten Muslimen kommt, sondern von den modernen Palästinensern.

Dies ist die Lehre, die nicht nur Flüchtlinge, sondern alle Mitglieder traditioneller Gemeinschaften lernen sollten: Gegen kulturellen Neokolonialismus zurückzuschlagen bedeutet gerade nicht, im Namen ihrer traditionellen Kultur Widerstand zu leisten, sondern eine viel radikalere Modernität neu zu erfinden, etwas, dessen sich – wiederum – Malcolm X äußerst bewusst war. Es ist dieser Unwille, die übergeordnete Rolle von Universalität zu akzeptieren, die die Mehrheit der postkolonialen Studien untergräbt. Ramesh Srinivasans Arbeiten[24] sind repräsentativ für das Bemühen, digitale Technologie zu »dekolonisieren«, die nicht einfach ein neutral-universeller technologischer Rahmen für den Austausch zwischen Kulturen ist: Er bevorzugt eine bestimmte (die westliche moderne) Kultur, so dass selbst gutgemeinte Bemühungen, die digitale Alphabetisierung auszuweiten und alle in das digitale »globale Dorf« einzuschließen, insgeheim die Kolonisierung fortsetzen und darauf beharren, die Subalternen in die westliche Moderne zu integrieren und ihre kulturelle Besonderheit zu unterdrücken. Srinivasan erwähnt kurz, dass Gemeinschaften selbst »vielschichtig und divers« sind, aber anstatt diesen Punkt bis zum Begriff von Antagonismen hin zu entwickeln, die jede Gemeinschaft durchziehen, verwässert er ihn zu einer globalen Relativierung und der Parteilichkeit eines jeden Blickwinkels. Die grundlegenden Einheiten seiner Sichtweise von Realität sind Gemeinschaften, die durch ihre Lebenspraktiken ihre eigene Wahrnehmung von Realität formen; sie sind der Ausgangspunkt, und »Gespräche, die über die Grenzen der Gemeinschaften hinausgehen«, kommen an zweiter Stelle, so dass wir, wenn wir sie praktizieren, immer aufpassen müssen, dass wir die authentische Stimme der partikularen Gemeinschaft respektieren. Darin liegt die Falle des populären Begriffs des »globalen Dorfs«: Er legt nichtwestlichen partikularen Gemeinschaften Vermutungen zugrunde, die nicht ihre sind, das heißt, er praktiziert kulturellen Kolonialismus:

> »Obwohl es wichtig ist, über andere Menschen, Kulturen und Gemeinschaften in ihren Begriffen etwas zu lernen, müssen wir die Macht und Bedeutung lokaler, kultureller, indigener und gemeinschaftsbasierter kreativer Nutzungen von Technologie respektieren. Gespräche, die über die Grenzen der Gemeinschaft hinausgehen, können und sollten entstehen, aber nur wenn die Stimmen ihrer Teilnehmer wahrhaftig respektiert werden. Aus dieser Perspektive ist das ›globale Dorf‹ eher das Problem als die Lösung. Wir müssen Annahmen über Technologie und Kultur zurückweisen, die von westlichen Konzepten von Kosmopolitismus diktiert werden.«[25]

Aus diesem Grund kritisiert Srinivasan Ethan Zuckerman, der

> »recht damit hat zu sagen, dass viele der heutigen Herausforderungen, wie der Klimawandel, globale Absprachen und kulturenübergreifendes Bewusstsein erforderlich machen. Aber nicht alle Herausforderungen sind global, und tatsächlich global über die Traditionen von Völkern, Wissensformen, Kämpfe und Identitäten nachzudenken, könnte sie unabsichtlich aus Macht- und Kontrollpositionen ausschließen.«[26]

Wiederum ist die globale Sicht also streng nachgeordnet; was zuerst kommt, ist die Vielzahl lokaler Gemeinschaften mit ihren besonderen »Ontologien«. Und selbst die moderne Wissenschaft wird in ihrer globalen Reichweite historisch relativiert als eines unter vielen Wissensfeldern, ohne das Recht auf Privilegien – Srinivasan zitiert zustimmend Boaventura de Sousa Santos, der behauptet:

> »das epistemologische Privileg, das der modernen Wissenschaft seit dem 17. Jahrhundert zugestanden wird und das die technologischen Revolutionen ermöglicht hat, die die Vorherrschaft des Westens gefestigt haben, war auch förderlich, andere nichtwissenschaftliche Formen und Wissen zu unterdrücken [...]. Es ist nun an der Zeit, eine demokratischere und gerechtere Gesellschaft aufzubauen und [...] Wissen und Macht zu dekolonisieren.«[27]

Es wäre einfach zu zeigen, dass eine solche »flüssige Ontologie« der Vielzahl von Kulturen sich mit einem typisch westlich postmodernen Blick auf die Historisierung allen Wissens gründet, ein Blick, der nichts zu tun hat mit den tatsächlichen prämodernen Gesellschaften. Aber viel wichtiger ist die Verbindung zwischen Srinivasans Verleugnung von Universalität (sein Insistieren auf dem Primat partikularer Kulturen/Gemeinschaften) und sein Ignorieren der inneren Widersprüche, die den partikularen Gemeinschaften innewohnen: Sie sind die beiden Seiten derselben Verkennung, da Universalität nicht eine neutrale Entität ist, die sich über die partikularen Kulturen erhebt; sie ist ihnen eingeschrieben, arbeitet in ihnen in Gestalt ihrer inneren Antagonismen, Inkonsistenzen und disruptiven Negativitäten. Jede partikulare Lebensweise ist eine politisch-ideologische Formation, deren Aufgabe es ist, einen zugrundeliegenden Antagonismus zu verschleiern, eine partikulare Weise, mit diesem Antagonismus umzugehen, und dieser Antagonismus durchzieht den gesamten gesellschaftlichen Raum. Abgesehen von einigen Stämmen im Amazonas-Regenwald, die noch keinen Kontakt mit der modernen Gesellschaft etabliert haben, sind alle Gemeinschaften heute Teil einer globalen Zivilisation in dem Sinne, dass ihre Autonomie selbst in

Begriffen des globalen Kapitalismus gefasst werden muss. Nehmen wir den Fall amerikanischer Ureinwohnerstämme, die versuchen, ihre alte Lebensweise wiederaufleben zu lassen. Diese Lebensweise geriet aus dem Gleis und wurde durchkreuzt bei ihrem Kontakt mit der modernen Zivilisation, die einen zerstörerischen Effekt hatte und die Stämme vollkommen desorientiert zurückließ, eines stabilen gemeinschaftlichen Rahmens entblößt. Ihre Versuche, etwas Stabilität zurückzugewinnen, indem sie den Kern ihrer traditionellen Lebensweise wiederherstellen, hängen in der Regel von ihrem Erfolg dabei ab, ihre Nische in der globalen Marktökonomie zu finden. Viele Stämme geben klugerweise das Einkommen aus Kasinos und Schürfrechten für diese Wiederherstellung aus, oder, wie Richard Wagner es ausdrückte: »die Wunde schließt der Speer nur, der sie schlug«.

In Orwells *1984* findet sich der berühmte Wortwechsel zwischen Winston und O'Brien, der ihn verhört. Winston fragt ihn:

»›Existiert der Große Bruder?‹
›Natürlich existiert er. Die Partei existiert. Der Große Bruder ist die Verkörperung der Partei.‹
›Existiert er so, wie ich existiere?‹
›Sie existieren nicht‹, sagte O'Brien.«[28]

Sollten wird nicht etwas Ähnliches über die Existenz der Universalität sagen? Wie bereits erörtert, auf die nominalistische Behauptung, es gebe keine reine neutrale Universalität, können wir antworten: »Nein, heute sind es die partikularen Lebensweisen, die nicht als autonome Modi historischer Existenz existieren, die einzige tatsächliche Realität ist die des universellen kapitalistischen Systems.« Im Gegensatz zur Identitätspolitik, die sich darauf konzentriert, wie jede Gruppe in der Lage sein sollte, ihre partikulare Identität vollständig einzufordern, ist die radikale Aufgabe also, jede Gruppe zu befähigen, vollständigen Zugang zur Universalität zu erhalten – was nicht heißt anzuerkennen, dass man auch Teil eines universellen menschlichen Geschlechts ist, oder ideologische Werte zu behaupten, die als universell betrachtet werden. Es bedeutet anzuerkennen, wie die eigene

Universalität in den Frakturen der eigenen partikularen Identität am Werk ist, als »Arbeit des Negativen«, die jede partikulare Identität unterläuft – oder, wie Susan Buck-Morss es ausgedrückt hat, die universelle Menschheit zeigt sich »an den Rändern«:[29]

> »Anstatt eine Vielzahl unterschiedlicher Kulturen als gleichberechtigt anzusehen, so daß das Individuum immer nur indirekt, vermittelt durch eine kollektive kulturelle Identität, als der Menschheit zugehörig gedacht wird, müssen wir erkennen, daß die universelle Menschheit gerade an den Bruchstellen historischer Abläufe sichtbar wird. Denn in diesen Momenten der geschichtlichen Diskontinuität verleihen Menschen, deren Kultur bis zum Zerbersten belastet wurde, einer Humanität Ausdruck, die alle kulturellen Grenzen überschreitet. Und nur wenn wir uns auf mitfühlende Weise mit diesem rohen, freien und verwundbaren Zustand identifizieren, können wir verstehen, was sie uns sagen wollen. Die gemeinsame Menschheit existiert trotz der Kultur und all ihrer Unterschiede. Wenn eine Person sich nicht länger als mit dem Kollektiv identisch wahrnimmt, ermöglicht diese neue, untergründige Formen der Solidarität, die an unser universelles moralisches Empfinden appellieren, das heute die Quelle des Enthusiasmus und der Hoffnung darstellt.«[30]

Hier liefert Buck-Morss ein präzises Argument gegen die postmoderne Lyrik der Diversität: Sie maskiert die zugrundeliegende Gleichförmigkeit der brutalen Gewalt, die von kulturell verschiedenen Kulturen und Regimes ausgeübt wird: »Können wir uns damit zufriedengeben anzuerkennen, daß es so etwas wie ›multiple Modernen‹ gibt, aus denen sich die Notwendigkeit einer Politik der ›Diversität‹ und der ›Vielfalt‹ ableitet, wo wir doch wissen, daß die Bestandteile dieser Vielfalt oft erstaunliche Ähnlichkeiten in puncto Unmenschlichkeit aufweisen?«[31]

Wenn linke Liberale weiterhin endlos das Motiv variieren, dass der Aufstieg des Terrorismus das Ergebnis westlicher kolonialer und militärischer Interventionen im Mittleren Osten ist, was bedeutet, dass in letzter Instanz wir dafür verantwortlich sind, sticht ihre Analyse, obwohl sie Respekt anderen gegenüber vortäuscht, als ein offensichtlicher Fall von bevormundendem Rassismus heraus, der den Anderen auf ein passives Opfer reduziert und ihn jeglicher eigener Agenda beraubt. Was eine solche Sichtweise nicht zu sehen vermag, ist, dass Araber keinesfalls einfach passive Opfer europäischer und amerikanischer neokolonialer Machenschaften sind. Ihre verschiedenen Handlungsweisen sind nicht einfach reaktiv, es sind andere Formen aktiven Engagements in ihrer Notlage: Der expansive und aggressive Schub in Richtung Islamisierung (die Finanzierung von Moscheen im Ausland beispielsweise) und der offene Krieg gegen den Westen sind Wege, aktiv in eine Situation mit einem wohldefinierten Ziel einzutreten.

Aus demselben Grund sollte man auch den emanzipatorischen Wert anzweifeln, der darin läge, die kolonisierten Völker als »Ureinwohner« oder »erste Völker« zu bezeichnen. Als in den USA die Hypothese geäußert wurde, dass die heutigen »Ureinwohner Amerikas« (»Indianer«) nicht die ersten menschlichen Bewohner dort gewesen seien, dass sie eine andere frühere Rasse verdrängt hätten, war die vorherrschende linksliberale Reaktion, es handle sich hier um einen dunklen Schachzug, um die Schrecken der Kolonisierung zu vertuschen (»was wir weißen Menschen den Indianern angetan haben, haben sie anderen angetan«). In ähnlicher Weise betrachten Antirassisten mit Misstrauen die Historiker, die zu beweisen versuchen, dass die ersten weißen Siedler (Buren) in Südafrika gleichzeitig (oder sogar ein paar Jahrzehnte früher) als die heutige schwarze Mehrheit dort waren, die das Land von Norden aus eingenommen und die ursprünglichen Einwohner (Buschleute und Hottentotten) verdrängt hatten. Wenn solches Misstrauen auch gerechtfertigt ist, d.h., wenn die Unterstützung weißer Rassisten für solche Forschungen offensichtlich ist, sollte man dennoch die Idee absolut zurückweisen, dass der Beweis, die heutigen »amerikanischen Ureinwohner« oder die schwarze Mehrheit in Südafrika seien nicht die »ersten Völker« dort gewesen, den antirassistischen Kampf der Schwarzen oder »Ureinwohner« für vollständige Emanzipation mindern oder unterlaufen würde. Der heutige Rassismus hat nichts mit der historischen Frage des »Wer war zuerst da?« zu tun: Er ist eine Sache heutiger Verhältnisse von Herrschaft und Ausbeutung.

Das westliche Erbe ist in der Tat nicht nur das von kolonialer und postkolonialer imperialistischer Herrschaft, sondern auch dasjenige selbstkritischer Untersuchung der Gewalt und Ausbeutung, die der Westen der Dritten Welt gebracht hat. Die Franzosen kolonisierten Haiti, aber die Französische Revolution lieferte auch die ideologische Grundlage für den Aufstand, der die Sklaven befreite und ein unabhängiges Haiti etablierte; der Prozess der Dekolonisierung wurde in Gang gesetzt, als die kolonisierten Nationen für sich dieselben Rechte verlangten, die sich der Westen genommen hatte. Kurz, wir sollten nie vergessen, dass der Westen genau die Standards zur Verfügung stellte, nach denen er (ebenso wie seine Kritiker) seine kriminelle Vergangenheit misst.

4.
Ernst Lubitsch, Sex und Indirektheit

Theodor W. Adorno kehrte Benedetto Croces herablassendes histori-
zistisches Diktum »Lebendiges und Totes in Hegels Philosophie« (der
Titel seines Hauptwerks) um: Wenn Hegels Denken noch lebt, sollte
heute nicht die Frage gestellt werden: »Wie steht Hegels Arbeit in
Bezug auf unsere derzeitige Konstellation? Wie sollen wir sie lesen,
so dass sie uns noch etwas mitteilen kann?«, sondern vielmehr diese:
»Wie stehen wir heute in Bezug auf – in den Augen von – Hegel?«
Genau das Gleiche gilt für den Regisseur Ernst Lubitsch: Die Frage
lautet: »Wir würden unsere heutigen Zeiten in den Augen Lubitschs
erscheinen?« Darin liegt Lubitschs Aktualität: Obwohl er selbstverständlich mit Abscheu populistischen Neorassismus zurückgewiesen
hätte, hätte er sofort die Falschheit dessen Gegenteils bemerkt, des
politisch korrekten Moralismus, und ganz klar ihre versteckte Kom-
plizität erkannt. Lubitsch wäre entsetzt gewesen zu sehen, dass die
perversen Vergnügen der Obszönität und sogar Ironie zur Rechten
gewandert sind, während die Linke in pathetischem, asketischem,
puritanischem Moralismus gefangen ist.

Das bedeutet, dass es keine Erneuerung der Linken geben kann
ohne einen Hauch Lubitsch.

Wie würde Lubitsch also diese unheilige Verbindung bekämpfen? Durch komische Indirektheit – aber wie funktioniert das? Nachdem das ganze Ausmaß der Nazi-Gräuel dem Publikum bekannt geworden war, wurden Lubitschs Meisterwerk *Sein oder Nicht-Sein* (1942) wie auch Chaplins *Der große Diktator* (1940) für das Herunterspielen der Schrecken der Naziherrschaft kritisiert, indem sie daraus Stoff für Komödien gemacht hätten – Chaplin selbst sagte, dass er diesen Film nie gedreht hätte, wenn er sich der Schrecken der Konzentrationslager bewusst gewesen wäre. Die Situation ist aber viel komplexer und zwiespältiger. Ist es nicht so, dass in einer Tragödie die Opfer ein Minimum an Würde bewahren; wird aus diesem Grund, wenn der Schrecken ein bestimmte Grenze überschreitet, seine Darstellung in Form einer Tragödie ein blasphemisches Herunterspielen seines Ausmaßes? In Auschwitz (oder in einem Gulag) wurden die Opfer ihrer menschlichen Würde in einem solchen Ausmaß beraubt, dass sie nicht mehr als tragische Helden wahrgenommen werden konnten; stattdessen kam ein komisches Element ins Spiel – es verwundert daher nicht, dass einige der besten Filme über Konzentrationslager Komödien sind. Sollten wir also wirklich überrascht sein, dass einer der Witze, der in Sarajewo umging, als die Stadt von 1992 bis 1995 von serbischen Kräften belagert wurde und von der Gasversorgung abgeschnitten war, lautete: »Was ist der Unterschied zwischen Auschwitz und Sarajewo? In Auschwitz hatten sie wenigstens keinen Gasmangel.« Oder was ist mit dem grausamen Bonmot, das unter den Überlebenden des Massakers von Srebrenica 1995 populär war, bei dem mehr als 7000 bosnische Männer und Jungen von serbischen Streitkräften getötet wurden? (Um diesen Witz zu verstehen, muss man wissen, dass man, wenn man im früheren Jugoslawien zum Metzger ging, um Rindfleisch zu kaufen, für gewöhnlich gefragt wurde: Mit oder ohne Knochen? – die Knochen bekam man, um der Fleischbrühe einen besseren Geschmack zu verleihen.) Nach dem Krieg kehrt ein Flüchtling von Deutschland nach Srebrenica zurück und will ein

Stück Land kaufen, um dort ein Haus zu bauen, also fragt er einen Freund nach dem Preis, worauf der Freund zurückfragt: »Es kommt darauf an – willst du es mit oder ohne Knochen?« So geht man mit einem Trauma um, das nicht richtig betrauert und verarbeitet werden kann – man verwandelt es in einen Witz. Daran ist nichts Respektloses: Im Gegenteil, solche Witze beinhalten eine Bewusstheit, dass die Erinnerung noch zu roh ist, um den Trauerprozess auf sie anzuwenden.

Entlang einer ähnlichen Linie verläuft eine Geschichte, die mir Wolf Biermann erzählt hat, die selbst des Gestapo-Hauptmanns Ehrhardt in *Sein oder Nicht-Sein* unwürdig ist. In den frühen 1990er Jahren traf er sich mit grünen Polit-Gruppierungen in Ostdeutschland; unter ihnen befanden sich einige Neonazi-Ökologen, und als Biermann ihnen ihre Hitler-Sympathien vorwarf, erhielt er eine schockierende Antwort: »Nein, wir sind zutiefst hitlerkritisch. Es stimmt, er hat einige gute Dinge getan wie die Vernichtung der Juden, aber er hat auch viel Schreckliches getan wie die Zerstörung des Waldes, um Autobahnen zu bauen.« (Man bemerke, wie diese Kritik die übliche Hitler-Verteidigung umkehrt: »Es stimmt, er hat einige schlimme Dinge getan, wie Juden zu töten, aber er hat auch einiges Gutes getan, wie die Autobahn zu bauen und die Bahnen pünktlicher fahren zu lassen!«)

Lubitschs Zugang hat eine tiefe ontologische Grundlage. In einem der effektvollsten Witze in *Sein oder Nicht-Sein* verkörpert der polnische Schauspieler Josef Tura Oberst Ehrhardt, der mit einem hochrangigen polnischen Kollaborateur spricht und in einer lächerlich übertriebenen Weise (wie wir denken) das Gerücht über ihn kommentiert: »Sie nennen mich also Konzentrationslager-Ehrhardt?«, und seine Worte mit einem vulgären Lachen begleitet. Etwas später muss Tura fliehen, und der echte Ehrhardt taucht auf; und als die Unterhaltung ebenfalls Gerüchte über ihn streift, reagiert er in der exakt gleichen Weise wie sein Imitator, das heißt genauso lächerlich und übertrieben … Die Botschaft ist deutlich: Sogar Ehrhardt selbst ist nicht unmittelbar er selbst, auch er muss seine eigene Kopie imitieren, oder genauer: die lächerliche Idee von ihm selbst. Während Tura ihn nachspielt, spielt

Ehrhardt sich selbst nach. (Zufällig haben wir hier ein perfektes Beispiel für die Hegel'sche Unterscheidung zwischen subjektivem und objektivem Humor: Tura, der Ehrhardt in übertriebener Weise spielt, ist subjektiver Humor, während Ehrhardt, der dieselbe Übertreibung verkörpert, objektiver Humor ist, Humor der dem Objekt selbst eingeschrieben ist.) Können wir nicht genau das Gleiche sagen über Donald Trump, der auch sich selbst spielt?

Dies bedeutet nicht, dass Lubitsch ein postmoderner zynischer Ironiker wäre, dessen Prämisse lautet, dass, da alles mediatisiert und indirekt ist und jeder sich selbst spielt, wahre Liebe in irgendeiner romantischen Sphäre jenseits der komischen Indirektheit existiert. Wir müssen lernen, sie inmitten all der komischen Verwirrungen zu lokalisieren. Wenn es ein Beispiel für wahre und dauerhafte Liebe in *Sein oder Nicht-Sein* gibt, ein Modell einer idealen Ehe, dann ist es dasjenige von Josef und Maria Tura (Maria und Josef, das Paar schlechthin!). Maria flirtet permanent und betrügt ihn, während Josef unerträglich selbstbezogen und von seiner eigenen Größe überzeugt ist, aber sie sind vollkommen unzertrennlich. Man kann sich ihre Scheidung noch nicht einmal vorstellen – es käme gar nicht in Frage, dass Maria Josef fallenlässt und mit dem Piloten lebt, mit dem sie ihn betrügt. Das bedeutet, dass es keine universelle Formel für eine sexuelle Beziehung gibt: Die einzige Universalität ist eine negative, die des Scheiterns, und um dieses Scheitern auszugleichen, sollte ein Paar eine idiosynkratische Formel erfinden – was Lacan *Sinthom* genannt hat, der minimale Knoten des Genießens –, die, wenn sie funktioniert, viel stabiler sein kann als reine, leidenschaftliche Liebe.

Deutet aber diese Tatsache nicht auch auf die Grenzen von Lubitschs Sichtweise für uns heute? Wir erfahren zunehmend, wie das, was für Lubitsch noch ein Witz war, heute einfach im wirklichen (politischen und ideologischen) Leben ausgeführt wird. Man denke an Ehrhardts legendäres Bonmot: »Wir übernehmen das Konzentrieren, die Polen das Lagern« – könnten nicht heutige Manager, die die Sparpolitik verteidigen, etwas Ähnliches sagen: »Wir übernehmen die Politik, die normalen Leute das Sparen«? Vielleicht funktionieren

Lubitsch-Witze nur, während eine liberale Scheinheiligkeit noch existiert, über die wir uns lustig machen können; aber was, wenn die Macht brutal ausgeübt wird und ihre liberal-humanitär-demokratische Maske ablegt? Man ist fast versucht zu sagen: Bringt uns die scheinheilige Maske zurück!

Lubitsch wäre sich jedoch bewusst gewesen, dass ein plötzliches Entreißen der Maske immer falsch ist. In den »revolutionären« 1960ern war es Mode, Perversion gegen den Kompromiss der Hysterie in Stellung zu bringen: Ein Perverser verstößt direkt gegen gesellschaftliche Normen, er oder sie tut offen, wovon ein Hysteriker nur träumt oder was er zweideutig in ihren oder seinen Symptomen zum Ausdruck bringt. Das bedeutet, dass der Perverse gewissermaßen über den Herrn und sein Gesetz hinauswächst, während der Hysteriker den Herrn in zweideutiger Weise provoziert, was auch als Verlangen nach einem wahreren Herrn verstanden werden kann ... Gegen diese Sichtweise haben Freud und Lacan stichhaltig begründet, dass Perversion alles andere als subversiv, die versteckte Rückseite der Macht ist: Jede Form von Macht braucht Perversion als ihre inhärente Transgression, die sie stützt. Um operativ zu sein, muss jedes ideologische Gebäude inkonsistent sein: Seine expliziten Normen müssen durch implizite Normen auf höherer Ebene ergänzt werden, die uns sagen, wie man mit diesen expliziten Normen umzugehen hat (wann sie befolgt, wann sie gebrochen werden müssen). In anderen Worten besteht eine Ideologie nicht nur aus expliziten Normen; sie enthält eine obszöne Kehrseite, die diese expliziten Normen bricht – diese Inkonsistenz ist es, die sie zu einer Ideologie macht. Was heute jedoch geschieht, ist nicht einfach mehr von demselben, sondern eine qualitativ neue Form der Dissonanz: eine offen eingestandene und aus diesem Grund als irrelevant behandelte Dissonanz. Die Geschichte über den Aschenbecher, mit der dieses Buch begonnen hat, stellt die Matrix für diese neue Form zur Verfügung – denken wir an die Debatten über Folter: War die Haltung der US-Behörden nicht so etwas wie: »Folter ist verboten, und hier ist die Anleitung für Waterboarding«? Das Paradox besteht folglich darin, dass heute in gewisser Weise weniger Täuschung herrscht als in einer traditionelleren Funktionsweise von Ideologie: Niemand wird wirklich getäuscht.

Genau dann, wenn wir uns anscheinend den schmutzigsten Phantasien in unseren Köpfen öffnen, wird der wahrhaft traumatische Punkt weiterhin unterdrückt. Wird nicht aber Lubitschs Indirektheit auch durch die Zensur des Hays Code geformt? Adorno schrieb einmal, dass ein wirklich guter Film alle Regeln des Hays Code befolgen würde, wenn auch nicht, um dem Gesetz zu gehorchen, sondern aus einer inneren Notwendigkeit heraus – genau das tut Lubitsch, allerdings nicht ganz ...

Ein beispielhafter Fall, wie diese Regeln funktionieren, zeigt sich in der bekannten Szene nach etwa drei Vierteln von *Casablanca*: Ilsa Lund (Ingrid Bergmann) betritt Rick Blaines (Humphrey Bogarts) Zimmer und versucht, das Transitvisum zu bekommen, das ihr und ihrem Ehemann Victor Laszlo, einem Anführer des Widerstands, die Flucht aus Casablanca nach Portugal und von dort nach Amerika ermöglichen wird. Nachdem sie zusammenbricht und sagt: »Wenn du wüsstest, wie sehr ich dich geliebt habe und immer noch liebe«, umarmen sie sich in einer Nahaufnahme, die sich dann in einer Dreieinhalb-Sekunden-Aufnahme des nächtlichen Flughafen-Towers auflöst, dessen Lichter kreisen, und schließlich zurück in eine Aufnahme von außen durch das Fenster in Ricks Raum, wo er steht, nach draußen schaut und eine Zigarette raucht. Er wendet sich dem Raum zu und sagt: »Und dann?« Sie setzt ihre Geschichte fort ... Die Frage, die sich hier sofort stellt, lautet natürlich: Was geschah *dazwischen*, während der Aufnahme vom Flughafen – hatten sie Sex oder nicht? Der Film ist nicht einfach zweideutig; er bringt zwei klare, wenn auch sich gegenseitig ausschließende Bedeutungen hervor – sie haben es getan und sie haben es nicht getan. Es gibt eine Reihe von verschlüsselten Anzeichen, dass sie es getan haben und dass die Dreieinhalb-Sekunden-Szene für einen längeren Zeitraum steht (der Anblick eines sich leidenschaftlich umarmenden Paars signalisiert für gewöhnlich den Sexualakt nach der Abblende; die Zigarette danach ist ebenfalls ein konventionelles Zeichen für die Entspannung nach dem Akt; und da ist die vulgäre phallische Konnotation des Towers). Eine parallele Reihe von Signalen legt nahe, dass sie es nicht getan haben, dass die Aufnahme des Flughafen-Towers der realen erzählten Zeit entspricht (das Bett im Hintergrund ist unberührt; dasselbe Gespräch wird nahtlos fortgesetzt). Obwohl der Film auf der Oberfläche seiner Handlungsfolge vom Zuschauer als den strengsten moralischen Codes gehorchend konstruiert werden kann, bietet er den Subtileren genügend Hinweise, um eine alternative, sexuell viel gewagtere Geschichte zu konstruieren. So funktioniert Ideologie in klassischen Hollywood-Filmen: Nichts wird vollständig unterdrückt, alles kann unzweideutig in kodifizierter Form gezeigt werden (wenn jemand anmerkt, dass ein Mann nach Parfüm riecht, bedeutet das, er ist schwul etc.).

Im späteren Hollywood wurde dieses Spiel der inneren Übertretung deutlich komplexer. Denken wir beispielsweise an die kraftvollste Szene in *The Sound of Music* [*Meine Lieder – meine Träume*, 1965]: Nachdem Maria von der Trapp-Familie zurück ins Kloster geflohen ist, unfähig, mit der sexuellen Anziehung Baron von Trapps auf sie zurechtzukommen, kann sie dort keinen Frieden finden, da sie sich noch immer nach ihm sehnt. In einer denkwürdigen Szene weist sie die Mutter Oberin zurecht und rät ihr, zur Familie von Trapp zurückzukehren und ihre Beziehung zum Baron zu klären. Sie bringt ihre Botschaft in einem merkwürdigen Lied herüber, »Climb every mountain!« [Besteige jeden Berg], dessen überraschendes Motiv lautet: Tu es, geh das Risiko ein und versuche alles, was dein Herz begehrt! Erlaube keinen kleinlichen Überlegungen, sich in deinen Weg zu stellen! Die Person, von der man erwarten würde, dass sie Enthaltsamkeit und Verzicht predigt, erweist sich als Agentin für die Treue zum eigenen Begehren. Bedeutsamerweise war es *diese* Szene – die drei Minuten dieses Lieds –, die bei den Vorstellungen des Films im sozialistischen Jugoslawien in den späten 1960er Jahren zensiert wurde. Der anonyme sozialistische Zensor zeigt damit seinen tiefen Sinn für die wahrhaft gefährliche Macht der katholischen Ideologie: Weit davon entfernt, die Religion des Opfers, der Entsagung von weltlichen Genüssen zu sein (im Gegensatz zur heidnischen Zustimmung zur einem Leben voller Leidenschaften), bietet der Katholizismus ein gewundenes Stratagem, um in unserem Begehren zu schwelgen, ohne den Preis dafür bezahlen zu müssen, um unser Leben zu genießen, ohne die Angst vor dem Verfall und dem schwächenden Schmerz, der uns am Ende unserer Tage erwartet. Heute, angesichts der Fälle von Kindesmissbrauch, die überall in der katholischen Kirche aufgedeckt werden, kann man sich leicht eine neue Version dieser Szene vorstellen: Ein junger Priester kommt zum Abt und klagt darüber, noch immer unter seinem Begehren für Jungen zu leiden. Auf seine Bitte nach weiterer Strafe antwortet der Abt mit dem Lied: »Besteige jeden Jungen …«.

Lubitsch tut dies jedoch nicht: Seine Indirektheit beläuft sich nicht auf ein so primitives Spiel, bei dem präzise Codes zeigen, was hinter den verschlossenen Türen geschieht (der Sexualakt oder etwas in der Art). Lubitsch ist sich wohlbewusst, dass eine solche Technik das Gesetz in perverser Weise um seine obszöne Rückseite ergänzt: Die perverse direkte Ausübung des unterdrückten Inhalts kommt ihrer stärksten Unterdrückung gleich, d.h., genau dann, wenn wir uns anscheinend für die schmutzigsten Phantasien in unseren Köpfen öffnen, bleibt der wirklich traumatische Punkt unterdrückt. Was also tut Lubitsch?

Obwohl ich kein Fan von *Sex and the City* bin, wird in einer der Folgen eine interessante Aussage getroffen, als Miranda sich mit einem Mann einlässt, der »dirty talk« während des Sex mag, und da Miranda still ist, sie bittet, alle schmutzigen Dinge auszusprechen, die ihr in den Kopf kommen, ohne Zurückhaltung. Sie widersetzt sich zuerst, aber dann verfällt sie selbst dem Spiel, alles läuft prima, ihr Sex ist intensiv und leidenschaftlich, bis … bis sie etwas sagt, das ihren Liebhaber dazu bringt, sich vollständig zurückzuziehen und die Sache abzubrechen. Inmitten ihres Gemurmels sagt sie, dass sie bemerkt hat, wie er es liebt, wenn sie beim Liebemachen ihren Finger in seinen Po steckt. Unwissentlich hat sie damit die Ausnahme berührt: Ja, sprich über alles, was du magst, raus mit allen schmutzigen Bildern, die in deinem Kopf sind, *außer diesem*. Die Lehre aus diesem Zwischenfall ist wichtig: Selbst die Universalität, frei zu reden, gründet sich auf einige Ausnahmen neben extremer Brutalität. Das verbotene Detail ist an sich unbedeutend und eher unschuldig, aber wir können nur vermuten, warum der Mann so empfindlich darauf reagiert – mit großer Wahrscheinlichkeit, weil die involvierte Passivität (anale Penetration) seine männliche Identifizierung stört.

Das Detail hat ihn nicht verstört, weil es einfach zu viel für ihn war, sondern weil es seinen innersten phantasmatischen Kern berührt hat, den er nicht offen zu konfrontieren fähig war, ein *Sinthom* (ein kondensierter Knoten) seines Genießens. Wir können uns Miranda vorstellen, die ihn fragt, was sie tun soll, und wir können uns sicher sein, dass er *das* nie sagen würde, das, was er am meisten begehrt – es ist an ihr, es zu entdecken, während sie darüber Stillschweigen bewahrt. Man sollte auch zur Kenntnis nehmen, dass das Missverständnis zwischen Miranda und ihrem Liebhaber Lacans Formel der Sexuierung folgt: Der Liebhaber versteht seinen Wunsch in »männlichen« Begriffen von Universalität, die sich auf eine Ausnahme gründen (sprich schmutzig und sag alles … außer das), während Miranda es in »weiblichen« Begriffen von Nicht-Allem ohne Ausnahme versteht (sag einfach, was dir in den Kopf kommt, ohne darüber nachzudenken, ob du alles »sagst«, und deshalb ohne jede Ausnahme). Elena Ferrante schrieb kürzlich: »Selbst heute, nach einem Jahrhundert des Feminismus, können wir nicht vollständig wir selbst sein.« Aber was wäre, wenn genau die Idee, »man selbst zu sein«, eine männliche ist?[1]

Der deutsche Philosoph F. W. J. Schelling hat »unheimlich« als das Erscheinen definiert, als Heraustreten in den offenen Raum, von etwas, das verborgen bleiben sollte. So löst das Unheimliche Angst aus, nicht weil es uns mit der Tatsache konfrontiert, dass etwas fehlt, sondern weil das Fehlen selbst fehlt, weil wir zu viel bekommen. Mirandas Liebhaber fühlt sich kastriert, weil er zu viel von ihr erhält, mehr als er eigentlich erbeten hatte – er hat sie gebeten, alle Obszönitäten auszusprechen, die ihr in den Kopf kommen, und was er erhält, ist die Ausnahme, auf die seine Universalität sich stützt. Er empfindet hier Kastration – kein Fehlen, aber dieses »zu viel« ist kastrierend.

In Lubitschs *The Smiling Lieutenant* [dt. *Der lächelnde Leutnant*, 1931] (genau vor der Einführung des Hays Code entstanden) wird dieser obszöne Exzess ins Extrem gesteigert. Die ersten fünf Minuten des Films verkörpern den Übergang von der Indirektheit (die grundlegende Operation des »Lubitsch-Touchs«) zum Exzess (seiner inhärenten Kehrseite). Er beginnt mit einer kurzen Szene der Indirektheit: Eine förmlich gekleidete Person steigt die Treppen hinauf, hält vor einer Wohnungstür an, zieht ein Dokument aus einer Brieftasche (eine Rechnung für teure Kleidung) und klingelt; niemand macht auf, also klopft er an die Tür, aber wieder öffnet niemand, dann geht er. Sofort nach seinem Weggehen kommt eine junge Frau die Treppe hinauf und klopft ebenfalls an die Tür, aber diesmal folgt das Klopfen einem offensichtlichen Code. Die Tür geht auf, und sie tritt sein; nach einem Zwischenspiel, das durch das Ausgehen der Lichter signalisiert wird, kommt sie wieder durch die Tür heraus, voller Freude. Auf diese indirekte Weise erfahren wir alles Wesentliche über den Bewohner der Wohnung, ohne ihn auch nur gesehen zu haben: Er ist Niki, ein Offizier der Kaiserlichen Österreichischen Armee (wie uns das Schild an der Tür informiert), der sich gerne teuer kleidet und das Leben genießt und der reihenweise junge Frauen verführt. Aber nun kommt die Gegenszene: Unmittelbar nachdem die junge Frau gegangen ist, folgt ein Schnitt und die Innenansicht der Wohnung, wo wir Niki (gespielt von Maurice Chevalier) im Morgenmantel sehen; ebenfalls zufrieden, steht er auf, tritt uns, den Zuschauern, gegenüber und singt ein extrem obszönes und peinliches Lied, das das Leben in der Armee preist. Das Lied gründet sich auf die Parallele zwischen militärischen Übungen (Befehlen gehorchen, angreifen, schießen) und Sex. Es beschreibt die Pflichten eines Offiziers als die des »Niederschießens« von Mädchen, und Niki führt es mit dem suggestiv betonten Wort »ratatatata« vor; was zur Obszönität beiträgt, ist die Tatsache, dass Chevaliers Spiel von seinem französischen Akzent begleitet wird, voller französischer Wörter, was auf das verbreitete populär-kulturelle Bild des verfeinert verführerischen und promiskuitiven Franzosen zurückgreift (und vollkommen inkonsistent damit ist, dass er sich als österreichischer Offizier präsentiert). Die Parallele zwischen militärischer und sexueller Aktivität betont auch die Pointe, dass ein Mann beim Geschlechtsverkehr der Frau dient, ihren Befehlen gehorcht, weshalb Niki nach der Heirat mit der Prinzessin so tut, als verstünde er ihre sexuellen Aufforderungen nicht, und sich weigert zu gehorchen, was wir als einen Akt der Rebellion lesen sollten, wie ein Arbeiter, der sich weigert, seinem Herrn zu dienen.

Eine Reihe komischer Wendungen folgt, und am Ende des Films, nachdem Niki sich selbst gestattet hat, sich von der Prinzessin verführen zu lassen, tritt er erneut durch die Schlafzimmertür und richtet sich mit demselben Lied an uns, nur mit leicht abgeänderten Worten (die nicht mehr vorübergehende Affären preisen, sondern ehelichen Sex), das jedoch ebenfalls mit dem obszönen »ratatatata« endet. Als er die Schlafzimmertür öffnet, hören wir von drinnen die Stimme seiner Frau, die »ratatatata« wiederholt. »Das Ding« (der Geschlechtsakt) vollzieht sich noch immer hinter der Tür, so dass auf einer formalen Ebene die Indirektheit fortbesteht; aber die Obszönität dessen, was vor der Tür geschieht (das Lied mit seinem »ratatatata« des Schießens auf – und Ejakulierens in – eine Frau), ist in gewisser Weise »schmutziger« als eine direkte Abbildung dessen, was hinter der verschlossenen Tür geschehen ist. Wieder zurück zu Miranda aus *Sex and the City*: »Ratatatata« spielt exakt dieselbe Rolle wie »den Finger in das Poloch stecken«, die eines Details, das unausgesprochen hätte bleiben müssen, verborgen. Die direkte Obszönität dieser »Ratatatata«-Episode zeigt, dass *Der lächelnde Leutnant* vor der Hays-Code-Ära gedreht wurde und auch bevor Lubitsch seinen »Touch« etablierte: Beim reifen Lubitsch ist solche Obszönität ausgeschlossen. In *Der lächelnde Leutnant* (1931) (und, wie wir sehen werden, auch in *Broken Lullaby* [dt. *Der Mann, den sein Gewissen trieb*, 1932]) haben wir einige Lubitsch-Elemente, aber sie sind isoliert, im Rohzustand – »ohne Touch«.

Deshalb wäre Lubitsch von der Idee von vertraglich vereinbartem Sex entsetzt gewesen, die sich im Nachklang der MeToo-Bewegung von den USA und Großbritannien bis Schweden ausgebreitet hat. Das erklärte Ziel ist natürlich klar: Elemente von Gewalt und Herrschaft aus den Sexualkontakten auszuschließen. Die Idee ist, dass beide Partner, bevor sie Sex haben, ein Dokument unterzeichnen, das ihre Identität bestätigt, ihr Einvernehmen, Geschlechtsverkehr zu haben, sowie die Bedingungen und Einschränkungen ihrer Tätigkeiten (der Gebrauch von Kondomen, schmutzigen Wörtern, das unverletzliche Recht jedes Partners, zurückzutreten und den Akt jederzeit zu unterbrechen, den/die Partner/in über Fragen der Gesundheit, der Religion und so weiter zu informieren). Das klingt gut, aber es taucht sofort eine Reihe von Problemen und Uneindeutigkeiten auf.

Fangen wir bei den Grundlagen an. Im Westen zumindest wird uns auf massive Weise das Ausmaß an Zwang und Ausbeutung in sexuellen Beziehungen bewusst. Wir sollten jedoch auch die nicht weniger massive Tatsache im Blick behalten, dass täglich Millionen von Menschen flirten und das Spiel der Verführung spielen, mit dem eindeutigen Ziel, Partner anzulocken, um mit ihnen ins Bett zu gehen. Das Resultat in der westlichen Kultur besteht darin, dass von beiden Geschlechtern erwartet wird, in diesem Spiel eine aktive Rolle zu übernehmen. Wenn sich Frauen provokant kleiden, um männliche Blicke auf sich zu ziehen, wenn sie sich »objektifizieren«, dann tun sie das nicht, indem sie sich als passive Objekte anbieten: Sie sind aktive Akteure ihrer eigenen »Objektifizierung« und manipulieren die Männer, spielen mehrdeutige Spiele, inklusive dem vollen Recht, aus dem Spiel auszusteigen, selbst wenn es dem Mann so vorkommt, als widerspräche dies vorangegangenen »Signalen«. Diese aktive Rolle von Frauen ist ihre Freiheit, die alle Arten von Fundamentalisten so stört, von den Muslimen, die Frauen kürzlich verboten haben, Bananen und anderes Obst, das wie ein Penis aussieht, zu berühren und damit zu spielen, bis zu unseren gewöhnlichen männ-

lichen Chauvinisten, die Gewalt gegen Frauen ausüben, die sie erst
»provozierten« und dann ihre Avancen zurückwiesen. Die Befreiung
der weiblichen Sexualität ist nicht nur ein puritanischer Rückzug
von der »Objektifizierung« (als Sexualobjekt für Männer), sondern
das Recht, aktiv mit Selbstobjektifizierung zu spielen und sich selbst
anzubieten und sich zurückzuziehen, wann man will. Wird es immer noch möglich sein, diese einfachen Tatsachen zu behaupten,
oder wird der politisch korrekte Druck uns dazu nötigen, dieses Spiel
mit einer Art formal-legaler Bekundung des Einverständnisses abzusichern?

Ja, Sex ist von Machtspielen durchzogen, von heftigen Obszönitäten, aber die Schwierigkeit besteht darin, zu akzeptieren, dass sie
ihm inhärent sind. Das Problem ist, dass Sexualität, Macht und Gewalt viel intimer ineinander verflochten sind, als wir ahnen, so dass
die Elemente dessen, was als Brutalität gilt, ebenfalls sexualisiert,
das heißt libidinös besetzt sein können – immerhin sind Sadismus
und Masochismus Formen sexueller Aktivität. Eine Sexualität, die
von Gewalt und Machtspielen bereinigt wäre, kann sehr wohl bei
der Entsexualisierung enden. Aufmerksame Beobachter haben schon
bemerkt, wie die einzige Form einer Sexualbeziehung, die vollständig den politisch korrekten Kriterien genügt, ein Vertrag zwischen
sadomasochistischen Partnern wäre. Das Aufkommen politischer
Korrektheit und der Anstieg von Gewalt sind daher zwei Seiten einer
Medaille: Insofern die grundlegende Prämisse politischer Korrektheit
die Reduktion von Sexualität auf vertragliches gegenseitiges Einvernehmen ist, hatte Jean-Claude Milner recht, darauf hinzuweisen, wie
die Bewegung für die Rechte der Homosexellen ihren Höhepunkt unvermeidlich in Verträgen findet, die extreme Formen von sadomaso-
chistischem Sex vereinbaren (jemanden wie einen Hund an der Leine
behandeln, Sklavenhandel, Folter, bis hin zur Tötung auf Verlangen).
In diesen Formen einvernehmlicher Sklaverei negiert sich die Markt-
freiheit der Vertragsschließung selbst: Sklavenhandel wird die Bekräftigung schlechthin von Freiheit. Das ist so, als ob das Motiv »Kant mit
Sade« auf unerwartete Weise Realität wird.

Wie kann man diese Tendenz daher bekämpfen? Die erste Aufgabe besteht darin, sicherzustellen, dass der anhaltende Ausbruch des feministischen Kampfes nicht auf das öffentliche Leben der Reichen und Berühmten beschränkt bleibt, sondern abwärts sickert und in das Leben von Millionen normaler »unsichtbarer« Menschen dringt. Und der letzte (aber nicht geringste) Punkt ist auszuloten, wie man dieses Erwachen mit den laufenden politischen und ökonomischen Kämpfen verbinden kann, wie man verhindert, dass die westliche liberale Ideologie es sich aneignet und es als eine noch weitere Art praktiziert, ihre Vorherrschaft zu sichern. Erinnern wir uns, wie viele der Angeklagten, bei Harvey Weinstein angefangen, mit der öffentlichen Verkündung reagierten, Hilfe in einer Therapie zu suchen – eine widerliche Geste allererster Güte! Ihre Handlungen waren keine Fälle einer privaten Pathologie, sondern Ausdruck der vorherrschenden männlichen Ideologie und ihrer Machtstrukturen, und genau die Letzteren sollten verändert werden.

Ungefähr zu dem Zeitpunkt, als der Skandal um Harvey Weinstein begann, wurden die Paradise Papers veröffentlicht, und man kann sich nur wundern, warum niemand verlangt hat, dass die Leute nicht mehr die Lieder von Bono (dem großen Humanisten, immer bereit, den Armen in Afrika zu helfen) oder Shakira hören, weil sie Steuern hinterzogen und so die Behörden um große Summen betrogen haben, oder dass die britische Königsfamilie weniger Geld vom Staat erhält, weil sie einen Teil ihres Vermögens in Steueroasen parkt, während die Tatsache, dass Louis CK einigen Frauen seinen Penis zeigte, sofort seine Karriere ruinierte. Ist das nicht eine neue Version von Brechts altem Motto: »Was ist der Einbruch in eine Bank verglichen mit der Gründung einer Bank«? Betrug mit großen Geldsummen wird toleriert, während das Vorzeigen des Penis einen sofort zum Ausgestoßenen macht? Deswegen werden Verträge niemals richtig funktionieren. Sollten Sexualverträge rechtlich bindend sein oder nicht? Wenn nicht, was hält dann brutale Männer davon ab, einfach einen zu unterschreiben und ihn dann zu brechen? Wenn doch, kann man sich dann den gesetzlichen Albtraum vorstellen, den sein Bruch beinhalten würde? Das bedeutet nicht, dass man den Brief unterstützen sollte, den Catherine Deneuve und andere unterschrieben haben und der den »Exzess« des »MeToo-Puritanismus« kritisiert und die traditionellen Formen der Galanterie und der Verführung verteidigt hat. Das Problem ist nicht, dass MeToo zu weit geht und sich dabei manchmal einer Hexenjagd annähert und dass eine größere Mäßigung und Verständnis vonnöten sind, sondern die Art und Weise, wie MeToo das Thema angeht. Indem es die Komplexität sexueller Interaktion herunterspielt, verwischt es nicht nur die Grenze zwischen lüsternem Fehlverhalten und krimineller Gewalt, sondern verschleiert auch unsichtbare Formen extremer psychologischer Gewalt wie Höflichkeit und Respekt.

Der Rotherham-Skandal (eine Bande junger Pakistani terrorisierte und vergewaltigte serienmäßig Hunderte weißer Mädchen aus ärmeren Gegenden) wiederholt sich nun in Telford und anderen britischen Städten. Die Linke demonstriert mal wieder ihre Unfähigkeit, dieses Problem offen auf nichtrassistische Art anzugehen – sie zieht es vor, das Problem zu relativieren oder kleinzureden, um nicht in Islamophobie zu rutschen. Ihr ist offenkundig nicht klar, dass jedes Mal, wenn wir Ausreden erfinden, um dieses Thema zu vermeiden, wir der Alt-Right-Bewegung neue Stimmen zuführen. Und wo sind hier die MeToo-Feministinnen? Manchmal sieht es so aus, als wenn sie sich mehr um ein paar reiche Frauen kümmern würden, die schockiert waren, als Louis CK ihnen seinen Penis zeigte, als wenn Hunderte armer Mädchen brutal vergewaltigt werden.

Außerdem ist die Szene, die wieder und wieder von den Anhängerinnen der MeToo-Bewegung beschrieben wird, die eines rücksichtslosen Mannes, der Frauen mit Vergewaltigung bedroht (oder zumindest sie zu Sex zwingt) – was ist aber mit der Mehrzahl der Frauen, die (wie Männer) Sex haben wollen, aber ignoriert werden, weil sie nicht attraktiv genug sind? Kann man sich ihr Leid ausmalen, besonders in unseren politisch korrekten Zeiten, in denen »eine schöne Frau« mehr und mehr als eine lüsterne männliche Phrase betrachtet wird, die Frauen zum Objekt macht (und natürlich besteht die Wahrnehmung, dass einige Frauen schön und attraktiv sind, auf unausgesprochener Ebene sogar noch stärker fort)?

In ihrer Antwort auf diejenigen, die auf einem Unterschied zwischen Weinstein und Louis CK bestehen, behaupten die MeToo-Aktivisten, dass diejenigen, die so sprechen, keine Vorstellung davon hätten, wie männliche Gewalt funktioniere und erlebt werde, und dass Masturbation vor Frauen eine ähnlich heftige Wirkung habe wie physische männliche Gewalt. Auch wenn in dieser Behauptung ein Körnchen Wahrheit steckt, sollte man der Logik, die dieser Argumentation zugrunde liegt, eine klare Grenze setzen: Was man fühlt, kann nicht der äußerste Maßstab der Authentizität sein, da Gefühle einen auch täuschen können – wenn wir das abstreiten, dann leugnen wir schlicht das Freud'sche Unbewusste. (Übrigens reproduziert dieser Verweis auf die Gefühle als entscheidendes Kriterium für Authentizität genau das alte antifeministische Vorurteil über Frauen, ausgearbeitet unter anderem von Descartes und anderen frühen Rationalisten, sie seien Wesen, die völlig von ihren Emotionen bestimmt wären und sich nicht durch Reflexion über sie erheben könnten.) In einer wahrhaft effektiven patriarchalen Herrschaft erlebt eine Frau ihre Rolle nicht einmal als die eines gedemütigten und ausgebeuteten Opfers; sie akzeptiert einfach ihre Unterwerfung als Teil der Ordnung.

Es gibt eine klare popkulturelle Antwort auf die These der anhaltenden männlichen Unterdrückung und Beherrschung von Frauen – E. L. James' Megabestseller *Fifty Shades of Grey*, ein Roman, der von einer Frau über eine Frau geschrieben worden ist, die ihre sexuelle Unterwerfung unter einen Mann genießt, und der (so sagen es die Medien) unter Frauen äußerst populär ist. Um auf diesen kritischen Punkt zu antworten, sollte man natürlich um jeden Preis schnelle pseudopsychoanalytische Gegenbehauptungen vermeiden im Stile von »James' Roman verdeutlicht, dass sogar Frauen, die anscheinend Emanzipation von männlicher Macht einfordern, in Wirklichkeit Gefangene eines tiefreichenden unbewussten masochistischen Begehrens nach Unterwerfung unter einen Mann sind«. Der feministischen

Behauptung, dass Frauen, die sich in masochistischen Phantasien ergehen, einen Fall von Identifikation mit dem Feind darstellten und den patriarchalen Standpunkt verinnerlicht hätten, ergeht es nicht besser. Zunächst muss man einen genaueren Blick auf das werfen, was *Fifty Shades of Grey* tut: Der Roman impliziert nicht das Genießen tatsächlicher Unterwerfung, sondern vielmehr das Genießen der *Phantasie* der Unterwerfung, was absolut nicht dasselbe ist und auf keinen Fall als ein Ruf nach echter Unterwerfung interpretiert werden sollte. Eine der grundlegenden Lektionen der Psychoanalyse lautet, dass, wenn unsere intimsten Phantasien uns von außen aufgenötigt werden, die Erfahrung schlichtweg verheerend ist – um es unverblümt auszudrücken, wenn eine Frau insgeheim davon träumt, beim Sex hart behandelt zu werden, und dann tatsächlich vergewaltigt wird, dann ist die Wirkung viel brutaler als im Fall einer Vergewaltigung, bei der keine dieser Phantasien im Spiel ist.

Ein weiterer Punkt (der ausgiebig von Deleuze entwickelt worden ist) ist, dass es keine Symmetrie zwischen Masochismus und Sadismus gibt: Während ein Sadist sein Opfer brutal misshandelt, um ihn oder sie zu demütigen, beruht der Masochismus auf einem Vertrag, der die genauen Bedingungen des Zusammenspiels festlegt, inklusive der Grenzen der Gewalt (die in der Regel theatralisch inszeniert ist). Ist es nicht das, was in *Fifty Shades of Grey* passiert? Die beiden Partner schließen einen Vertrag, aus dem sie jederzeit aussteigen können. Auch die beschlossene Gewalt ist sehr sanft – kein Vergleich ist hier mit der aktuellen Misere der Frauen möglich, die von ihren Partnern terrorisiert werden. (Es gibt natürlich eine andere Art von echtem weiblichem Masochismus, aber davon handelt *Fifty Shades of Grey* ausdrücklich nicht.) In gewisser Weise könnte man sogar behaupten, dass ein solcher masochistischer Vertrag einen Fall von weiblicher Ermächtigung darstellt: Es ist die Frau, die einen Mann in die Theaterrolle ihres Herrn und Meisters einsetzt und die Bedingungen ihrer Interaktion bestimmt. Das war, was Lacan in seiner Antwort auf Freuds Frage »Was will das Weib?« meinte – einen Meister, aber einen Meister, den sie dominieren und manipulieren kann.

Die Standardfassung eines masochistischen Vertrags – erinnern wir uns an Sacher-Masochs *Venus im Pelz* – rückt den männlichen Partner in die Position des »Opfers«, der eine Frau vertraglich als Domina einsetzt und sie in präzisen Begriffen unterweist, was sie ihm antun soll (ihn peitschen, auf ihn treten, ihn mit vulgären Ausdrücken demütigen usw.). Wenn wir Berichten in den Medien trauen, sind solche Verträge unter Spitzenmanagern beliebt, die ihr brutales Ausüben von Verwaltungsmacht durch die Inszenierung masochistischer Phantasien ergänzen – was in keiner Weise ihre tatsächliche soziale Macht schwächt, sondern nur als ihr obszönes Supplement fungiert. Ist die Tatsache, dass in *Fifty Shades of Grey* eine Frau (nicht nur die Heldin des Romans, sondern auch die Autorin und das zum großen Teil weibliche Publikum) diese Rolle übernimmt, nicht ein pervertiertes Zeichen des Niedergangs des Patriarchats? Eine der Definitionen von »Meister« lautet genau »derjenige, der das Recht hat, seine/ihre Phantasien zu verordnen«.

Doch dringt Gewalt auf einer noch viel grundlegenderen Ebene in die Sexualität ein. Wenn uns jemand unerwartet seine leidenschaftliche Liebe erklärt – ist dann nicht die erste Reaktion, die der möglichen positiven Antwort vorausgeht, dass uns etwas Obszönes, Zudringliches aufgezwungen wird? In der Mitte von Alejandro Iñárritus Film *21 Grams* [dt. *21 Gramm*, 2003] erklärt Paul, der an Herzschwäche stirbt, Cristina, die durch den kürzlichen Tod ihres Ehemannes und ihrer beiden kleinen Kinder traumatisiert ist, ganz behutsam seine Liebe und zieht sich dann schnell zurück. Als sie sich das nächste Mal treffen, beklagt sich Cristina über das gewalttätige Wesen von Liebeserklärungen:

»Weißt du, wegen dir habe ich den ganzen Tag nachgedacht. Ich habe monatelang mit niemandem gesprochen, und ich kenne dich kaum und muss schon mit dir reden … Und da gibt es etwas, das ich umso weniger verstehe, je mehr ich darüber nachdenke: Warum zum Teufel hast du mir gesagt, dass du mich magst? Antworte mir, denn es hat mir nicht gefallen, dass du so etwas überhaupt sagst. Du kannst nicht zu einer Frau gehen, die du kaum kennst, und ihr sagen, dass du sie magst. D-a-s g-e-h-t n-i-c-h-t. Du weißt gar nicht, was sie durchmacht, was sie fühlt. Ich bin nicht verheiratet, weißt du. Ich bin nichts in dieser Welt. Ich bin einfach gar nichts.«[2]

An dieser Stelle schaut Cristina Paul an, hebt ihre Hände und beginnt wie wild, ihn auf den Mund zu küssen; es ist also nicht so, dass sie ihn nicht mag und keinen körperlichen Kontakt begehrt – ihr Problem war im Gegenteil, dass sie es wollte, das heißt, die Pointe ihrer Klage war: Welches Recht hat er, ihr Begehren anzustacheln? Also noch einmal, selbst wenn der Sexualkontakt von beiden Partnern gewollt wird, kann ein Element von Gewalt darin liegen, ihn anzubahnen, Gewalt in genau der direkten Art, wie er angebahnt wird. Der Grund dafür ist einfach, dass sexuelles Begehren nie zum eigenen Selbstbild passt – es wird immer als gewalttätiges Eindringen erfahren. Hier hilft auch kein Vertrag – einen Vertrag zu fordern kann auch eine Form von Gewalt sein (was in besonderen Umständen wieder Teil eines masochistischen sexuellen Spiels werden kann). Das macht jeden direkten Versuch kompliziert, die Angelegenheit zu regeln. Wenn Kommentatoren versuchen, die Ergebnisse der aktuellen neuen Welle des Kampfs für weibliche Emanzipation zusammenzufassen, lautet eine ihrer Schlussfolgerungen, dass »nein heißt nein« nicht genug sei, um ein »glückliches Sexleben zu führen«, da es immer noch Raum für subtilere Zwangsausübungen gebe. Hier ist ein exemplarischer Fall dieser Argumentation:

»Jemanden mit heiklen Angeboten zu bedrängen mag technisch gesehen noch im Rahmen des Gesetzes sein, es ist aber kein Weg zu einem glücklichen Sexleben und dürfte einen Mann nicht mehr länger vor öffentlichem Tadel schützen. Junge Männer sollten, meint Tillmann, nicht nach der potentiell mehrdeutigen Abwesenheit eines ›nein‹ suchen, sondern nach der begeisterten Anwesenheit eines ›Ja, ja, ja‹ oder einer bejahenden Zustimmung. ›Im Jahr 2018 ist *nein heißt nein* total veraltet. Es verlagert den ganzen Druck auf die Person mit der verletzlichsten Position, und wenn jemand nicht die Fähigkeit oder das Zutrauen hat, laut zu sprechen, dann wird er verletzt werden‹, sagt sie.

›Wenn jemand kein enthusiastisches ›Ja‹ sagt, wenn sie zögert, wenn sie etwas sagt wie *äh, ich weiß nicht* – dann kommt das heute einem nein gleich.‹«[3]

Man kann all den kritischen Punkten in diesem Abschnitt nur zustimmen: wie ein schwaches »Ja« unter Druck einem »Nein« gleichkommt usw. Was problematisch ist, ist die »begeisterte Anwesenheit eines ›Ja, ja, ja‹« – man kann sich leicht vorstellen, in welche demütigende Position diese Bedingung eine Frau bringen kann, die, um es klar und deutlich zu sagen (und warum auch nicht?), leidenschaftlich von einem Mann flachgelegt werden will – im Grunde muss sie öffentlich etwas Äquivalentes wie »bitte fick mich« vorbringen … Gibt es nicht subtilere Formen (die trotzdem unzweideutig klar sind), um so etwas deutlich zu machen? Und außerdem, wenn man den »Weg zu einem glücklichen Sexleben« sucht, dann sucht man vergebens danach, aus dem einfachen Grund, dass es so etwas nicht gibt: Aus immanenten Gründen geht im Sex auf irgendeine Art immer etwas schief, und die einzige Chance auf ein relativ »glückliches Sexleben« besteht darin, einen Weg zu finden, diese Misserfolge gegen sie selbst arbeiten zu lassen. Die direkte Suche nach dem »Weg zu einem glücklichen Sexleben« ist die sicherste Art und Weise, die Sache zu ruinieren, und die phantasierte Szene, wie beide Partner enthusiastisch »ja, ja, ja« rufen, ist im echten Leben so dicht an der Hölle, wie man nur sein kann.

Die Sachlage wird mit dem Recht, sich jederzeit aus der sexuellen Interaktion zurückzuziehen, sogar noch komplexer – man erwähnt selten, wie dieses Recht neue Formen der Gewalt ermöglicht. Was, wenn die Frau, nachdem sie ihren Partner nackt mit erigiertem Penis gesehen hat, sich über ihn lustig macht und ihm sagt, er solle verschwinden? Was, wenn der Mann ihr das Gleiche antut? Kann man sich eine demütigendere Situation vorstellen? Der extremste Fall von Gewalt eines solchen Rückzugs ist die quälende Szene aus David Lynchs Film *Wild at Heart* [dt. *Wild at Heart – Die Geschichte von Sailor und Lula*, 1990], wo Bobby Peru (der von Willem Dafoe gespielt wird) sexuellen Druck auf Lula Pace (Laura Dern) ausübt. Er berührt sie, bedrängt sie, verletzt ihre Intimsphäre und wiederholt ständig auf bedrohliche Weise die Worte: »Sag ›Fick mich‹!« Als sie nach unangenehm langem Druck schließlich nachgibt und »Fick mich« flüstert (auf mehrdeutige Art und Weise, in der Zwang unentwirrbar mit innerer Erregung vermischt ist), lässt er sofort von ihr ab und erwidert mit einem Lächeln: »Jetzt nicht, ich muss gehen. Aber gern ein anderes Mal.« Der Effekt ist für sie so demütigend, dass die symbolische Gewalt dieses Rückzugs, dieser Ablehnung des aufgezwungenen Angebots, in gewisser Weise schlimmer ist, als wenn er ihr Angebot angenommen und sie wirklich gefickt hätte. Man kann einen angemessenen Weg, solche Pattsituationen aufzulösen, nur durch Anstand und Sensibilität finden, für die per definitionem kein Gesetz erlassen werden kann. Wenn man Gewalt und Brutalität verhindern will, indem man neue Klauseln in den Vertrag schreibt, verliert man eine zentrale Eigenschaft des sexuellen Zusammenspiels, das gerade eine heikle Balance zwischen Gesagtem und Ungesagtem ist. Das sexuelle Spiel ist voll solcher Ausnahmen, wo stilles Verstehen und Takt den einzigen Weg darstellen, weiterzumachen, wenn einer etwas möchte, es aber nicht explizit aussprechen will, wenn extreme emotionale Brutalität im Gewand von Höflichkeit ausgeübt werden und wenn gemäßigte Gewalt selbst sexualisiert werden kann. Wenn wir diesen Weg bis zu Ende gehen, müssen wir einräumen, dass selbst ein enthusiastisches »Ja, ja, ja« in Wirklichkeit als Verkleidung von Gewalt und Beherrschung funktionieren kann. Monica Lewinsky hat kürzlich gesagt, dass sie

»zu ihrer Bemerkung aus dem Jahr 2014 steht, dass ihre Beziehung einvernehmlich war, aber über den ›enormen Machtunterschied‹ nachdenkt, der zwischen den beiden herrschte. Lewinsky sagte, sie habe damals nur ein ›eingeschränktes Verständnis von den Konsequenzen‹ gehabt und bereue die Affäre jeden Tag. ›Die Wörterbuchdefinition von *einvernehmlich* lautet? Zustimmung für etwas zu geben, das passiert‹, schrieb sie. Doch was heißt ›etwas‹ in diesem Fall, mit der Machtdynamik, seiner Position und meinem Alter? … Er war mein Boss. Er war der mächtigste Mann auf dem Planeten. Er war 27 Jahre älter als ich, mit genügend Lebenserfahrung, um es besser zu wissen‹.«[4]

Sicher, aber sie willigte nicht nur ein, sie hat den Sexualkontakt direkt initiiert, und es war Clinton, der »zustimmte«, und der »enorme Machtunterschied« spielte vielleicht eine wesentliche Rolle, ihn für sie attraktiv zu machen. Und was ihre Behauptung betrifft, dass er, weil er ein älterer und erfahrenerer Mann gewesen sei, es hätte »besser wissen« und ihre Avancen zurückweisen müssen: Liegt nicht etwas Heuchlerisches in dieser selbst zugeschriebenen Rolle eines unerfahrenen Opfers? Befinden wir uns hier nicht exakt auf der genauen, fast symmetrischen Gegenseite des muslimischen fundamentalistischen Standpunkts, dem zufolge ein Mann, der eine Frau vergewaltigt, insgeheim von ihr verführt (und provoziert) worden ist? Mit einer solchen Interpretation männlicher Vergewaltigung als Ergebnis einer weiblichen Provokation verursachte Scheich Taj El-Din Hilali, Australiens führender muslimischer Geistlicher, einen Skandal; nachdem einige muslimische Männer wegen einer Gruppenvergewaltigung ins Gefängnis kamen, sagte er: »Wenn man Fleisch draußen auf die Straße, in den Garten oder den Park stellt, ohne es zuzudecken, dann kommen die Katzen und fressen es. Wer ist nun Schuld – die Katzen oder das unverhüllte Fleisch? Das unverhüllte Fleisch ist das Problem.« Die Explosivität dieses Vergleichs zwischen einer unverschleierten Frau und einem Stück rohen, unbedeckten Fleischs lenkt jedoch von einer anderen, viel überraschenderen Prämisse in Scheich Hilalis Argumentation ab: Wenn man Frauen für das sexuelle Verhalten von Männern verantwortlich macht, bedeutet das dann nicht, dass Männer völlig hilflos sind, wenn sie mit etwas konfrontiert werden, das sie als sexuelle Provokation wahrnehmen, dass sie schlicht unfähig sind, Widerstand zu leisten, dass sie von ihrem sexuellen Hunger vollkommen versklavt werden, genau wie eine Katze, wenn sie rohes Fleisch sieht? Im Unterschied zu dieser Unterstellung eines kompletten Fehlens männlicher Verantwortung für das eigene sexuelle Verhalten beruht die Betonung öffentlicher weiblicher Erotik im Westen auf der Prämisse, dass Männer zur sexuellen Zurückhaltung in der Lage *sind*, dass sie keine blinden Sklaven ihrer Sexualtriebe sind.

Diese totale Verantwortung der Frau für den Sexualakt spiegelt auf seltsame Weise die Ansicht von Lewinsky wider, dass obwohl die Initiative ganz von ihr ausging, die Verantwortung ganz bei Clinton lag. Auf dieselbe Art, wie in der muslimischen fundamentalistischen Sichtweise Männer hilflose Opfer der perfiden Verführungskünste der Frauen sind, selbst wenn sie eine brutale Vergewaltigung begehen, war im Fall von Lewinsky sie ein Opfer, selbst wenn sie die Affäre provoziert hatte. Die Symmetrie der beiden Fälle ist natürlich falsch, da in beiden Fällen die Männer in der eigentlichen sozialen Position von Macht und Beherrschung sind. In einem solchen Fall wie von Lewinsky jedoch die Karte eines hilflosen Opfers zu spielen ist ein Schauspiel der Selbstdemütigung, das in keiner Weise der Frauenemanzipation hilft – es bestätigt bloß den Mann als Herrn und Meister.

Wer die Existenz sogenannter »Grauzonen« (zwischen den beiden Extremen von wechselseitig gewolltem Sex und eindeutig aufgezwungener Gewalt) zugibt, verfehlt in der Regel ihren wechselhaften Status in ein und demselben sexuellen Spiel. Besonders heute in unseren politisch korrekten Zeiten beinhaltet der Verführungsprozess den riskanten Zug, einen »Annäherungsversuch« zu starten – in diesem potentiell gefährlichen Moment exponiert man sich und dringt in den intimen Raum einer anderen Person ein. Die Gefahr liegt in der Tatsache, dass, wenn meine Annäherung zurückgewiesen wird, sie als politisch unkorrekter Akt der Belästigung erscheint; hier liegt also ein Hindernis, das ich überwinden muss. Dennoch taucht hier eine subtile Asymmetrie auf: Wenn meine Annäherung akzeptiert wird, dann habe ich das Hindernis nicht erfolgreich überwunden – sondern ich lerne rückwirkend, *dass es niemals ein Hindernis gegeben hat, das überwunden werden musste.*

Man sollte auch bedenken, dass die patriarchale Herrschaft beide ihrer Pole korrumpiert – oder, wie Arthur Koestler meinte, dass, wenn Macht korrumpiere, dann auch das Gegenteil wahr sei: Verfolgung korrumpiere die Opfer, vielleicht aber auf subtilere und tragischere

Weise. Konsequenterweise sollte man ebenfalls über weibliche Manipulation und emotionale Brutalität sprechen (als letztlich verzweifelte Antwort auf männliche Herrschaft): Frauen schlagen auf jede mögliche Weise zurück. Und man sollte hinzufügen, dass in großen Teilen unserer Gesellschaft, in denen das traditionelle Patriarchat weitgehend unterlaufen wird, Männer nicht weniger unter Druck stehen, so dass die richtige Strategie darin bestünde, auch die männlichen Ängste anzusprechen und einen Pakt zwischen dem Kampf der Frauen für Emanzipation und den männlichen Belangen anzustreben. Männliche Gewalt gegen Frauen ist in weiten Teilen eine Panikreaktion auf die Tatsache, dass die traditionelle männliche Autorität geschwächt ist, und Teil des Kampfes für Emanzipation sollte es sein, den Männern zu zeigen, wie die Akzeptanz emanzipierter Frauen sie von ihren Ängsten befreien wird und sie in die Lage versetzt, ein zufriedeneres Leben zu führen.

In einem kürzlich erfolgten polemischen Schlagabtausch reagierten einige Feministinnen auf Germaine Greers kritische Bemerkungen über MeToo;[5] ihr Hauptpunkt war der, dass Greers These – dass Frauen sich von männlicher Beherrschung selbst befreien und ein aktives Sexualleben ohne Rückgriff auf Opferrollen anstreben sollten – in der sexuellen Befreiungsbewegung der 1960er Jahre zwar Gültigkeit hatte, die Situation heute aber anders sei. Denn in der Zeit dazwischen wurde die sexuelle Emanzipation von Frauen (ihre Beteiligung am sozialen Leben als aktive sexuelle Wesen mit der ganzen Freiheit, selbst die Initiative zu ergreifen) kommodifiziert: Sicher werden Frauen nicht mehr länger als passive Objekte männlichen Begehrens betrachtet, doch erscheint ihre aktive Sexualität nun in den männlichen Augen als permanente Verfügbarkeit, als Bereitschaft für Sexualverkehr. Unter diesen neuen Umständen lautstark »nein!« zu sagen ist nicht einfach eine Form, sich selbst zum Opfer zu machen, da sie die Zurückweisung dieser neuen Form der sexuellen Subjektivierung der Frauen impliziert, die Zurückweisung der Forderung, dass Frauen sich nicht nur der männlichen sexuellen Beherrschung passiv unterwerfen, sondern sich so verhalten, als ob sie sie aktiv wollten.

Obwohl in dieser Argumentation ein großes Körnchen Wahrheit steckt, sollten wir trotzdem wenigstens zwei Punkte hinzufügen. Wir dürfen nie vergessen, dass diese falsche Subjektivierung durch internalisierten Druck des Über-Ichs aufrechterhalten wird, daher wäre der erste Schritt für Frauen, sich von diesem Druck selbst zu befreien – wie es Herbert Marcuse damals in den 1960ern ausgedrückt hat, ist Freiheit eine Bedingung der Befreiung: Um sich zu befreien, muss man zuerst die inneren Ketten der Ideologie sprengen. Zweitens gibt es immer noch einen großen Graben zwischen der Zurschaustellung einer aktiven Sexualität, um männlichem Begehren zu gefallen, und einem echten Verhalten als autonome sexuelle Akteurin – Letzteres gefällt potentiellen männlichen Partnern nicht und tendiert dazu, Angst bei ihnen auszulösen.

Das bringt uns wieder zu vertraglich vereinbartem Sex: Was ihn problematisch macht, ist nicht nur seine rechtliche Form, sondern auch seine verborgene Tendenz. Er privilegiert offenkundig Gelegenheitssex, bei dem die beiden Partner sich nicht kennen und Missverständnisse in Bezug auf ihren One-Night-Stand vermeiden wollen. Wir müssen aber unsere Aufmerksamkeit auch auf dauerhafte Beziehungen richten, die in viel subtileren Weisen mit Formen von Gewalt und Beherrschung durchtränkt sind als der spektakuläre erzwungene Sex im Stil von Weinstein. Um Brecht noch einmal zu paraphrasieren, was ist das Schicksal eines Filmstars, der ein Mal zu Sex erpresst wird (oder direkt vergewaltigt), um seine Filmkarriere zu sichern, verglichen mit einer unglücklichen Hausfrau, die jahrelang von ihrem Ehemann terrorisiert und gedemütigt wird?

Am Ende helfen ihr keine Gesetze und Verträge, sondern nur eine Revolution der Sitten; und das führt uns wieder zu Lubitschs zentralem Vorgehen, seiner berühmten Indirektheit, seiner eklatanten Weigerung, die Sache an sich darzustellen, wie Sex oder Gewalt. Es ist eine machtvolle Technik: Letztlich bedeutet sie, dass das Paar beim Sex nie alleine ist, dass immer ein drittes Element impliziert ist, selbst wenn es nur der imaginierte Blick eines Zeugen ist. Der deutlichste Fall ist hier *One Hour With You* [dt. *Eine Stunde mit Dir*, 1932], wo eine

Frau und ein Mann, Mitzi und Andre, beide verheiratet, aber nicht miteinander, zufällig im selben Taxi sitzen. Ihre Affäre kommt dadurch in Gang, dass es für einen imaginierten externen Beobachter so scheint, *als ob* sie ein Liebespaar wären, obwohl sie nur zusammen im Taxi sitzen. Mitzi sagt: »Schau auf uns: Er liest die Zeitung, sie schaut aus dem Fenster … ha ha ha …« Dann fügt sie etwas ernster hinzu: »Versuch das mal, deiner Frau zu erklären!« Andre kann der Macht des Scheins nicht widerstehen. Obwohl er seine Frau eindeutig liebt, ist der Schein dieser gemeinsamen Taxifahrt mit einer anderen Frau belastend, und seine Auswirkungen lassen sich nicht auslöschen. Mitzi bezieht sich hier nicht in erster Linie auf eine Instanz, die physisch präsent wäre, im Sinne von »wenn uns jetzt jemand hier sieht, wird er automatisch denken, dass wir eine Affäre haben«. Die Instanz, die sie im Sinn hat, ist viel komplexer und evoziert einen Gedanken, der unter anderem von Robert Pfaller entwickelt worden ist: den eines naiven Beobachters, der eine Situation nicht nach den wahren Absichten eines Subjekts beurteilt, sondern ausschließlich danach, wie die Dinge erscheinen.[6]

Das Thema der dezentrierten Phantasie, die eine sexuelle Beziehung stützt, nimmt eine verrückte Wendung in Ernst Lubitschs Film *Broken Lullaby* an [dt. *Der Mann, den sein Gewissen trieb*, 1932], der oft als missglückt abgetan wird, der aber die erwähnte Eigenschaft seines Werks unabhängig vom Kontext des reiferen Lubitsch aufweist – außer Reichweite, out of touch sozusagen und noch nicht Teil von Lubitschs Touch. Und das ist die Handlung: Von der Erinnerung an Walter Holderlin (!) verfolgt, einen Soldaten, den er während des Ersten Weltkriegs getötet hat, reist der französische Musiker Paul Renard nach Deutschland, um dessen Familie zu finden, indem er die Adresse verwendet, die er auf einem Briefumschlag in der Tasche des Toten gefunden hat. Dr. Holderlin, Walters Vater, weigert sich zunächst, Paul bei sich zu empfangen, ändert dann aber seine Meinung, als ihn die Verlobte des Toten, Elsa, als denjenigen identifiziert, der Blumen an Walters Grab gebracht hat. Anstatt die reale Verbindung zwischen ihnen zu offenbaren, erzählt Paul den Holderlins, er sei ein

Freund des Sohns und beide wären auf demselben Konservatorium gewesen. Obwohl feindselige Bewohner und der lokale Klatsch sich dagegenstellen, freunden sich die Holderlins mit Paul an, der sich schließlich in Elsa verliebt. Nach einigen Ausflüchten erzählt er ihr die Wahrheit über Walters Tod. Sie überzeugt ihn davon, Walters Eltern nichts zu sagen, die ihn als ihren zweiten Sohn ins Herz geschlossen haben. Paul erklärt sich einverstanden, sein Gewissen zu überhören, und bleibt bei seiner Adoptivfamilie. Dr. Holderlin zeigt Paul Walters Geige, und in der letzten Szene spielt Paul Geige, während Elsa ihn auf dem Klavier begleitet, unter den liebenden Blicken der Eltern. Es liegt etwas Verstörendes in diesem Film, ein seltsames Schwanken zwischen poetischem Melodram und obszönem Humor. Das Paar (das Mädchen und der Mörder ihres früheren Verlobten) ist glücklich vereint unter dem schützenden Blick der Eltern des toten Verlobten – es ist dieser Blick, der den phantasmatischen Rahmen für ihre Beziehung zur Verfügung stellt, wobei die offensichtliche Frage lautet: Verhalten sie sich nur als Liebespaar um der Eltern willen, oder ist dieser Blick eine Rechtfertigung für sie, sich auf Sex einzulassen? Die Frage ist natürlich falsch gestellt, denn es ist egal, welche der Alternativen wahr ist: Selbst wenn der Blick der Eltern nur eine Rechtfertigung für den Sex ist, ist er immer noch eine notwendige Rechtfertigung.

Manchmal schließt das wahre Leben zu Lubitsch auf, indem es seinen Plot in einer Weise aufnimmt, die alles ein wenig weiter treibt. Die grundlegende Situation in *The Shop Around the Corner* [dt. *Rendezvous nach Ladenschluss*, 1940] hat sich im wahren Leben in Sarajewo Mitte der 1990er Jahre ereignet, kurz nach der Belagerung der Stadt. Ein jungverheiratetes Paar befand sich in einer Krise, Ehemann und Ehefrau langweilten sich mit dem jeweils anderen, und um ihr emotionales Leben zu revitalisieren, flirtete jeder im Internet mit anonymen Partnern, tauschte sich mit ihr oder ihm über seine Träume aus und so weiter. Da es in beiden Fällen so schien, als hätten sie ihren idealen Partner getroffen, entschieden sie sich dazu, ihn in der Realität zu treffen. Als sie sich dann in einer Cafeteria trafen, waren sie schockiert zu entdecken, dass sie sich miteinander verabredet hatten, Ehemann und Ehefrau. Was ist nun die Lektion dieser Geschichte? Führte sie dieses Erlebnis zur Entdeckung der inneren Harmonie ihrer Träume und veranlasste sie daher, mit einem tieferen Verständnis zusammenzubleiben? Ich denke, dass Lubitsch eher geneigt gewesen wäre, eine solche Nähe ihrer innersten Träume als böses Omen aufzufassen, und prophezeit hätte, dass sie voller Entsetzen voreinander weggerannt wären …

Diese Indirektheit ist auf jeder Ebene am Werk. Ich denke, dass Lubitsch nicht überrascht gewesen wäre zu erfahren, dass die Hardcore-Position beim Sex (und im Pornofilm) die einer Frau ist, die auf dem Rücken liegt und ihre Beine weit nach hinten spreizt mit den Knien über der Schulter. Die Kamera steht davor und zeigt den Penis des Mannes, wie er in die Vagina eindringt (in der Regel ist das Gesicht des Mannes unsichtbar; er ist auf ein Instrument reduziert); doch im Hintergrund sehen wir zwischen ihren Schenkeln ihr Gesicht im orgasmischen Glück. Diese minimale »Reflexivität« ist ganz zentral: Wenn wir nur die Nahaufnahme der Penetration sehen würden, dann würde die Szene schnell langweilig werden, ja sogar ekelhaft und eher etwas von einer medizinischen Schau an sich haben – man muss den entzückten Blick der Frau hinzufügen, die subjektive Reaktion auf das, was vor sich geht. Des Weiteren ist der Blick nicht auf ihren Partner gerichtet, sondern auf uns, die Zuschauer, womit sie uns ihre Lust bestätigt – als Zuschauer spielen wir hier eindeutig die Rolle des Großen Anderen, der ihre Lust registrieren muss. Der Dreh- und Angelpunkt dieser Szene ist daher nicht die männliche Befriedigung (ihres Sexualpartners oder des Zuschauers) – der Zuschauer wird auf einen reinen Blick reduziert –, sondern die sexuelle Befriedigung der Frau (die natürlich für den männlichen Blick inszeniert worden ist). Die Ironie ist hier, dass ebenjene Tatsache, dass die Frau nicht »objektifiziert«, sondern als Subjekt dargestellt wird, ihre Demütigung noch schlimmer macht. Diese elementare Hardcore-Szene gibt perfekt die minimale Reflexivität wieder, die jede unmittelbare orgasmische Eins von innen her durchtrennt.

Deshalb »tun wir es nicht« einfach, sondern müssen Liebe machen. Es gibt einen hübschen Dialog in Alexander Paynes Film *Downsizing* [dt. *Downsizing*, 2017]: Nachdem der Held Sex mit einer vietnamesischen Flüchtlingsfrau hatte, fragt sie ihn in ihrem unvollkommenen Englisch, ob das für ihn ein Liebesfick war, nur ein Sexfick, ein Gnadenfick und so weiter, und er antwortet, warum sie das vulgäre F-Wort benutzen würde anstelle des höflicheren und sanfteren »Liebe machen«. Sie nimmt den Punkt auf und redet weiter von »ficken machen« anstelle von bloß »ficken«: »Warum machst du ficken mit mir?« Und auf gewisse Weise hat sie recht: Vielleicht lautet die Definition von Liebe, dass du deinen Partner nicht nur fickst, sondern mit ihm oder ihr »ficken machst«.

Zynismus, Humor und Engagement

Hier begegnen wir jedoch Lubitschs grundlegender Ambiguität. Ist seine Lösung, sein dritter Weg, nicht der wohlwollende Hedonismus der Indirektheit, wodurch wir alle Umwege genießen, die den Sex erotisieren? Um diesen wichtigen Punkt zu klären, wollen wir die zentrale Frage angehen: Wo ist der Ärger im Paradies in *Trouble in Paradise* [dt. *Ärger im Paradies*, 1932]? Der Text eines Lieds während des Abspanns gibt eine Definition des »Ärgers«, auf den angespielt wird (wie auch die Bilder, die dieses Lied begleiten: Zuerst sehen wir die Worte »trouble in«, dann erscheint unter diesen Worten ein großes Doppelbett und dann, über der Oberfläche des Bettes, in Großbuchstaben »paradise«). Das »Paradies« ist also das Paradies einer erfüllten sexuellen Beziehung: »Das ist das Paradies / wenn Arme sich verschlingen und Lippen küssen / doch wenn etwas fehlt / dann bedeutet das / Ärger im Paradies.« Um es ganz unverblümt und direkt zu sagen, »Ärger im Paradies« ist Lubitschs Ausdruck für *il n'y a pas de rapport sexuel*.[7] Vielleicht führt uns das darauf, was der »Lubitsch-Touch« auf seiner grundlegendsten Ebene ist – eine geniale Art, dieses Scheitern funktionieren zu lassen. Das heißt, anstatt die Tatsache, dass es keine sexuelle Beziehung gibt, als traumatisches Hindernis zu verstehen, um dessentwillen jede Liebesbeziehung in einer Art tragischem Scheitern enden muss, kann genau dieses Hindernis in eine komische Ressource verwandelt werden, es kann als etwas fungieren, das überlistet wird, auf das angespielt, mit dem gespielt wird, das ausgebeutet, manipuliert wird, über das man sich lustig macht – das, kurz gesagt, sexualisiert wird. Sexualität ist eine Heldentat, die auf ihrem eigenen grundlegenden Scheitern gedeiht.

Im Sinne dieser Komik kann man sich ein anderes (Lubitsch'sches) Ende von Puccinis *Tosca* vorstellen, wo die Musik exakt gleich bleibt und nur die Handlung in den letzten Sekunden verändert wird. Joseph Kerman verfasste einen scharfen Kommentar über die letzten Noten von *Tosca*, wo das Orchester bombastisch die »schöne« pathetische Melodie von Cavaradossis »E lucevan le stelle« wiederholt, als ob Puccini, unsicher, was er tun solle, einfach verzweifelt die »effektivste« Melodie aus der ganzen Partitur wiederholt und damit jegliche narrative und emotionale Logik ignoriert hätte.[8] In Puccinis Version nimmt Tosca, als Cavaradossi von den Wachen mitgenommen wird, um auf dem Dach des Gefängnisses hingerichtet zu werden, ihn beiseite und erklärt ihm, dass die Hinrichtung nur vorgetäuscht werde, er aber eine glaubhafte Darbietung liefern müsse, damit sie später in die Freiheit fliehen könnten. Mario wird abgeführt, und Tosca bleibt zurück und wartet ungeduldig. Als die Hinrichtung durchgeführt wird und die Gewehre feuern, stürzt Mario zu Boden. Tosca schreit auf und ist glücklich über Marios makellose Darbietung. Als alle gegangen sind, eilt sie zu Mario, um ihn zu umarmen, überglücklich durch die Aussicht auf das neue Leben, das vor beiden liegt. Als sie sich über ihn beugt, wird ihr klar, dass er tot ist – Scarpia hat sie von jenseits des Grabes betrogen, echte Kugeln sind verwendet worden. Mit gebrochenem Herzen wirft sie sich über seinen Leichnam und weint ... Stellen wir uns nur eine kleine Änderung vor: Nachdem Tosca klargeworden ist, dass er wirklich tot ist, stößt sie einen verzweifelten Schrei aus, Mario erhebt sich mit einem Lachen und erzählt ihr, dass er ihr nur einen Streich hat spielen wollen, indem er so tut, als sei er tot – in

Wirklichkeit hat Scarpia sein Wort gehalten und die Kugeln waren nicht echt. Das Paar umarmt sich ekstatisch zu der triumphierenden Musik von »E lucevan le stelle«.

Scharfsinnige Kritiker haben jedoch bemerkt, dass es eine fundamentale Mehrdeutigkeit bei diesem zentralen Punkt in *Trouble in Paradise* gibt, der ein Echo in *Design for Living* [dt. *Serenade zu dritt*, 1933] findet. Lubitsch scheint die zynische Haltung zu vertreten, die Erscheinungen ernst zu nehmen, sie aber gleichzeitig insgeheim zu überschreiten. Erinnern wir uns an Heinrich Heines bekanntes Bonmot, dass man »Freiheit, Gleichheit und Krebssuppe« über alles schätzen sollte. »Krebssuppe« steht hier für all die kleinen Freuden, in deren Abwesenheit wir (geistige, wenn nicht reale) Terroristen werden, die einer abstrakten Idee folgen und sie der Realität aufzwingen, ohne auf die konkreten Begleitumstände zu achten. Nirgendwo ist diese Weisheit deutlicher dargestellt als in *Heaven can Wait* [dt. *Ein himmlischer Sünder*, 1943]. Am Anfang des Films betritt der alte Henry van Cleve die opulente Empfangshalle der Hölle und wird persönlich von »Seiner Exzellenz« (dem Teufel) begrüßt, dem er die Geschichte seines ausschweifenden Lebens erzählt, damit ihm sein Platz in der Hölle zugewiesen werden kann. Nachdem er Henrys Geschichte angehört hat, verweigert ihm Seine Exzellenz, ein charmanter alter Mann, den Eintritt und schlägt vor, dass er es am »anderen Ort« versuchen soll, wo seine verstorbene Frau Martha und sein guter Großvater auf ihn warten – es könnte dort »einen kleinen Raum im Anbau geben, der noch frei ist«. Der Teufel ist also niemand anderes als Gott selbst mit einem Hauch Weisheit, der die Verbote nicht zu ernst nimmt und sich wohlbewusst ist, dass kleinere Übertretungen uns menschlich machen. Doch wenn der Teufel ein guter weiser Mann ist, ist dann nicht Gott insofern das wahre Böse, als ihm ironische Weisheit abgeht und er blind darauf beharrt, dass man seinen Gesetzen gehorchen muss? Der Teufel weiß, dass es im Paradies etwas Ärger geben muss, damit wir es genießen können.

Der politische Einsatz ist hier sehr hoch: Wenn unser Horizont ein wohlmeinender, aber zynischer Realismus ist – und besteht hierin nicht die ganze Pointe von *Ninotchka* [dt. *Ninotschka*, 1939], wo das Streben nach Lust über die Ideologie siegt? –, dann sollte eine radikalere Linke milde verspottet werden. Doch sind die Dinge so einfach? Betrachten wir Jaroslav Hašek, den Autor des legendären Schelmenromans *Der brave Soldat Schwejk* (1923), der für gewöhnlich als Anwalt des gesunden Menschenverstandes der normalen Leute wahrgenommen wird, die gegen jede Form von Fanatismus sind. Sein Roman handelt von den Abenteuern eines gewöhnlichen tschechischen Soldaten, der die herrschende Ordnung unterläuft, indem er Befehlen einfach zu wörtlich folgt; Schwejk befindet sich in einem Schützengraben an der Front in Galizien, wo die österreichische Armee auf die Russen trifft. Als die Österreicher das Feuer eröffnen, rennt der verzweifelte Schwejk auf das Niemandsland vor den Schützengräben, fuchtelt verzweifelt mit seinen Armen und ruft: »Nicht schießen! Da sind Menschen auf der anderen Seite!« Das ist es, worauf Lenin mit seinem Aufruf an die erschöpften Bauern und andere werktätige Massen im Sommer 1917 zielte, die Kämpfe zu beenden, was Teil einer rücksichtslosen Strategie war, um die Unterstützung des Volkes und damit Macht zu gewinnen, auch wenn das die militärische Niederlage seines eigenen Landes bedeuten sollte. Der Bezug auf Lenin ist nicht so weit hergeholt, wenn wir die viel weniger bekannte Tatsache bedenken, dass Hašek gleich nach dem Ersten Weltkrieg als Politkommissar in einer Division der Roten Armee im russischen Bürgerkrieg kämpfte. Und genauso verhält es sich mit Lubitsch: Wir sollten nie den Ausbruch gewalttätigen Zorns in unerwarteten Momenten in seinen Filmen vergessen, wenn sich zum Beispiel der Held in *Trouble in Paradise* seiner Geliebten gegenüber über die Ungerechtigkeiten eines Systems aufregt, das kleine Diebe verfolgt, aber die großen Räubereien toleriert, oder den Moment in *Cluny Brown* [dt. *Cluny Brown auf Freiersfüßen*, 1946], wo die Heldin klarmacht (mit offensichtlichen politischen Implikationen), dass man Dinge manchmal mit kleinen Korrekturen wieder in Ordnung bringen kann, man aber bei anderen mit Gewalt eingreifen und alles zerstören müsse, um es wirklich richtig hinzukriegen.

Damit sind wir wieder am Anfang: Lubitsch und die Linke. Ich will nicht versuchen, Lubitsch zu einem Undercover-Bolschewiken zu machen, zumindest nicht zu einem stalinistischen. Denn für einen Lubitsch'schen Zugang zum Stalinismus sollten wir über *Ninotschka* hinausgehen; eine so einzigartige Figur wie Michail Suslow wäre ein viel angemessenerer Charakter.[9] Können wir uns dann eine Szene ausmalen, die ähnlich zu der in *Heaven can Wait* ist, in welcher Lubitsch einem strengen bolschewistischen Kommissar gegenübersteht, der entscheiden muss, ob Lubitsch in den Gulag geschickt oder ihm ein Posten in der kommunistischen Parteihierarchie verliehen wird? Weil er weiß, wie das System funktioniert, bekennt Lubitsch sofort alle seine kleinbürgerlichen individualistischen Sünden, doch der Kommissar (der wie in *Ninotschka* von Bela Lugosi gespielt wird) sagt ihm, genau wie der gütige Teufel in *Heaven can Wait*, dass der Gulag unglücklicherweise nicht der richtige Ort für ihn sei, und bietet ihm dann kein kleines Nebenzimmer im Himmel an, sondern etwas viel Interessanteres. Er erinnert an einen von Lenins letzten Vorschlägen: Bei Lenin finden wir eine unerwartete Lubitsch'sche Eigenschaft: die Betonung von guten Umgangsformen und Humor. Höflichkeit ist mehr, als lediglich einer äußeren Gesetzgebung zu gehorchen, und weniger als eine rein moralische Handlung – sie ist der zweideutige, unpräzise Bereich dessen, wozu man nicht strikt verpflichtet ist (wenn man nicht so handelt, dann bricht man keine Gesetze), was aber trotzdem von einem erwartet wird. Wir haben es hier mit impliziten, unausgesprochenen Regelungen zu tun, mit Fragen des Takts, mit etwas, zu dem das Subjekt in der Regel eine unreflektierte Beziehung unterhält: etwas, das zu unserer spontanen Sensibilität gehört, eine tiefe Schicht aus Gebräuchen und Erwartungen, die Teil unserer ererbten Sitten sind. Darin liegt auch die selbstdestruktive Sackgasse politischer Korrektheit: Sie versucht, das Gewebe der Umgangsformen explizit zu formulieren, sogar zu legalisieren – wenn ich eine Frau in einer Weise betrachte, die als beleidigend aufgefasst wird, dann zeige ich nicht nur schlechte Umgangsformen, sondern ich verletze das Gesetz.

Es war Lenin klar, dass, egal wie emanzipatorisch der neue bolschewistische Herr und Meister ist, er durch eine andere Form ergänzt und ausbalanciert werden muss. Wie Moshe Lewin in *Lenins letzter Kampf* notiert, erkannte Lenin diese Notwendigkeit am Ende seines Lebens intuitiv: Während er die diktatorische Natur des Sowjetregimes voll eingestand, schlug er ein neues Beschlussorgan vor, die Zentrale Kontrollkommission. Was einem sofort ins Auge fällt, ist Lenins unerwartete Konzentration auf Höflichkeit und Zuvorkommenheit – etwas sehr Seltsames von einem hartgesottenen Bolschewiken. Lenins berühmter Appell, Stalin zu beseitigen, betrifft auch des Letzteren Mangel an Höflichkeit:

»Stalin ist zu grob, und dieser Mangel, der in unserer Mitte und im Verkehr zwischen uns Kommunisten durchaus erträglich ist, kann in der Funktion des Generalsekretärs nicht geduldet werden. Deshalb schlage ich den Genossen vor, sich zu überlegen, wie man Stalin ablösen könnte, und jemand anderen an diese Stelle zu setzen, der sich in jeder Hinsicht vom Genossen Stalin nur durch *einen* Vorzug unterscheidet, nämlich dadurch, daß er toleranter, loyaler, höflicher und den Genossen gegenüber aufmerksamer, weniger launenhaft usw. ist.«[10]

Obwohl Lenins Kampf gegen die Herrschaft der Staatsbürokratie bekannt ist, ist weniger bekannt, wie Lewin hellsichtig bemerkt, dass Lenin mit seinem Vorschlag zur Zentralen Kontrollkommission eine Quadratur des Kreises aus Demokratie und Diktatur des Parteienstaats versucht; während er die diktatorische Natur des Sowjetregimes voll eingestand, versuchte er,

»in der Spitze der Diktatur ein Gleichgewicht zwischen den verschiedenen Elementen herzustellen, ein System gegenseitiger Kontrolle zu schaffen, das gewissermaßen die Rolle der Trennung der Gewalten in einem demokratischen Regime spielen konnte. Ein großes Zentralkomitee, in einen Rang einer Parteikonferenz erhoben, sollte die Richtlinien der Politik vorzeichnen und den gesamten Parteiapparat überwachen [...]. Ein Teil dieses Zentralkomitees, als Zentrale Kontrollkommission organisiert, sollte überdies außerhalb seiner Beteiligung an den gemeinsamen Funktionen des Zentralkomitees dieses gleiche Zentralkomitee und die aus diesem hervorgehenden engeren Organe (Politbüro, Sekretariat, *Orgbüro*) überwachen. Die Zentrale Kontroll-kommission [...] sollte eine Sonderposition im Vergleich zur Gesamt-heit der Institutionen einnehmen; ihre Unabhängigkeit sollte ohne die Vermittlung von Politbüro und dessen Verwaltungsinstrumenten noch des Zentralkomitees durch ihre direkte Bindung an den Parteikongreß gesichert sein.«[11]

Gegenseitige Kontrolle im System der *checks and balances*, Gewalten-teilung, wechselseitige Überwachung ..., das war Lenins verzweifelte Antwort auf die Frage: Wer kontrolliert die Kontrolleure? Es liegt et-was Traumartiges, etwas regelrecht Phantasmatisches in dieser Idee der Zentralen Kontrollkommission: ein unabhängiges Bildungsorgan mit einer »unpolitischen« Flanke, das aus den besten Lehrern und technokratischen Spezialisten besteht, mit neutralem Expertenwis-sen, und das das »politisierte« Zentralkomitee und dessen Organe in Schach halten würde – kurz, die Parteifunktionäre. Dennoch ist hier alles von der wahren Unabhängigkeit des Parteikongresses abhängig, der de facto schon vom Verbot der Fraktionen unterlaufen wird und damit den Apparat der Parteispitze in die Lage versetzt, den Kongress zu kontrollieren und seine Kritiker als »Fraktionalisten« abzutun. Die Naivität von Lenins Vertrauen in technokratische Experten ist umso bemerkenswerter, wenn wir bedenken, dass es von einem Politiker kommt, dem ansonsten völlig klar war, dass der politische Kampf keine neutrale Position erlaubt. Beim »Träumen« (sein Ausdruck) über die Funktion der zentralen Kontrollkommission jedoch schreibt er:

»Ich hoffe, kein einziger wahrer Revolutionär wird mich im Verdacht haben, daß ich in diesem Falle von mir gewiesen hätte, unter ›Ler-nen‹ auch irgendeinen halb scherzhaften Streich, irgendeinen Dreh, irgendeine Finte oder etwas von dieser Art zu verstehen. Ich weiß, in einem wohlanständigen und ernst zu nehmenden westeuropäischen Staat riefe dieser Gedanke wahres Entsetzen hervor, und kein einziger ordentlicher Beamter wäre damit einverstanden, ihn auch nur zur De-batte zu stellen. Doch hoffe ich, daß wir uns noch nicht so weit verbürokratisiert haben und daß bei uns die Erörterung dieses Gedankens nichts als Heiterkeit erregt.

In der Tat, warum sollte man nicht das Angenehme mit dem Nützlichen verbinden? Warum sollte man sich nicht irgendeines scherzhaften oder halb scherzhaften Streichs bedienen, um etwas Lächerliches, etwas Schädliches, etwas halb Lächerliches oder halb Schädliches usw. aufzudecken?«[12]

Ist das nicht der fast obszöne Doppelgänger der »seriösen« Exekutivmacht, die im Zentralkomitee und im Politbüro konzentriert ist, eine Art *nichtorganischer Intellektueller* der Bewegung – ein Akteur, der auf Humor, Tricks und das Unheimliche der Vernunft zurückgreift und sich auf Distanz hält – eine Art *Analytiker*? Können wir uns nicht vielleicht vorstellen, dass Lubitsch dieser Kontrollkommission vorsteht? Das offensichtliche Gegenargument hier lautet: Hat die autoritäre Struktur der bolschewistischen Macht nicht ausgeschlossen, dass eine Figur wie Lubitsch eine zentrale Rolle spielt? Als Antwort sollten wir Hegels Kommentar aus der Einleitung zur *Phänomenologie des Geistes* zitieren, dass der Maßstab der Prüfung sich ändert, »wenn dasjenige, dessen Maßstab er sein sollte, in der Prüfung nicht besteht; und die Prüfung ist nicht nur eine Prüfung des Wissens, sondern auch ihres Maßstabes«. Brutal auf unseren Fall angewendet, bedeutet das, dass wenn Lubitsch nicht zu Lenin passt, wir einen neuen Lenin brauchen, einen Lenin, der eine Figur wie Lubitsch als Kopf seiner Zentralen Kontrollkommission tolerieren und sogar fordern würde.

Eine leninistische Geste in La La Land *und* Black Panther

Spuren dieses anderen »leninistischen« Lubitsch, nicht nur des zynisch wohlwollenden Lubitsch, finden wir in vielen anderen späteren Hollywood-Produktionen – man muss nur wissen, wie und wo man nach ihnen sucht. Nehmen wir Damien Chazelles *La La Land* [dt. *La la Land*, 2016]: Unter der politisch korrekten Kritik am Film sticht eine aufgrund ihrer schieren Dummheit heraus, nämlich dass es keine schwulen Pärchen in dem Film gebe, der in Los Angeles spielt, einer Stadt mit einem hohen Anteil an Schwulen. Wie kommt es, dass diese politisch korrekten Linken, die sich über die Unterrepräsentation sexueller und ethnischer Minderheiten in Hollywoodfilmen beschweren, sich nie über die krasse Unterrepräsentation der Mehrheit der Unterschicht-Arbeiter beschweren – ist es in Ordnung, wenn Arbeiter unsichtbar bleiben, solange hier und da schwule oder lesbische Figuren erscheinen? Ich erinnere mich an einen ähnlichen Vorfall während der ersten Konferenz über die Idee des Kommunismus in London im Jahr 2009. Einige Stimmen aus dem Publikum brachten die Klage zum Ausdruck, dass es nur eine Frau unter den Teilnehmern gab, keine Schwarzen und niemanden aus Asien; worauf Alain Badiou bemerkte, dass es seltsam sei, dass sich niemand an der Tatsache störe, dass es keine Arbeiter unter den Teilnehmern gebe, obwohl doch Kommunismus das Thema sei.

Um auf *La La Land* zurückzukommen, sollten wir im Kopf behalten, dass der Film mit der Darstellung Hunderter prekärer und/oder arbeitsloser Menschen auf dem Weg nach Hollywood beginnt, wo sie auf der Suche nach Jobs sind, die ihre Karriere voranbringen. Das erste Lied (»Another Day of Sun«) zeigt sie singend und tanzend, um die Zeit zu vertreiben, während sie in einem Stau stecken. Mia und Sebastian, jeweils im eigenen Auto dabei, sind die beiden, die es schaffen werden, die offensichtliche Ausnahme. Und von diesem Standpunkt aus lässt der Umstand, dass sie sich verlieben (was ihren Erfolg ermöglichen wird), die Hunderte anderen, die es nicht schaffen werden, im unsichtbaren Hintergrund verschwimmen und impliziert damit, dass es ihre Liebe ist (und nicht bloßes Glück), die sie so besonders und für den Erfolg auserwählt macht.[13] Das Spiel heißt jedoch erbarmungsloser Wettbewerb, ohne Hinweis auf Solidarität (erinnern wir uns an die zahllosen Szenen, wo Mia vorspricht und immer wieder gedemütigt wird). Kein Wunder, dass ich, immer wenn ich die ersten Zeilen des berühmtesten Lieds aus dem Film höre (»City of stars, are you shining just for me? City of stars, there's so much I can't see / Stadt der Sterne, scheinst du nur für mich? Stadt der Sterne, es gibt so vieles, das ich nicht sehen kann«), nur schwer der Versuchung widerstehen kann, die dümmste orthodoxe marxistische Antwort zurückzusummen, die man sich nur vorstellen kann: »Nein, ich scheine nicht nur für ein kleinbürgerliches ehrgeiziges Individuum wie dich, ich scheine auch für die Tausenden ausgebeuteten und prekär lebenden Arbeiter in Hollywood, die du nicht sehen kannst und die keinen Erfolg haben wie du, um ihnen etwas Hoffnung zu geben!«

Mia und Sebastian gehen eine Beziehung ein und ziehen zusammen, doch ihre Sehnsucht nach Erfolg lässt sie sich wieder voneinander entfernen: Mias Ehrgeiz richtet sich darauf, Schauspielerin zu werden, während Sebastian einen Club besitzen möchte, in dem authentischer alter Jazz gespielt wird. Zunächst schließt sich Sebastian einer Pop-Jazz-Band an und tourt mit ihr, dann verlässt Mia Los Angeles, nachdem die Premiere ihres Einpersonenstücks ein Fehlschlag wird, und kehrt nach Boulder zurück. Als Sebastian allein in Los Angeles ist, erhält er den Anruf eines Besetzungschefs, der Mias Stück gesehen und dem ihr Spiel gefallen hat und der Mia nun zum Vorsprechen für einen Film einlädt. Sebastian fährt nach Boulder und überzeugt sie davon zurückzukehren. Beim Vorsprechen wird Mia gebeten, eine Geschichte zu erzählen; sie fängt an, ein Lied über ihre Tante zu singen, die sie ermutigt hat, die Schauspielerei zu verfolgen. Überzeugt davon, dass das Vorsprechen erfolgreich war, erklärt Sebastian, dass sich Mia mit voller Kraft auf diese Gelegenheit stürzen solle. Sie beteuern, dass sie sich ewig lieben werden, aber ihre Zukunft scheint unsicher. Fünf Jahre später ist Mia eine berühmte Schauspielerin und mit einem anderen Mann verheiratet, mit dem sie eine Tochter hat. Eines Nachts stolpern sie über eine Jazzbar. Als Mia das Logo »Seb's« wahrnimmt, wird ihr klar, dass Sebastian schließlich seinen eigenen Club eröffnet hat. Sebastian erkennt Mia, die verunsichert und wehmütig dreinblickt, in der Menge und fängt an, ihr Liebeslied zu spielen. Das setzt eine ausgedehnte Traumsequenz in Gang, in der die beiden sich vorstellen, was geschehen wäre, wenn ihre Beziehung funktioniert hätte. Das Lied hört auf, und Mia geht mit ihrem Ehemann. Bevor sie den Club verlässt, teilt sie mit Sebastian einen letzten komplizenhaften Blick und ein Lächeln, glücklich über die Träume, die sie beide verwirklicht haben.

Wie viele Kritiker bemerkt haben, zeigt die letzte zehnminütige Phantasie, wie die Geschichte in einem klassischen Hollywood-Musical erzählt worden wäre. Eine solche Interpretation bekräftigt die Selbstreflexivität des Films: Sie zeigt, wie der Film im Hinblick auf die Genreformel enden sollte, auf die er sich bezieht. La La Land ist sicher ein selbstreflexiver Film, ein Film über das Musicalgenre, aber er funktioniert auch selbständig, und man muss nicht die ganze Geschichte des Musicals kennen, um Gefallen an ihm zu finden und ihn zu verstehen. Wie André Bazin über Chaplins *Limelight* [dt. *Rampenlicht*, 1952] geschrieben hat: Er ist ein reflexiver Film über die niedergehende Karriere des alten Chaplin, doch steht er auf eigenen Füßen, und man muss nichts über Chaplins Karriere als Tramp wissen, um Gefallen an ihm zu finden. Interessanterweise wird *La La Land*, je weniger Lieder im Film vorkommen, ein reines Melodram – bis wir am Ende in ein Musical zurückgeworfen werden, das als Phantasie aufgelöst wird.

Abgesehen von offensichtlichen Anspielungen auf andere Musicals verneigt sich Chazelle subtil vor Mark Sandrichs klassischem Rogers-Astaire-Musical *Top Hat* [dt. *Ich tanz mich in dein Herz hinein*, 1935]. Über *Top Hat* kann man viel Gutes sagen, angefangen bei der Rolle des Steppens als störender Einbruch in die tägliche Routine (Astaire führt einen Stepptanz auf dem Hotelflur über Ginger Rogers auf und bringt sie dazu, sich zu beklagen, was sie als Paar zusammenführt); ebenso das Thema der Hochzeit, die rückwirkend für ungültig erklärt wird; die falsche Hochzeit und ihre Wiederholung; der Diener eines reichen Mannes, der seinem Herrn böse ist, weil er eine falsche Krawatte trägt, und nun nicht mehr mit ihm spricht … Verglichen mit *La La Land* kann uns die totale psychologische Flachheit von *Top Hat* nur verblüffen, wo es keine Tiefe gibt, sondern lediglich puppenhaftes Spielen, das selbst die intimsten Momente durchzieht. Das letzte Lied und seine Aufführung (»Piccolino«) bezieht sich überhaupt nicht auf das Happy End der Geschichte; der Text des Lieds ist vollkommen selbstbezüglich und erzählt bloß die Geschichte, wie dieses Lied selbst entstanden ist, und lädt uns ein, zu ihm zu tanzen:

> »An den adriatischen Gewässern klimpern venezianische Söhne und Töchter
> eine neue Melodie auf ihren Gitarren.
> Sie wurde von einem Römer geschrieben, einem Gondoliere, der
> in seinem Zuhause in Brooklyn saß und in die Sterne starrte.
> Er sandte seine Melodie über das Meer nach Italien,
> und wir wissen, dass sie ein paar Worte geschrieben haben, die zu diesem
> eingängigen Stück passen und tauften es den Piccolino.
> Und wir wissen, dass dies der Grund ist,
> dass jeder in dieser Saison eine neue Melodie singt und klimpert.
> Kommen Sie ins Casino und hören Sie, wie sie den Piccolino spielen.
> Tanzen Sie mit Ihrem Kind zu den Klängen des eingängigen Piccolino.
> Trinken Sie Ihr Glas Wein, und wenn Sie Ihren Teller Schnitzel hatten,
> dann lassen Sie den Piccolino spielen, den eingängigen Piccolino,
> und tanzen zu den Klängen dieser neuen Melodie, dem Piccolino.«

Die ganze Wahrheit dieses Films ist nicht die lächerliche Handlung, sondern die Musik und der Stepptanz als Zweck an sich. Es gibt eine Parallele zu Hans Christian Andersens »Die roten Schuhe«: Die Heldin kann nicht anders, als zu tanzen, für sie ist es wie ein Trieb, dem sie nicht widerstehen kann. Der gesungene Dialog von Astaire und Rogers ist selbst in seinen intimsten Momenten (wie beim berühmten Lied »Dancing Cheek to Cheek«) nur ein Vorwand für die Musik und den Tanz. La La Land mag als wertvoller gelten, da er im Reich des psychologischen Realismus schwelgt: Die Realität bricht in die Traumwelt der Musicals ein (wie in den jüngsten Fortsetzungen der Superheldenfilme, wo die psychologische Komplexität des Helden, seine Traumata und inneren Zweifel, herausgestellt werden). Es ist jedoch wichtig festzuhalten, wie die ansonsten realistische Geschichte mit der Flucht in eine Musical-Phantasie enden muss.

Eine erste und offenkundig lacanianische Interpretation von La La Land würde den Plot als eine weitere Variation des Themas »Es gibt keine sexuelle Beziehung« betrachten: Die erfolgreichen Karrieren von Mia und Sebastian, die sie auseinanderbringen, sind wie die *Titanic* in James Camerons Film, die auf einen Eisberg läuft. Es gibt die Karrieren, um den Traum von der Liebe zu bewahren (der in der letzten Phantasie inszeniert ist), das heißt, um die innere Unmöglichkeit ihrer Liebe zu maskieren, die Tatsache, dass, wenn sie zusammenbleiben, sie zu einem verbitterten und enttäuschten Paar werden. Konsequenterweise wäre die beste Version des Films die Umkehrung der Situation am Schluss gewesen: Mia und Sebastian sind zusammen und haben beruflichen Erfolg, aber ihr Leben ist leer, so dass sie zu einem Club gehen und von einer Phantasie träumen, in der sie glücklich ein bescheidenes Leben miteinander führen, weil sie auf ihre Karrieren verzichtet haben.

Eine ähnliche Umkehrung begegnet uns in dem Film *The Family Man* [dt. *Family Man – Eine himmlische Entscheidung* von Brett Ratner, 2000]. Jack Campbell, ein alleinstehender Wall-Street-Geschäftsführer, erfährt am Vorabend von Weihnachten, dass seine frühere Freundin Kate versucht hat, ihn nach vielen Jahren anzurufen. An Weihnachten wacht Jack in einem Schlafzimmer in einer Vorstadt von New Jersey mit Kate und zwei Kindern auf; er eilt zurück in sein Büro und sein Apartment, aber seine engsten Freunde erkennen ihn nicht wieder. Er lebt jetzt das Leben, das er hätte haben können, wenn er bei seiner Freundin geblieben wäre (ein bescheidenes Familienleben, in dem er ein Autoreifenverkäufer für Kates Vater ist und Kate eine gemeinnützige Anwältin). Gerade als Jack der wahre Wert seines neuen Lebens klarwird, stürzt ihn seine Epiphanie in sein reiches früheres Leben zurück. Er verzichtet auf den Abschluss eines großen Geschäfts, um Kate abzufangen, die sich ebenfalls auf ihre Karriere konzentriert hat und eine reiche Firmenanwältin geworden ist. Als er erfährt, dass sie ihn bloß angerufen hat, um ihm ein paar alte Sachen zurückzugeben, da sie nach Paris zieht, rennt er ihr zum Flughafen hinterher und beschreibt die Familie, die sie im alternativen Universum waren, um ihre Liebe zurückzugewinnen. Sie willigt ein, am Flughafen noch eine Tasse Kaffee zu trinken, und suggeriert, dass sie eine Zukunft haben könnten ... Wir bekommen hier also die schlimmste Kompromisslösung: Die beiden wollen irgendwie das beste beider Welten kombinieren, also reiche Kapitalisten bleiben und zugleich ein Liebespaar mit humanitärem Anliegen – kurz, sie werden auf zwei Hochzeiten tanzen.

La La Land vermeidet wenigstens diesen billigen Optimismus. Was passiert jetzt aber wirklich am Ende des Films? Natürlich nicht, dass Mia und Sebastian einfach entscheiden, ihre Karrieren über ihre Beziehung zu stellen. Zumindest sollte man hinzufügen, dass beide erfolgreich sind und ihren Traum verwirklichen gerade wegen der Beziehung, die sie hatten, so dass ihre Liebe eine Art sich auflösender Mediator ist: Weit davon entfernt, ein Hindernis für ihren Erfolg zu sein, »vermittelt« sie ihn. Unterläuft der Film daher das Hollywood-Image von einem Paar – Mia und Sebastian verwirklichen ihre Träume, allerdings *nicht* als ein Paar? Und ist dieses Unterlaufen mehr als einfach eine postmoderne narzisstische Präferenz für persönliche Erfüllung vor Liebe? Was, wenn darüber hinaus ihr Karriere-»Traum« nicht Hingabe an einen wahren künstlerischen Grund war, sondern lediglich ein Traum? Wenn also keiner der widerstreitenden Behauptungen (Karriere, Liebe) wirklich eine »ereignishafte« Dimension darstellt, eine unbedingte Verpflichtung, die auf ein wahres Ereignis folgt? Ihre Liebe ist nicht wahr, das Verfolgen ihrer Karriere ist kein volles künstlerisches Engagement. Mias und Sebastians Verrat reicht, kurz gesagt, tiefer als eine Wahl, die sie dazu zwingt, eine Alternative aufzugeben: Ihr ganzes Leben ist bereits ein Verrat an einer authentischen engagierten Existenz. Deshalb ist auch die Spannung zwischen den beiden Ansprüchen (Liebe und Karriere) kein existentielles Dilemma, sondern eine sehr weiche Unsicherheit.[14]

Eine solche Lesart ist nichtsdestoweniger zu simpel – sie ignoriert das Rätsel der Phantasie am Schluss: *Wessen* Phantasie ist das, seine oder ihre? Ist es nicht ihre: Sie ist die Träumerin-Beobachterin, und der ganze Traum konzentriert sich auf ihr Schicksal – sie geht nach Paris, um den Film zu drehen, usw.? Gegen einige Kritiker, die behaupten, der Film sei parteiisch für Männer, das heißt, dass Sebastian der aktive Partner bei dem Paar ist, sollte man einwenden, dass Mia der subjektive Mittelpunkt des Films ist: Die Wahl ist viel eher ihre als seine, weshalb sie am Ende der große Star und Sebastian weit davon entfernt ist, eine Berühmtheit zu sein, sondern nur der Besitzer eines mäßig erfolgreichen Jazzclubs (der auch Brathähnchen verkauft). Dieser Unterschied wird deutlich, wenn wir dem Gespräch von Mia und Sebastian genau lauschen, in dem einer von beiden eine Wahl treffen muss. Als Sebastian ihr verkündet, dass er der Band beitreten und den Großteil seiner Zeit auf Tour sein wird, stellt Mia nicht die Frage, was das für sie beide bedeutet, sondern fragt ihn, ob es das sei, was *er* wirklich wolle und woran er Spaß habe. Sebastian antwortet, dass die Zuschauer mögen würden, was er tue, so dass sein Spiel mit der Band ein fester Job und eine Karriere sei, die ihm die Gelegenheit gebe, etwas Geld beiseitezulegen und seinen eigenen Jazzclub aufzumachen. Sie insistiert aber zu Recht darauf, dass die wahre Frage die nach seinen eigenen Wünschen sei: Was sie stört, ist nicht, dass er sie, wenn er sich für seine Karriere entscheidet (mit der Band zu spielen), verraten würde (ihre Liebesbeziehung), sondern dass er, wenn er diese Karriere wählt, *sich selbst* verrät, seine wahre Berufung. Im zweiten Gespräch, das nach dem Vorsprechen stattfindet, gibt es keinen Konflikt und keine Spannung: Sebastian erkennt sofort, dass die Schauspielerei für Mia nicht nur eine Karrieregelegenheit ist, sondern eine echte Berufung, etwas, das sie tun muss, um sie selbst zu sein; sie aufzugeben würde die Grundlage ihrer Persönlichkeit zerstören, und er bittet sie inständig, sie ohne Zurückhaltung oder Bedauern zu verfolgen. Hier gibt es keine Wahl zwischen ihrer Liebe und ihrer Berufung: Wenn sie, in einem paradoxen, aber zutiefst wahren Sinn die Aussicht auf die Schauspielerei aufgäbe, um mit ihm in Los Angeles zu bleiben, dann würde sie auch ihre Liebe verraten, da diese aus ihrer gemeinsamen Verpflichtung auf ein großes Ziel erwachsen ist.

Wir stoßen hier auf ein Problem, das Badiou in seiner Theorie des Ereignisses ignoriert hat: Wenn das gleiche Subjekt von mehreren Ereignissen angesprochen wird, welchem soll es dann den Vorzug geben? Wie soll ein Künstler entscheiden, was er tun soll, wenn er oder sie sein/ihr Liebesleben (ein Leben gemeinsam mit einem Partner aufzubauen) nicht mit seiner/ihrer Hingabe an die Kunst verbinden kann? Wir sollten genau die Bedingungen dieser Wahl zurückweisen: In einem wahren Dilemma sollte man nicht zwischen Sache und Liebe entscheiden, zwischen der Treue zu einer oder der anderen Seite. Die authentische Beziehung zwischen Sache und Liebe ist viel paradoxer. Die grundlegende Lehre von King Vidors *Rhapsody* [dt. *Symphonie des Herzens*, 1954] besteht darin, dass der Mann, um die Liebe seiner Geliebten zu erringen, beweisen muss, dass er in der Lage ist, ohne sie zu überleben, und ihr eine Mission oder einen Beruf vorzieht. Hier gibt es zwei Entscheidungsmöglichkeiten: 1. Meine berufliche Karriere bedeutet mir am meisten, die Frau ist lediglich Amüsement, eine Affäre zur Zerstreuung. 2. Die Frau bedeutet mir alles, und ich bin bereit, mich selbst zu demütigen, all meine öffentliche und berufliche Würde für sie aufzugeben. Beide sind falsch, sie bringen den Mann dazu, von der Frau zurückgewiesen zu werden. Die Botschaft wahrer Liebe lautet daher, dass ich, selbst wenn du alles für mich bedeutest, ohne dich überleben kann und bereit bin, dich für meine Mission oder meinen Beruf aufzugeben. Die richtige Weise für eine Frau, die Liebe des Mannes zu testen, besteht daher darin, ihn in einem entscheidenden Moment seiner Karriere zu »verraten« (beim ersten öffentlichen Konzert im Film, beim wichtigen Examen, bei einer beruflichen Verhandlung, die über seine Karriere entscheidet) – nur wenn er die Prüfung überlebt und seine Aufgabe erledigt, obwohl er durch ihr Schlussmachen zutiefst traumatisiert ist, verdient er sie und sie wird zu ihm zurückkehren. Das zugrundeliegende Paradox besteht darin, dass Liebe, als das Absolute, nicht als ein direktes Ziel gesetzt werden sollte; es sollte den Status eines Nebenprodukts erhalten, von etwas, das wir als unverdiente Gnade erhalten. Es gibt vielleicht keine größere Liebe als die eines revolutionären Paars, wo beide Liebende bereit dazu sind, den anderen jederzeit zu verlassen, wenn die Revolution es verlangt.

Die Frage lautet, wie ein emanzipatorisch-revolutionäres Kollektiv, das den »allgemeinen Willen« verkörpert, die intensive erotische

Leidenschaft affiziert. Wir wissen von der Liebe unter den bolschewistischen Revolutionären, dass dort etwas Einzigartiges geschehen
und eine neue Form der Liebe entstanden ist: ein Paar, das im permanenten Zustand der Gefahr lebt, sich vollständig der revolutionären Sache verschrieben hat, bereit ist, alle persönliche sexuelle
Erfüllung dafür aufzugeben, und sich sogar darauf vorbereitet hat,
sich gegenseitig zu verlassen und zu verraten, wenn die Revolution
dies erfordert, doch zugleich einander ganz verpflichtet ist und die
seltenen gemeinsamen Momente mit extremer Intensität genießt.
Die Leidenschaft der Liebenden wurde toleriert, sogar insgeheim respektiert, im öffentlichen Diskurs aber ignoriert als etwas, das andere
nichts angeht. (Spuren davon finden sich sogar in dem, was wir von
Lenins Affäre mit Inessa Armand wissen.) Es gibt keinen Versuch der
Gleichschaltung, die Einheit von intimer Leidenschaft und sozialem
Leben durchzusetzen: Die radikale Trennung von sexueller Leidenschaft und sozial-revolutionärer Aktivität wird vollständig anerkannt.
Beide Dimensionen werden als total heterogen anerkannt, keine ist
auf die andere reduzierbar, und es gibt keine Harmonie zwischen
den beiden – doch es ist genau diese Anerkennung der Kluft, die ihre
Beziehung nichtantagonistisch macht.

Geschieht dasselbe nicht in *La La Land*? Trifft Mia nicht eine »leni-
nistische« Wahl für ihre große Sache, unterstützt Sebastian sie nicht
darin, und bleiben sie beide auf diese Weise nicht ihrer Liebe treu?

Obwohl eine solche Lesart gegen den Strich der vorherrschenden
Wahrnehmung des Films geht, kann sie durch die schlichte Tatsache
gerechtfertigt werden, dass sie die einzige Möglichkeit bietet, um auf
konsistente Weise einige wichtige Details der Textur des Films zu interpretieren. Das Gleiche gilt für *Black Panther* [dt. *Black Panther*, 2018],
ein ansonsten sehr zweideutiges Produkt, dessen letzte Momente
jedoch auf eine andere Form leninistischer Treue hinweisen.[15] Das
erste Zeichen für die Mehrdeutigkeit des Films ist die Tatsache, dass
er über das gesamte politische Spektrum enthusiastisch aufgenommen worden ist: von Partisanen der schwarzen Emanzipation, die in
ihm die erste große Beteuerung von »black power« durch Hollywood

sehen, über gemäßigte Linksliberale, die mit seiner vernünftigen Lösung sympathisieren – Bildung und Hilfe, kein Kampf –, bis hin zu einigen Vertretern der Alt-Right-Bewegung, die in der Bekräftigung der schwarzen Identität und des schwarzen Lebensstils sehr leicht eine Version von Trumps Slogan »America first« erkannten (weshalb übrigens Mugabe, bevor er die Macht verlor, ebenfalls ein paar Worte über Trump gesagt hat). Wenn alle Seiten sich in dem gleichen Produkt wiedererkennen, dann können wir sicher sein, dass es sich bei dem Produkt um reinste Ideologie handelt, das heißt um eine Art leeres Gefäß, das antagonistische Elemente enthält.

Hier ist die Handlung:[16] Vor vielen Jahrhunderten kämpften fünf afrikanische Stämme um einen Meteoriten, der Vibranium enthielt. Ein Krieger nimmt ein »herzförmiges Kraut« zu sich, gewinnt dadurch übermenschliche Fähigkeiten und wird der erste »Black Panther«. Er vereinigt alle Stämme aus den Jabari zu der Nation Wakanda. Die Wakandaer verwenden Vibranium, um eine avancierte Technologie zu entwickeln, und isolieren sich von der Welt, indem sie so tun, als seien sie ein unterentwickeltes Dritte-Welt-Land.[17] Im Jahr 1992 besucht König T'Chaka seinen Bruder N'Jobu, der unter falscher Identität in Oakland lebt. T'Chaka wirft N'Jobu vor, dem Schwarzmarkt-Waffenhändler Ulysses Klaue dabei zu helfen, Vibranium aus Wakanda zu stehlen. N'Jobus Partner gibt sich als Zuri zu erkennen, ein weiterer Undercover-Wakandaer, und bestätigt T'Chakas Verdacht.

In der Gegenwart kehrt nach dem Tod von T'Chaka sein Sohn T'Challa nach Wakanda zurück, um den Thron zu besteigen. Er und Okoye, die Anführerin des Dora-Milaje-Regiments (eine weibliche Prätorianergarde des Hofes), berufen Nakia, T'Challas ehemalige Geliebte, von einer geheimen Mission ab, damit sie der Krönungszeremonie mit seiner Mutter Ramonda und seiner jüngeren Schwester Shuri beiwohnen kann. Während der Zeremonie fordert M'Baku, Anführer des Stammes der Jabari, T'Challa in einem rituellen Kampf um die Krone heraus. T'Challa besiegt M'Baku und überzeugt ihn davon, sich lieber zu ergeben, als zu sterben.

In der Zwischenzeit stehlen Klaue und Erik Stevens, ein junger schwarzer Kämpfer, ein Wakanda-Artefakt aus einem Londoner Museum; W'Kabi, T'Challas Freund und der Geliebte von Okoye, drängt ihn, Klaue tot oder lebendig zu fangen. T'Challa, Okoye und Nakia reisen nach Busan in Südkorea, wo Klaue plant, das Artefakt in einem Casino an den CIA-Agenten Everett K. Ross zu verkaufen. Ein Feuergefecht bricht aus, und Klaue versucht zu fliehen, wird aber von T'Challa gefangen, der ihn widerwillig der Obhut von Ross übergibt. Klaue erzählt Ross, dass Wakandas internationales Image eine Fassade für eine technologisch avancierte Zivilisation ist. Erik greift an und befreit Klaue, wobei Ross, der Nakia beschützt, schwer verletzt wird. Anstatt Klaue zu verfolgen, nimmt T'Challa Ross mit nach Wakanda, wo dessen Technologie ihn retten kann.

Während Shuri Ross heilt, konfrontiert T'Challa Zuri mit N'Jobu. Zuri erklärt, dass N'Jobu den Plan hatte, die Technologie Wakandas mit allen afrikanischen Nachkommen auf der ganzen Welt zu teilen, um ihnen dabei zu helfen, ihre Unterdrücker zu besiegen. Als T'Chaka N'Jobu festnimmt, greift N'Jobu Zuri an und zwingt T'Chaka, ihn zu töten. T'Chaka befiehlt Zuri zu lügen, dass N'Jobu verschwunden sei und seinen amerikanischen Sohn Erik zurückgelassen habe, der US-Soldat in einer Spezialeinheit zur Unterwanderung von Regierungen in der Dritten Welt wurde, die für die Interessen der USA zu einer Bedrohung geworden sind. In der Zwischenzeit tötet Erik (der den Namen »Killmonger«, »Todeshändler«, angenommen hat) Klaue und bringt dessen Leichnam nach Wakanda. Er wird vor den Rat der Stammesältesten gebracht, enthüllt seine Identität und erhebt Anspruch auf den Thron. Killmonger fordert T'Challa in einem rituellen Kampf heraus; nachdem er Zuri getötet hat, besiegt er T'Challa und stürzt ihn einen Wasserfall hinab. Nachdem er das herzförmige Kraut zu sich genommen hat, befiehlt er, den Rest zu verbrennen, doch Nakia nimmt etwas davon mit. Killmonger bereitet mit Unterstützung von W'Kabi und seiner Armee die Verschiffung von Waffen aus Wakanda vor, um sie an Agenten aus der ganzen Welt zu verteilen.

Nakia, Shuri, Ramonda und Ross fliehen zum Stamm der Jabari, um Hilfe zu suchen. Sie finden dort T'Challa im Koma, der von den

Jabari als Gegenleistung dafür gerettet worden ist, M'Bakus Leben verschon zu haben. Durch Nakias Kraut geheilt, kehrt T'Challa zurück, um Killmonger zu bekämpfen, der seinen eigenen Black-Panther-Anzug anlegt und W'Kabi und seiner Armee befiehlt, T'Challa anzugreifen. Shuri, Nakia und die Dora Milaje schließen sich T'Challa an, während Ross auf Shuris Befehl in der Ferne einen Jet steuert und die Flugzeuge abschießt, die die Vibranium-Waffen zu den Untergrundrevolutionären auf der ganzen Welt bringen sollen. M'Baku und die Jabari treffen ein, um T'Challa zu verstärken, und W'Kabi und seine Armee treten ab, als sich Okoye ihnen entgegenstellt. Beim Kampf in Wakandas Vibranium-Mine zerreißt T'Challa Killmongers Anzug und ersticht ihn. Killmonger verzichtet auf Heilung und entscheidet sich, als freier Mann zu sterben anstatt als ein *de facto*-Sklave.

In der letzten Szene richtet T'Challa ein Hilfszentrum in dem Gebäude ein, in dem N'Jobu gestorben ist; das Zentrum, das von Nakia und Shuri betrieben wird, soll Wissen und Hilfe an die Unterprivilegierten verteilen. In einer zusätzlichen Szene in der Mitte des Abspanns besuchen T'Challa, Okoye und Nakia die Vereinten Nationen, und T'Challa verkündet den versammelten Delegierten, dass er die Errungenschaften Wakandas mit der Welt teilen, allerdings auf friedfertige Weise durch die Unterstützung von Bildung, und damit seine überlegene Technologie zugänglich machen möchte.

Schon der Ausgangspunkt erscheint problematisch oder zumindest zweideutig: Die jüngere Geschichte lehrt uns, dass die Segnung mit einem kostbaren Bodenschatz eher ein versteckter Fluch ist – denken wir an den heutigen Kongo, der ein dysfunktionaler »Schurkenstaat« ist mit drogenabhängigen Kindersoldaten und so weiter, und zwar genau wegen seines unglaublichen Reichtums an Bodenschätzen (und der Art und Weise, wie sie rücksichtslos ausgebeutet werden). Die Szene wechselt dann nach Oakland, einer Hochburg der echten Black Panther, der radikalen schwarzen Befreiungsbewegung in den 1960ern, die erbarmungslos vom FBI unterdrückt wurde (Mitglieder wurden getötet usw.). Indem er dem Weg der Black-Panther-Comics folgt, eignet sich der Film – ohne jemals die echten Black Panther auch nur zu erwähnen – in einem simplen, aber nicht weniger meisterhaften Streich ideologischer Manipulation wirkungsvoll den Namen an, so dass die erste Assoziation jetzt nicht mehr länger der alten radikalen und militanten Organisation gilt, sondern dem Superheldenkönig eines mächtigen afrikanischen Königreichs. Genauer gibt es zwei Black Panther in dem Film, den König T'Challa und seinen Cousin Erik, und jeder der beiden steht für eine andere politische Vision. Erik verbrachte seine Jugend in Oakland und war dann US-Soldat in einer Spezialeinheit, und seine Welt ist Armut, Bandengewalt und militärische Brutalität, während T'Challa in der abgeschotteten Opulenz des königlichen Hofes in Wakanda erzogen worden ist. Konsequenterweise tritt Erik für eine militante globale Solidarität ein (Wakanda soll seinen Reichtum, sein Wissen und seine Macht den Unterdrückten auf der ganzen Welt zur Verfügung stellen, damit sie die bestehende Weltordnung zu Fall bringen können), während T'Challa sich langsam vom traditionellen Isolationismus des »Wakanda first!« zu einem allmählichen und friedlichen Globalismus hin bewegt, der innerhalb der Koordinaten der existierenden Weltordnung und Institutionen handelt, indem er Bildung und technologische Hilfe verteilt und gleichzeitig die einzigartige Kultur Wakandas und ihren Lebensstil bewahrt. (Deshalb ist T'Challa ein viel stärker zweifelnder Superheld, der zwischen verschiedenen Handlungsoptionen hin- und hergerissen ist, als die üblichen hyperaktiven Superhelden, während sein Gegenspieler Killmonger immer zum Handeln bereit ist und weiß, was zu tun ist.) Die Tatsache, dass ein CIA-Agent eine Schlüsselrolle beim finalen Sieg spielt, sagt alles … (Man könnte argumentieren, dass die Aufgabe der Zerstörung der Flugzeuge, die von Killmonger ausgeschickt werden, um Revolutionäre auf der ganzen Welt mit Waffen zu versorgen, dem weißen CIA-Agenten übertragen wird, weil der König seinen eigenen schwarzen Mitbürgern nicht vertraut – sie könnten die Mission sabotieren, weil sie mit Killmonger sympathisieren.)

Obwohl viele Kritiker die aktive Rolle der Frauen am Hof von Wakanda sowie den Reichtum ihrer verschiedenen Positionen (Verteidigung, Weisheit aus alten Zeiten, Wissenschaft und Technologie ...) priesen, ist eine solche bekräftigende Darstellung von Weiblichkeit der männlichen Dominanz dennoch strikt untergeordnet. Also selbst mit der Öffnung Wakandas auf die Welt hin ändert sich nur, dass eine Dosis traditioneller Weisheit den Exzess des wilden Kapitalismus eingrenzen wird. Mit einem T'Challa am Ruder können die heutigen Herrscher weiterhin in Ruhe schlafen.

Eines der Anzeichen, dass in diesem Bild etwas nicht stimmt, ist die seltsame Rolle der beiden weißen Figuren, des »bösen« südafrikanischen Klaue und des »guten« CIA-Agenten Ross. Der »böse« Klaue passt nicht zur Rolle des Schurken, für die er bestimmt ist – er ist zu schwach und zu komisch. Ross ist eine rätselhaftere Figur und in gewisser Weise das Symptom des Films: ein CIA-Agent – und das bedeutet, dass seine Vorgesetzten und daher die US-Regierung die Wahrheit über Wakanda kennen –, der mit ironischer Distanz am Geschehen teilnimmt, seltsam unengagiert, als ob er an einer Show teilnehmen würde. Warum wird er von Shuri als Pilot des Flugzeugs ausgewählt, das die Waffen zu Killmongers Agenten auf der ganzen Welt fliegt (eine Rolle, die in den üblichen Science-Fiction-Weltuntergangsfilmen für die »guten« Schwarzen reserviert ist)? Ist es nicht so, dass er den Platz des bestehenden globalen Systems im Universum des Films einnimmt? Und zugleich unseren Platz, der Mehrheit der weißen Zuschauer, als ob er uns sagen würde: »Es ist in Ordnung, diese Phantasie einer schwarzen Überlegenheit zu genießen, keiner von uns wird durch dieses alternative Universum bedroht!«

Damit bleibt Killmonger als der einzige echte Schurke übrig – ein revolutionärer Black Panther aus den 1960ern gegen den mythischen königlichen Black Panther aus unserem Comic-Superhelden-Universum ... Die Tatsache, dass sich T'Challa der »guten« Globalisierung öffnet, aber auch durch deren repressive Verkörperung, die CIA, unterstützt wird, zeigt, dass es keine echte Spannung zwischen beiden gibt: Die »Rückkehr zu den Wurzeln« passt perfekt zum globalen Kapitalismus, der nur durch ein anderes globales Projekt unterlaufen werden kann. Wir sollten daher nicht von dem schönen Spektakel von Wakandas Hauptstadt als alternativer moderner Stadt fasziniert sein, wo die Technologie menschlichen Bedürfnissen dient und wo sich Tradition und Ultramodernität nahtlos ineinanderfügen: Dieses schöne Spektakel verschleiert die Einsicht, der Malcolm X folgte, als er den Namen X annahm. Die Pointe, X als Familiennamen zu wählen und dadurch zu signalisieren, dass die Sklavenhändler, welche die versklavten Afrikaner brutal aus ihrem Heimatland rissen, sie aller familiären und ethnischen Wurzeln beraubten, ihrer ganzen kulturellen Lebenswelt, besteht darin, die Schwarzen nicht für einen Kampf um die Rückkehr zu irgendwelchen ursprünglichen afrikanischen Wurzeln zu mobilisieren, sondern eben die Öffnung zu ergreifen, die das X bereitstellt, eine unbekannte neue Identität (deren Fehlen), die durch genau den Prozess der Sklaverei erzeugt wurde, der die afrikanischen Wurzeln für immer kappte. Die Idee ist die, dass dieses X, das die Schwarzen ihrer besonderen Tradition beraubt, eine einmalige Chance bietet, sich selbst neu zu definieren (neu zu erfinden), aus freien Stücken eine neue Form der Identität zu bilden, die viel universaler ist als die angebliche Universalität der Weißen. (Bekanntlich fand Malcolm X diese neue Identität im Universalismus des Islam.) Diese kostbare Lektion von Malcolm X hat *Black Panther* vergessen: Um wahre Universalität zu erlangen, muss ein Held die Erfahrung des Verlusts seiner Wurzeln durchmachen.

Die Dinge scheinen also klar zu sein und bestätigen Fred Jamesons Beharren darauf, wie schwierig es ist, sich eine wirklich neue Welt vorzustellen, eine Welt, die nicht bloß die bestehende Weltordnung spiegelt (invertiert, ergänzt). Man kann sich nur darüber wundern, wie ein Kritiker tatsächlich hat schreiben können, dass Frantz Fanon, der Theoretiker der Befreiung der Schwarzen durch gewaltsame Rebellion, »stolz auf diesen Film« gewesen wäre … Es gibt jedoch Zeichen, die diese einfache und offensichtliche Interpretation stören, Zeichen, die uns dazu drängen, den Film so zu interpretieren, wie Leo Strauss Platons und Spinozas Werk, ebenso wie Miltons *Paradise Lost*, interpretiert hat. Auch wenn er Begriffe wie »Geheimlehre« verwendet hat, war Strauss kein Gnostiker, der sich mit »Tiefenhermeneutik« befasst hätte; er suchte nicht nach dem esoterischen Platon im Sinne eines verborgenen Wissens, das aus dem offen zugänglichen Text entschlüsselt werden müsste. Alles wird gezeigt und gesagt, alle alternativen Theorien werden klar und deutlich präsentiert; eine sorgfältige Strauss'sche Lektüre lenkt nur die Aufmerksamkeit auf Zeichen, die andeuten, dass die offenkundige Hierarchie theoretischer Positionen umgekehrt werden muss.

Zum Beispiel handelt das erste Buch von Platons *Staat* vom polemischen Dialog zwischen Sokrates und Trasymachos, der heftig dem Ergebnis aus Sokrates' Diskussion mit Polemarchos über Gerechtigkeit widerspricht: Trasymachos behauptet, dass »das Gerechte nichts anderes ist als das dem Überlegenen Zuträgliche« (338c) und dass »die Ungerechtigkeit, wenn sie auf tüchtige Weise geschieht, etwas Stärkeres und Edleres und Gewaltigeres als die Gerechtigkeit« sei (344c). Sokrates hält dagegen, indem er ihn zwingt anzuerkennen, dass es einen Gerechtigkeitsstandard jenseits des Vorteils des Stärken gibt. Eine genauere Lektüre macht allerdings klar, was Platons wirkliche Position ist: In Bezug auf die Tatsachen hat Trasymachos recht, Gerechtigkeit *ist* der Vorteil des Stärkeren – doch sollte diese Wahrheit geheim gehalten werden, da ihre öffentliche Enthüllung die Mehrheit der normalen Menschen, deren moralischer Sinn verlange, dass das Recht stärker sei als Macht, verletzen und demoralisieren würde. Ebenso verhält es sich mit Miltons *Paradise Lost*: Auch wenn er der offiziellen Linie der Kirche folgt und Satans Rebellion verurteilt, liegen Miltons Sympathien klar bei Satan. (Wir sollten hinzufügen, dass es egal ist, ob diese Präferenz dem Autor des Texts bewusst oder unbewusst ist, denn das Ergebnis bleibt dasselbe.) Und gilt das Gleiche nicht für Christopher Nolans *Dark Knight Rises* [dt. *Dark Knight Rises*, 2012], den letzten Teil seiner Batman-Trilogie? Obwohl Bane der offizielle Schurke ist, gibt es Hinweise, dass er viel stärker als Batman selbst der wahre Held des Films ist, zu seinem Schurken verzerrt: Er ist bereit, sein Leben für seine Liebe zu opfern, alles dafür zu riskieren, was er als ungerecht ansieht, und diese grundlegende Tatsache wird durch die oberflächlichen und eher lächerlichen Zeichen des destruktiven Bösen verdeckt.

Aber zurück zu *Black Panther*: Welche Zeichen versetzen uns in die Lage, Killmonger als den wahren Helden zu erkennen? Es gibt viele, zunächst die Szene, in der er stirbt, wo der schwerverwundete Erik lieber in Freiheit sterben will, als geheilt im falschen Überfluss von Wakanda zu leben – der starke ethische Einfluss von Killmongers letzten Worten ruiniert sofort die Vorstellung, dass er ein schlichter Schurke ist. Danach folgt eine Szene außerordentlicher Wärme: Der sterbende Killmonger setzt sich am Rand einer Steilklippe nieder und betrachtet den schönen Sonnenuntergang von Wakanda, und sein Cousin T'Chall, der ihn gerade besiegt hat, sitzt still daneben. Hier gibt es keinen Hass, nur zwei grundgute Männer mit unterschiedlicher politischer Auffassung, die ihre letzten Momente teilen, nachdem die Schlacht vorbei ist – eine Szene, die in einem gewöhnlichen Actionfilm undenkbar ist, der immer in der bösartigen Zerstörung des Feindes gipfelt.[18] Allein diese letzten Momente säen Zweifel an der naheliegenden Interpretation des Films und verlangen von uns ein tieferes Nachdenken.

Schluss:
Wie lange können wir noch global handeln und lokal denken?

Was können wir von Hegel über Donald Trump und seine liberalen Kritiker lernen? Erstaunlicherweise sehr viel. In seiner Kritik an der romantischen Ironie tut Hegel diese vernichtend als eine Tätigkeit leerer Negativität der eitlen Subjektivität ab, die sich selbst als über jedem objektiven Gehalt stehend wähnt und sich über alles lustig macht und befangen ist in den »Hinundherzüge[n] des Humors, der jeden Inhalt nur gebraucht, um seinen subjektiven Witz daran geltend zu machen«:[1]

> Da »der Künstler selber es ist, der in den Stoff hereintritt, so besteht seine Haupttätigkeit darin, alles, was sich objektiv machen und eine feste Gestalt der Wirklichkeit gewinnen will oder in der Außenwelt zu haben scheint, durch die Macht subjektiver Einfälle, Gedankenblitze, frappanter Auffassungsweisen in sich zerfallen zu lassen und aufzulösen. Dadurch ist jede Selbständigkeit eines objektiven Inhalts und der in sich feste, durch die Sache gegebene Zusammenhang der Gestalt in sich vernichtet und die Darstellung nur ein Spiel mit den Gegenständen, ein Verrücken und Verkehren des Stoffs sowie ein Herüberundhinüberschweifen, ein Kreuzundquerfahren subjektiver Äußerungen, Ansichten und Benehmungen, durch welche der Autor sich selbst wie seine Gegenstände preisgibt.«[2]

Hegels Pointe wird meistens für konservativ gehalten: Anstelle der alles zerstörenden anarchischen Ironie der Romantiker sollte man das Gute und Wahre in den gesellschaftlichen Gewohnheiten erkennen, das heißt in ihrem rationalen Kern. Doch ist Hegel hier viel zweideutiger. Zunächst ist sein grundlegender Vorwurf an den subjektiven Humor nicht, dass er allen objektiven Gehalt untergräbt und ihn nicht ernst nimmt und relativiert, sondern dass diese alles zerstörende ironische Haltung in Wirklichkeit im äußersten Maß impotent ist: Sie bedroht eigentlich gar nichts, sie versorgt das ironische Subjekt lediglich mit der Illusion innerer Freiheit und Überlegenheit. Wenn die Individuen im unentwirrbaren Netz sozialer Beziehungen verfangen sind, dann besteht der einzige Ausweg, ihre Subjektivität zu behaupten, in dem Puffer aus Scherzen, die angeblich ihre innere Überlegenheit demonstrieren.

Hegel setzt der romantischen subjektiven Ironie eine viel radikalere ontologische Ironie entgegen, die den innersten Kern der Dialektik charakterisiert: In Bezug auf die Ironie von Sokrates weist er darauf hin, dass alle Dialektik das gelten lässt, »was gelten soll, als ob es gelte, läßt die innere Zerstörung selbst sich daran entwickeln, – allgemeine Ironie der Welt«.[3] Die dialektische Herangehensweise versucht nicht, aktiv die Realität zu unterlaufen, die sie als Gegenspieler betrachtet; sie lässt sie nur sein, was sie ist (oder zu sein behauptet), nimmt sie damit ernster, als sie sich selbst ernst nimmt, und ermöglicht ihr auf diese Weise, sich selbst zu zerstören. In gewisser Weise ist diese Ironie objektiv, so dass nicht verwunderlich ist, dass Hegel in einer kurzen (und bedauerlicherweise unausgearbeiteten) Passage den subjektiven Humor dem entgegensetzt, was er »objektiven Humor« nennt:

»Wenn [...] es dem Humor anderer Seits auch auf das Objekt und dessen Gestaltung innerhalb seines subjektiven Reflexes ankommt, so erhalten wir dadurch eine Verinnigung in dem Gegenstande, einen gleichsam *objektiven* Humor. [...] Die Form, die hier gemeint ist, zeigt sich erst, wenn das Besprechen des Gegenstandes nicht ein bloßes Nennen, nicht eine Inschrift oder Aufschrift ist, welche nur sagt, was überhaupt der Gegenstand sey, sondern wenn eine tiefere Empfindung, ein treffender Witz, eine sinnreiche Reflexion und geistvolle

Bewegung der Phantasie hinzukommen, die das Kleinste durch die Poesie der Auffassung beleben und erweitern.«[4]

Hier haben wir es mit einem Humor zu tun, der die inhärenten Inkonsistenzen/Antagonismen der existierenden Ordnung betont, indem er sich auf signifikante symptomatische Details konzentriert. Wäre es dann nicht legitim, aus diesen Anzeichen die Idee zu extrapolieren, dass die gesellschaftliche Gesamtheit selbst von Antagonismen durchzogen, von komischen Verkehrungen gezeichnet ist? Freiheit schlägt in Terror um, Ehre in Schmeichelei – sind diese Verkehrungen nicht der Stoff, aus dem das Unheimliche der Vernunft besteht? Kann man sich einen schrecklicheren Fall objektiven Humors vorstellen als den des Stalinismus, der komischen Verkehrung großer emanzipatorischer Hoffnungen in selbstzerstörerische terroristische Gewalt? War Stalin in dieser Hinsicht nicht der größte Witzbold des 20. Jahrhunderts? Und ist heutzutage nicht die individuelle Wahlfreiheit ebenfalls ein Witz, dessen Wahrheit die verzweifelte Lage des prekären Arbeiters ist? Angesichts der Tatsache, dass die größte kulturelle Errungenschaft der Stalinzeit die politischen Witze waren, ist man einmal mehr dazu verführt, Brecht zu paraphrasieren: Was ist der beste antistalinistische Witz verglichen mit dem Witz, den die stalinistische Politik selbst darstellt? Oder, näher an der heutigen Zeit, was sind selbst die besten Witze über Trump verglichen mit dem Witz, den Trumps Politik darstellt? Man stelle sich nur vor, ein Komiker hätte vor ein paar Jahren auf der Bühne Trumps Aussagen, Tweets und Beschlüsse aufgeführt – man hätte das als unrealistischen und übertriebenen Witz erlebt. Trump ist seine eigene Parodie mit dem unheimlichen Effekt, dass die Realität seines Verhaltens viel haarsträubender lustig ist als die meisten Parodien.

Insofern der objektive Humor die innere Negativität des Dings selbst offenbart, verwundert es nicht, dass viele Interpreten Hegels, von Dieter Henrich an, im objektiven Humor den letzten Zufluchtsort der modernen Kunst sehen, der Kunst nach dem Ende der Kunst. Man kann sich hier sogar einen Schritt weiter wagen und das Konzept eines absoluten Humors vorschlagen, die Einheit aus subjektivem und objektivem Humor: die Einsicht, in welcher Weise der objektive Humor den subjektiven braucht, um sich selbst zu reproduzieren. In diesem Sinn ist Hegels Kritik des subjektiven Humors heute aktueller denn je. Einer der populärsten Mythen der spätkommunistischen Regimes in Osteuropa lautete, dass es eine Abteilung der Geheimpolizei gebe, deren Funktion darin bestehe, politische Witze gegen das Regime und seine Repräsentanten nicht zu verhindern, sondern zu erfinden und in Umlauf zu bringen, da ihnen die positive und stabilisierende Funktion von Witzen bewusst sei: Sie bieten normalen Leuten eine leichte und tolerierbare Möglichkeit, Dampf abzulassen und ihre Frustrationen zu lindern.

Auf einer anderen Ebene gilt für Trump dasselbe. Erinnern wir uns daran, wie oft die liberalen Medien angekündigt haben, Trump mit heruntergelassenen Hosen beim öffentlichen Selbstmord erwischt zu haben (indem er sich über die Eltern eines verstorbenen Kriegshelden lustig machte, mit sogenanntem »pussy-grabbing« geprahlt hat usw.). Arrogante liberale Kommentatoren waren schockiert, wie ihre andauernden bitteren Attacken gegen Trumps vulgäre und rassistische Ausbrüche, seine sachlichen Ungenauigkeiten, den ökonomischen Unsinn und so weiter ihn überhaupt nicht trafen, sondern vielleicht sogar seine Popularität steigerten. Sie haben nicht verstanden, wie Identifikation funktioniert: In der Regel identifizieren wir uns mit den Schwächen des anderen, nicht nur oder nicht einmal hauptsächlich mit seinen Stärken. Je mehr sie sich also über die Beschränkungen von Trump lustig machten, desto mehr identifizierten sich einfache Leute mit ihm und nahmen die Angriffe auf ihn als herablassende Angriffe auf sich selbst wahr. Für sie lautete die untergründige Botschaft von Trumps Vulgaritäten: »Ich bin einer von euch!«, und sie fühlten sich andauernd durch die hochmütige Haltung der liberalen Elite ihnen gegenüber gedemütigt. Wie Alenka Zupančić es prägnant formuliert, »übernehmen die extrem Armen den Kampf für die extrem Reichen, wie bei der Wahl von Trump klargeworden ist. Und die Linke macht wenig anderes, als sie zu beschimpfen und zu beleidigen.«[5] Oder, wie wir hinzufügen sollten, die Linke macht etwas noch Schlimmeres: Sie »versteht« in gönnerhafter Weise die Verwirrung und Blindheit der Armen. Diese linksliberale Arroganz explodiert in ihrer reinsten Form in dem neuen Genre der Kabarett-Talkshow (Jon Stewart, John Oliver), die im Wesentlichen das unverfälschte Gefühl der Überlegenheit der liberalen intellektuellen Elite zur Schau stellt:

> »Die Parodie von Trump ist im besten Fall eine Ablenkung von seiner realen Politik; im schlechtesten verwandelt sie das Ganze der Politik in einen Gag. Dieser Prozess hat nichts mit den Darstellern oder den Autoren oder ihren Entscheidungen zu tun. Trump hat seine Kandidatur auf einer Selbstdarstellung als Comicfigur aufgebaut – das war jahrzehntelang seine popkulturelle Persona. Es ist schlicht nicht möglich, einen Mann wirkungsvoll zu parodieren, der eine bewusste Selbstparodie ist und der auf der Grundlage dieser Darstellung Präsident der Vereinigten Staaten geworden ist.«[6]

In meinen früheren Werken habe ich einen Witz aus den guten alten Zeiten des »real existierenden Sozialismus« verwendet, der unter Dissidenten beliebt war. Im von den Mongolen besetzten Russland des 15. Jahrhunderts geht ein Bauer mit seiner Frau eine staubige Landstraße entlang. Plötzlich kommt ein mongolischer Krieger angeritten, hält neben ihnen und teilt dem Bauern mit, er werde jetzt seine Frau vergewaltigen. Außerdem verlangt er: »Weil der Boden so staubig ist, sollst du meine Hoden hochhalten, während ich deine Frau vergewaltige, damit sie nicht schmutzig werden!« Als der Mongole fertig ist und wieder wegreitet, fängt der Bauer auf einmal an zu lachen und Freudensprünge zu machen. Die überraschte Ehefrau fragt ihn: »Wie kannst du Freudensprünge machen, wo ich gerade in deiner Gegenwart brutal vergewaltigt worden bin?« Der Bauer antwortet: »Ich hab ihn drangekriegt! Seine Eier sind voller Staub!« Dieser traurige Witz spiegelt das Dilemma der Dissidenten wider: Sie dachten, sie würden der Parteinomenklatura schwere Schläge versetzen, dabei streuten sie ihr in Wirklichkeit nur ein bisschen Staub auf die Weichteile, während die Nomenklatura weiter das Volk vergewaltigte. Und können wir über Jon Stewart und andere Komiker, die sich über Trump lustig machen, nicht das Gleiche sagen? Streuen sie ihm nicht auch bloß ein bisschen Staub auf die Eier oder verpassen ihnen höchstens leichte Kratzer?

Die grundlegende Lehre der Dialektik ist daher, dass dem eitlen subjektiven Humor nicht durch ernsthafte »objektive« Analyse begegnet werden sollte, sondern durch Hegels objektiven Humor, der die inneren Absurditäten unserer Realität zutage fördert. Wir sollten uns nicht davor scheuen, diesen humoresken Aspekt selbst in unseren fürchterlichsten Erfahrungen zu erkennen. Nach seiner Premiere in Berlin im Jahr 2015 wurde Ferdinand von Schirachs Stück »Terror« ein globaler Hit mit Hunderten von Aufführungen auf der ganzen Welt und unendlichen ethischen Debatten in den Massenmedien. Es ist ein Gerichtsdrama, die Darstellung eines Verfahrens gegen Lars Koch, einen deutschen Kampfpiloten, der eine Lufthansa-Maschine abgeschossen hat, die von Terroristen entführt worden war. Das Flugzeug steuerte auf ein Stadion mit 70 000 Zuschauern zu (die ein Spiel England gegen Deutschland verfolgten), und Kochs pragmatische Entscheidung – mit der er das Gesetz brach – bestand darin, die Leben der 164 Menschen im Flugzeug zu beenden, anstatt den Terroristen zu gestatten, eine weit größere Anzahl im Stadion abzuschlachten. Am Ende müssen die Zuschauer über seine Schuld abstimmen: Jeder erhält ein kleines Gerät mit zwei Knöpfen, die 1 für »schuldig«, die 2 für »nicht schuldig«, und die Zuschauer erfahren ihren Urteilsspruch. Wie vorherzusehen ist, erklärt die Mehrheit, zumindest in westlichen Theatern, Koch für nicht schuldig.

Zweifellos haben wir es hier mit einer genuinen Antinomie der moralischen Vernunft zu tun (um es kantianisch zu wenden): Wenn wir das Dilemma auf diese klare Weise formulieren, gibt es schlicht keine unzweideutige Lösung. Jedes Spiel mit Gewissheit und Zahlen – im Stile von »wenn ich absolut sicher bin, dass ich mindestens fünfzig Leben rette, wenn ich einen Menschen töte, dann …« – läuft auf eine Obszönität hinaus. Unsere Intuition, dass mit der Wahlmöglichkeit bei diesem Theaterstück etwas zutiefst unwahr und falsch ist, ist völlig gerechtfertigt: Die Wahl ist reinste Ideologie, hauptsächlich in dem, was sie weglässt, um ein klares und einfaches Bild zu zeigen. Wir werden hauptsächlich als Individuen angesprochen und mit einer harten Wahl konfrontiert, deren große Klarheit (das Flugzeug abschießen oder nicht?) alle anderen relevanten Fragen verschleiert. Wie wäre es, das Stadion zu räumen (es gab genug Zeit), was ist mit den geopolitischen Ursachen solcher terroristischer Akte, was ist mit unseren militärischen Interventionen in arabischen Ländern, was ist mit unserer Allianz mit Saudi-Arabien? Haben wir etwas davon gewählt, sind wir in nur einem Fall nach unserer Wahl gefragt worden? Warum fühlen wir den Druck der Wahl nur, wenn wir mit einer Konsequenz aus all diesen vorherigen Entscheidungen konfrontiert sind?

Es gibt noch einen weiteren, grundlegenderen Aspekt des Stücks, den wir ansprechen sollten. Bei näherem Hinsehen wird uns klar, dass, wenn Koch sich entscheidet, das Flugzeug abzuschießen, er nicht wirklich eine existentielle Entscheidung trifft, sondern lediglich den impliziten sozialen Vorschriften folgt. Sein Gespräch mit seinem militärischen Vorgesetzten macht klar, dass sie vermuten, er schießt das Flugzeug ab. Sie üben sogar subtilen Druck auf ihn aus, es zu tun, sie wollen es ihm nur nicht geradeheraus sagen. Diese Situation erinnert erneut an die Geschichte über den Aschenbecher vom Anfang dieses Buchs, wo ein Widerspruch zwischen Verbot und Erlaubnis offen unterstellt wird, dadurch aufgehoben und als nichtexistent behandelt wird. – Die Botschaft lautete: »Es ist verboten, und so machst du's.« Ist Kochs Situation nicht exakt die gleiche? Die wiederholte Botschaft seiner Vorgesetzten war: »Das Gesetz verbietet es … mach's!«

So funktionieren Armeen. Aus meinem Militärdienst kann ich mich an einen vergleichbaren Fall erinnern. Eines Morgens beim Unterricht über internationales Militärrecht erwähnte der Offizier, dass es verboten sei, auf Fallschirmspringer zu schießen, wenn sie sich noch in der Luft befänden und den Boden noch nicht erreicht hätten. Zufällig drehte sich die nächste Stunde ums Schießen, und derselbe Offizier brachte uns bei, wie man auf einen Fallschirmspringer in der Luft zielt (und seine Fallgeschwindigkeit einberechnet, die Wind-richtung und -stärke usw.). Als einer der Soldaten den Offizier nach dem Widerspruch fragte zwischen dem, was wir gerade, und dem, was wir vor einer Stunden gelernt hatten, schnappte der Offizier nur mit einem zynischen Lachen zurück und sagte: »Wie kannst du so blöd sein? Hast du nicht verstanden, wie das Leben funktioniert?«

Wir sollten bemerken, dass im Fall eines Atomkriegs die volks-tümliche Phantasie nach dem entgegengesetzten Szenario verlangt: dem eines einzelnen Offiziers, der sich dem Befehl widersetzt, den Knopf zu drücken, und damit die Welt rettet. Erinnern wir uns an ein erschreckendes Detail aus der Kuba-Krise: Erst später haben wir erfahren, wie nahe wir dem Atomkrieg während eines Scharmützels zwischen einem amerikanischen Zerstörer und einem sowjetischen B-59-U-Boot auf dem Meer vor Kuba am 27. Oktober 1962 waren. Der Zerstörer ließ Wasserbomben in der Nähe des U-Boots ab, um es zum Auftauchen zu zwingen, ohne zu wissen, dass es Torpedos mit Atom-sprengköpfen hatte. Vadim Orlov, Mitglied der U-Boot-Mannschaft, hat auf einer Konferenz in Havanna im Jahr 2002 erzählt, dass das U-Boot die Erlaubnis zum Abschuss hatte, wenn die drei Offiziere ein-verstanden wären. Die Offiziere fingen eine wilde und hitzige Debatte darüber an, ob sie das Schiff versenken sollten. Zwei waren dafür, der andere sagte nein. »Ein Typ namens Wassili Alexandrowitsch Archipow hat die Welt gerettet«, lautete der bittere Kommentar ei-nes Historikers über diesen Zwischenfall.[7] Zählen wir nicht alle still-schweigend darauf, dass etwas Ähnliches in dem hitzigen Wechsel zwischen den USA, Nordkorea und anderen passiert – dass in einem entscheidenden Moment ein einzelnes Individuum zu der Stärke fin-det, den verrückten Kreislauf der nuklearen Bedrohung und Gegen-bedrohung zu stoppen?

Wir können uns eine Reihe von Wahlmöglichkeiten im Sinne von Schirachs Theaterstück ausmalen: Wenn zum Beispiel eine nordko-reanische Rakete auf ihrem Weg nach Guam auseinanderfällt, sollten die USA darauf reagieren, und wenn ja, wie? Wir sollten jedoch die Verrücktheit der ganzen Situation im Kopf behalten: Während wir alle von ökologischen Katastrophen bedroht sind, spielen wir weiterhin Selbstzerstörungsspiele. Die Entscheidungen, die unsere Politiker in Betracht ziehen, spielen sich nicht auf einer Skala von »wie viele unschuldige Menschen darf ich töten, um viele mehr zu retten« ab, sondern von »wie viele Millionen Unbeteiligter bin ich direkt und indirekt bereit zu töten, um gegen den Feind zurückzuschlagen?«. Darüber sprechen sie in Wirklichkeit, wenn sie die katastrophalen Konsequenzen einer nuklearen Auseinandersetzung heraufbeschwören: Millionen und Abermillionen werden sterben, aber irgendwie müssen wir das tun und zurückschlagen.

Was die Angelegenheit zusätzlich verkompliziert, ist, dass man sich, wenn man Kim Jong-un dabei zuhört, wie er einen verheerenden Schlag gegen die USA führen will, nur wundern kann, wie er seine eigene Position wahrnimmt. Er redet, als ob ihm nicht klar wäre, dass sein Land inklusive ihm selbst zerstört würde, als ob er ein Phantasiespiel spielte. Blufft er nur, zieht er einen Atomschlag nicht wirklich in Erwägung?

Wenn das grundlegende Axiom des Kalten Kriegs die MAD war (Mutually Assured Destruction [wechselseitig zugesicherte Zerstörung; engl. »mad« auch für dt. »verrückt«; A. d. Ü.]), dann scheint das Axiom des heutigen Kriegs gegen den Terrorismus das Gegenteil zu sein: NUTS (Nuclear Utilization Target Selection [etwa: Zielauswahl nuklearer Anwendung; engl. »nuts« auch für dt. »durchgedreht«; A. d. Ü.]), das heißt die Idee, dass man die nukleare Leistungsfähigkeit des Gegners mit einem chirurgischen Eingriff zerstören kann, während unsere Raketenabwehrschirme uns vor jedem Gegenschlag schützen. Genau genommen praktizieren die USA eine andere Strategie: Sie handeln in ihrer Beziehung zu Russland und China weiter so, als ob sie der MAD-Logik folgten, während sie versucht sind, bei Iran und Nordkorea NUTS zu praktizieren. Der paradoxe Mechanismus von MAD verkehrt die Logik der »sich selbst verwirklichenden Prophezeiung« in eine »sich selbst lähmende Absicht«: Die Tatsache, dass sich jede Seite sicher sein kann, dass die andere mit voller Zerstörungskraft antworten wird, garantiert, dass keine Seite einen Krieg beginnt. Die

Logik von NUTS hingegen ist die, dass der Feind zu Entwaffnung gezwungen werden kann, wenn sicher ist, dass wir ihn ohne Risiko eines Gegenschlags angreifen können. Die Tatsache, dass zwei direkt widersprüchliche Strategien gleichzeitig von der gleichen Supermacht mobilisiert werden, bezeugt den phantasmatischen Charakter dieser ganzen Denkungsart. Das Einzige, was wir in dieser Situation tun können, ist, das breitest mögliche internationale Publikum zu mobilisieren, um unverblümt *jegliche* Rede vom Gebrauch nuklearer und anderer Massenvernichtungswaffen zu kriminalisieren. Regierungschefs und Länder, die das in Erwägung ziehen, sollten als Parias behandelt werden, als obszöne unmenschliche Monster. Gegen sie sollte alles erlaubt sein, vom Massenboykott bis zur persönlichen Demütigung.

Der drohende militärische Konflikt zwischen den USA und Nordkorea beinhaltet eine doppelte Gefahr. Obwohl beide Seiten ganz sicher bluffen und nicht mit einem wirklichen nuklearen Austausch rechnen, funktioniert Rhetorik doch nie als bloße Rhetorik, sondern kann immer außer Kontrolle geraten. Darüber hinaus ist es verrückt, wie viele Kommentatoren bemerkt haben, dass Trump eine zu Kim Jong-un symmetrische Position eingenommen und den Einsatz im Spiel erhöht hat. Die zunehmende Eskalation ähnelt dem Kampf um Anerkennung zwischen zwei Subjekten, wie er von Hegel beschrieben wird, bei dem der Gewinner derjenige ist, der eher seine Bereitschaft zum Tod beweist, als einen Kompromiss im Interesse des Überlebens einzugehen. Unbeabsichtigterweise hat sich Trump dabei in einem Spiel verfangen, das einer Supermacht nicht gut zu Gesicht steht – im Fall eines kleinen und schwachen Lands wie Nordkorea wäre eine diskrete und strenge Verwarnung ausreichend. Anders zu handeln ist lächerlich.

Mit den ersten Schritten einer historischen Befriedungspolitik zwischen Nord- und Südkorea vom Frühjahr 2018 veränderte sich der Ton auf magische Weise hin zu wechselseitigem Respekt und zur Zusammenarbeit, und was Unbehagen verursacht, ist genau die Schnelligkeit dieser Veränderung, als ob wir Teil eines seltsamen

Spiels wären, bei dem plötzliche Umschwünge uns daran hindern, sie ernst zu nehmen. Aber wären solche Umschwünge auch zwischen Israel und Iran möglich, zwischen den USA und Russland? Es begannen sogar verrückte Gerüchte um Trump zu zirkulieren, dass er den Friedensnobelpreis verdiene – wird er ihn erhalten? Die Franzosen haben einen wunderschönen Ausdruck, *voyons voir*, den man grob als »lasst uns abwarten und sehen, was wir sehen werden« übersetzen kann. Vier US-Präsidenten haben einen Friedensnobelpreis erhalten, Theodore Roosevelt, Woodrow Wilson, Jimmy Carter (nachdem er aus dem Amt geschieden war) und Barack Obama im Jahr 2009 für seine »außerordentlichen Bemühungen, die internationale Diplomatie und die Zusammenarbeit der Menschen zu stärken« – eine Erklärung, die gelogen war und lediglich der Hoffnung Ausdruck verlieh, dass Obama sich in Zukunft so verhalten würde.

So unglaublich der Vorschlag ist, dass Trump den Nobelpreis erhält, sollten wir dennoch drei Dinge in Reaktion darauf tun. Erstens sollten wir im Kopf behalten, dass der große Kompromiss, der den Durchbruch zu einer friedlichen Lösung der Koreakrise ermöglicht hat, nicht von Trump erreicht worden ist, sondern von Kim Jong-un: Kim machte das zentrale Zugeständnis, so dass Kim und Trump den Preis erhalten sollten, wobei die Lächerlichkeit dieser Idee offenkundig ist – ein Friedenspreis für das wohl unterdrückerischste Regime der Welt? Sollten Donald und Kim wirklich dafür belohnt werden, einen plötzlichen U-Turn vollzogen und nicht so verrückt gehandelt zu haben, wie wir befürchtet haben? Wie soll man darüber hinaus die Friedenspreis-für-Trump-Initiative mit Trumps aggressivem Rückzug aus dem Pakt mit Iran verbinden? Die Tatsache, dass sich alle westeuropäischen Alliierten der USA dem widersetzten, eröffnet neue Möglichkeiten eines globalen geopolitischen Neuarrangements: Sie könnte die USA von der Staatengemeinschaft isolieren, die weiterhin am Pakt festhalten möchte, und sie damit auf lediglich eine der globalen Mächte reduzieren.

Die unbequeme Wahrheit (für Linksliberale) ist jedoch, dass Trump – weit davon entfernt, bloß der kriegslüsterne verrückte Führer der

USA zu sein – im Vergleich mit Hillary Clinton nicht so schlecht ab-schneidet. Als sie vom *Guardian* gefragt wurde, ob sie wirklich glaube, dass Clinton gefährlicher als Trump sei, antwortete Susan Sarandon:

>»Ich dachte, dass sie sehr, sehr gefährlich ist. Wir würden immer noch Fracking betreiben, wir wären im Krieg [wenn sie Präsidentin wäre]. Es wäre keineswegs ruhiger. Schauen Sie, was unter Obama passiert ist und was wir nicht wahrgenommen haben. Sie würde wie Obama gehandelt haben, also heimlich. Er hat mehr Menschen deportiert als jetzt deportiert werden. Wie hat er nur den Friedensnobelpreis bekommen? Ich weiß es nicht.«[8]

Wir sollten daher nie vergessen, dass Trump im schlimmsten Fall lediglich weitgehend die Politik seiner Vorgänger weiterführt.

Als er sich nach der Ankündigung des Treffens mit Kim Jong-un aus dem Iranabkommen zurückzog, hätte es so scheinen können, dass wir kurz nacheinander zwei Trumps gesehen hätten, den »friedfertigen« Trump, dessen Handlungen zu einer Aussicht auf Entwaffnung in Korea führen, und den »kriegslüsternen« Trump, der sich für den Rückzug aus dem Iranabkommen entschieden hat und damit Instabilität und einen drohenden Krieg (nicht nur) im Nahen Osten brachte. Es gibt aber nur einen Trump, der in beiden Fällen genau dasselbe getan hat. Im Fall von Nordkorea begann er extremen Druck auszuüben, inklusive Wirtschaftssanktionen und militärischer Drohungen, und dasselbe tut er in Bezug auf Iran, vielleicht in der Hoffnung, dass wenn es einmal funktioniert hat, es jetzt wieder funktioniert ... Wird es das? Wir sollten den offenkundigen Unterschied zwischen den beiden Fällen nicht vergessen: Nordkorea ist ein isolierter Staat, ohne weitere Interessen in der Region, während Iran zutiefst in die Konflikte im Nahen Osten verstrickt ist. Eines der wenigen Ereignisse, das einen kleinen Hoffnungsschimmer in diesem gefährlichen Schlammassel entfacht hat, war das überraschende direkte Treffen der beiden Führer von Nord- und Südkorea Ende Mai 2018, nachdem Trump das Treffen mit Kim abgesagt hatte. Vielleicht ist das der einzige Weg, wie es vorangeht: die Einmischung der USA zu umgehen und die Spannungen auf lokaler Ebene ohne die »Hilfe« der Supermächte zu lösen.

Doch was, wenn den USA bewusst ist, dass der Druck auf Iran nicht funktionieren wird? Was, wenn sie sich zusammen mit Israel und Saudi-Arabien auf einen Krieg gegen Iran vorbereiten? Es ist schwer, über die Konsequenzen eines solchen militärischen Konflikts zu spekulieren, besonders wenn wir bedenken, dass es auf lange Sicht unmöglich ist zu verhindern, dass ein Land Atomwaffen (oder Chemiewaffen oder biologische Waffen) hat. Es ist jedoch nicht schwer, die Absurdität ebenjener Vorstellung von Trump als Anwärter für den Friedensnobelpreis zu sehen – wer verdient ihn dann wirklich? So jemand wird ihn sicherlich nie bekommen. Erinnern wir uns an Sophia Karpai, den Kopf der kardiologischen Abteilung des Kreml-Krankenhauses in den späten 1940er Jahren. Ihr (zufälliges) Pech bestand darin, zweimal Elektrokardiogramme von Andrei Alexandrowitsch Schdanow am 25. Juli 1948 und dann wieder am 31. Juli machen zu müssen, wenige Wochen vor Schdanows Tod durch Herzversagen. Das erste EKG, das aufgenommen wurde, nachdem Schdanow Herzsymptome gezeigt hatte, war nicht beweiskräftig (ein Herzinfarkt konnte weder bestätigt noch ausgeschlossen werden), während das zweite überraschenderweise ein günstigeres Bild zeigte (die Blockierung der Herzkammer war verschwunden, ein klares Zeichen dafür, dass es keinen Herzinfarkt gegeben hat). 1951 wurde sie unter der Anklage festgenommen, dass sie gemeinsam mit anderen Ärzten, die Schdanow behandelt hatten, die klinischen Daten gefälscht hätte, indem sie die klaren Anzeichen, dass es einen Herzinfarkt *gegeben* hatte, getilgt und damit Schdanow die spezielle Pflege vorenthalten hätte, die ein Herzinfarktpatient benötigt. Nach einer harten Behandlung, einschließlich regelmäßiger brutaler Prügel, waren alle Ärzte geständig. »Sophia Karpai, die ihr Vorgesetzter Vinogradow als nichts mehr als eine ›typische Person von der Straße mit der Moral einer Kleinbürgerin‹ beschrieben hat, wurde in einer Kühlzelle ohne Schlaf gehalten, um ein Geständnis zu erzwingen. Sie gestand nicht.«[9]

Der Einfluss und die Bedeutung ihrer Beharrlichkeit kann nicht überschätzt werden. Ihre Unterschrift wäre das letzte i-Tüpfelchen auf dem Fall des »Ärzte-Komplotts« des Staatsanwalts gewesen und hätte unmittelbar eine Maschinerie in Gang gesetzt, die, einmal ins Rollen geraten, zum Tod von Hunderttausenden geführt hätte und vielleicht sogar zu einem neuen europäischen Krieg (nach Stalins Plan sollte das »Ärzte-Komplott« beweisen, dass die westlichen Geheimdienste versucht hätten, Spitzenführer der Sowjets zu ermorden, und damit einen Vorwand für einen Angriff auf Westeuropa liefern). Karpai hielt gerade lange genug durch, damit Stalin in sein endgültiges Koma fallen konnte, wonach dann der ganze Fall sofort niedergelegt wurde. Ihr einfaches Heldentum war in einer ganzen Reihe von Details wesentlich, »wie Sandkörner in den Zahnrädern der großen Maschine, die in Bewegung gesetzt worden war, verhinderte sie eine weitere Katastrophe in der sowjetischen Gesellschaft und der Politik allgemein und rettete das Leben von Tausenden, wenn nicht sogar Millionen unschuldiger Menschen.«[10]

Dieses einfache Beharren gegen alle Widrigkeiten ist letztendlich der Stoff, aus dem wahre Helden gemacht sind. Von solchen Fällen erfahren wir nur manchmal und nur Jahre später. Wenn es eine minimale Gerechtigkeit bei der Vergabe des Friedensnobelpreises geben sollte, dann die, dass dieser Preis niemals weder einem aktiven Politiker für seine aktuellen Taten verliehen werden sollte (das heißt dafür, nicht so brutal zu sein, wie man erwartet hätte) noch Politikern für ihre in der Zukunft erwarteten Taten. Der Preis sollte rückwirkend verliehen werden an so namenlose Helden wie Archipow und Karpai.

Doch zurück zu unserem Hauptargument. Die Logik des Wettstreits unter den Nationalstaaten ist extrem gefährlich, weil sie der dringenden Notwendigkeit direkt zuwiderläuft, eine neue Beziehung zur Umwelt einzugehen, ein radikaler politisch-ökonomischer Wandel, den Peter Sloterdijk als »Domestikation des wilden Tiers Kultur« bezeichnet hat. Bislang hat jede Kultur ihre Mitglieder durch staatliche Macht diszipliniert oder erzogen und so den inneren Frieden gesichert; das Verhältnis der verschiedenen Kulturen und Staaten war dabei jedoch stets von der Möglichkeit eines Krieges überschattet, und Friedenszeiten waren nie mehr als nur vorübergehende Waffenstillstände. Die gesamte Ethik des Staates, wie Hegel sie begriff, kulminiert im höchsten Akt des Heroismus, der Bereitschaft, sein Leben für den eigenen Nationalstaat zu opfern, was bedeutet, dass die wilden, barbarischen Beziehungen zwischen den Staaten als Grundlage für das ethische Leben innerhalb ihrer selbst dienen. Ist das heutige Nordkorea mit seinem rücksichtslosen Streben nach Atomwaffen und seinen Raketentests, um weit entfernte Ziele erreichen zu können, nicht das beste Beispiel für diese Logik der bedingungslosen nationalstaatlichen Souveränität? Sobald wir jedoch die Tatsache, dass wir auf einem Raumschiff Erde leben, vollständig akzeptieren, drängt sich sofort die Aufgabe der Zivilisierung der Kulturen selbst auf, der Durchsetzung einer universellen Solidarität und Zusammenarbeit aller menschlichen Gemeinschaften – eine Aufgabe, die durch den anhaltenden Aufstieg sektiererischer Religionen, ethnischer »heroischer« Gewalt und die Bereitschaft, sich (und die Welt) für die eigene Sache zu opfern, nur umso schwieriger wird.

In einer Ansprache vor den Mitgliedern des russischen Parlaments sagte Wladimir Putin am 1. März 2018: »Der Test-Start der Rakete und die Versuche am Boden haben es möglich gemacht, eine brandneue Waffe zu schaffen, eine strategische Atomrakete, die mit Kernenergie betrieben wird. Ihre Reichweite kennt keine Grenzen. Sie kann für einen unbegrenzten Zeitraum eingesetzt werden. Niemand auf der ganzen Welt besitzt etwas Vergleichbares.« Unter Beifall fügte er hinzu: »Russland hat immer noch das größte Nuklearpotential der Welt, aber niemand hört uns zu. Hört uns jetzt zu!«[11]

Wir sollten diesen Worten zuhören, ja, aber als Worte eines Verrückten, der sich einem Duett zweier anderer Verrückter anschließt. Erinnern wir uns, wie vor kurzem Kim Jong-un und Donald Trump in einen Wettstreit über Knöpfe gerieten, um ihre Atomraketen loszuschicken, wobei Trump behauptete, dass sein Knopf größer als der von Kim sei. Und jetzt gesellt sich noch Putin zu diesem obszönen Wettbewerb – ein Wettbewerb, das sollten wir nie vergessen, der sich darum dreht, wer uns alle schneller und effizienter zerstören kann –

und behauptet, dass seiner der größte ist … Jede Seite kann natürlich behaupten, dass sie nur Frieden wolle und lediglich auf die Bedrohung reagiere, die die anderen darstellen (Putin hat zum Beispiel sofort hinzugefügt, dass er nur auf Trumps Behauptung reagiere, dass die USA dank ihres Schutzschildes einen Atomkrieg gegen Russland gewinnen könne) – schon wahr, doch das bedeutet, dass der Wahnsinn im ganzen System selbst wohnt, in dem Teufelskreis, in dem wir gefangen sind, sobald wir am System teilnehmen. Die Struktur hierbei ähnelt der unterstellten Annahme, dass alle einzelnen Teilnehmer rational handeln und den andern Irrationalität unterstellen, die jedoch in exakt gleicher Weise denken. Aus meiner Jungend im sozialistischen Jugoslawien erinnere ich mich an einen verrückten Vorfall mit Toilettenpapier. Ganz plötzlich zirkulierte das Gerücht, dass es nicht genügend Toilettenpapier in den Läden gebe. Die Behörden versicherten prompt, dass genügend Klopapier für den normalen Gebrauch vorhanden sei, und überraschenderweise war das nicht nur wahr, sondern die Leute glaubten auch, dass es wahr sei. Trotzdem könnte sich ein durchschnittlicher Konsument folgende Gedanken machen: Ich weiß, dass es genug Toilettenpapier gibt und das Gerücht falsch ist, aber was wäre, wenn einige Leute das Gerücht ernst nähmen und aus Panik einen exzessiven Vorrat an Toilettenpapier kaufen und damit eine echte Knappheit verursachen würden? Dann gehe ich wohl besser los und kaufe selbst eine Menge. Es ist aber noch nicht einmal nötig zu glauben, dass irgendjemand anderes das Gerücht ernst nimmt – es reicht zu unterstellen, dass andere wie man selbst glauben, dass es Menschen gibt, die das Gerücht ernst nehmen; der Effekt ist derselbe, nämlich das reale Fehlen von Toilettenpapier in den Geschäften. (Weist das Phänomen der Bitcoins nicht die gleiche Struktur auf – eine Entität, deren einzige Substanz darin besteht, dass Menschen daran glauben –, nur ins Extrem getrieben? Das Mantra, dass die Bitcoins an einem gewissen Punkt einbrechen müssen, weil sie auf nichts basieren, drückt unsere Angst aus – nicht die Angst vor diesem Kollaps, sondern die entgegengesetzte Angst, dass etwas, das auf nichts basiert, dennoch unendlich fortexistieren kann.)

Dieser Wahnsinn wird in dem Moment sichtbar, in dem wir eine einfache Frage stellen: Wie stellen sich die Protagonisten (Kim, Trump, Putin) in der nuklearen Pattsituation vor, den Knopf zu drücken? Sind sie sich der fast hundertprozentigen Gewissheit nicht bewusst, dass ihr eigenes Land bei den Vergeltungsschlägen ebenfalls zerstört werden wird? Sie sind sich dessen bewusst ... aber auch nicht, das heißt, sie sprechen deutlich aus einer schizophrenen Position: Obwohl sie wissen, dass sie untergehen werden, reden sie so, als ob jemand außerhalb der Gefahr stünde und den Feind von einem sicheren Ort aus schlagen könnte. Diese schizophrene Position verbindet, wie oben bereits gesagt, die beiden Axiome der nuklearen Kriegsführung, MAD und NUTS. Genau die Tatsache, dass zwei entgegengesetzte Strategien von der gleichen Supermacht gleichzeitig mobilisiert werden, bezeugt den phantasmatischen Charakter dieses ganzen Denkens. Im Dezember 2016 erreichte diese Inkonsistenz einen beinahe unvorstellbar lächerlichen Höhepunkt: Sowohl Putin als auch Trump betonten die Chance für neue friedlichere Beziehungen zwischen Russland und den USA und bekräftigten gleichzeitig ihr volles Bekenntnis zum Wettrüsten – als ob Frieden zwischen Supermächten nur durch einen neuen Kalten Krieg erreicht werden könnte. Alain Badiou sagte, dass die Konturen des zukünftigen Krieges bereits gezogen seien:

>»die USA und ihre westlich-japanische Clique auf der einen Seite, China und Russland auf der anderen Seite, überall Atomwaffen: Wir können hier nur an Lenins Worte erinnern, dass entweder die Revolution den Krieg verhindern oder der Krieg die Revolution auslösen werde. Auf diese Weise können wir das maximale Ziel der kommenden politischen Arbeit definieren: Zum ersten Mal in der Geschichte muss sich die erste Hypothese – dass die Revolution den Krieg verhindert – selbst verwirklichen, und nicht die zweite – ein Krieg wird die Revolution auslösen. Tatsächlich hat sich die zweite Hypothese in Russland im Kontext des Ersten Weltkriegs materialisiert und in China im Kontext des Zweiten. Doch zu welchem Preis! Und mit welchen Langzeitfolgen!«[12]

Die Schlussfolgerung lässt sich nicht vermeiden, dass ein radikaler sozialer Wandel – eine Revolution – vonnöten ist, um unsere Zivilisationen zu zivilisieren. Wir können uns die Hoffnung nicht leisten, dass ein neuer Krieg zu einer neuen Revolution führt: Ein neuer Krieg würde viel wahrscheinlicher das Ende der Zivilisation, wie wir sie kennen, bedeuten, wo die Überlebenden (wenn es denn welche gibt) sich in kleinen autoritären Gruppen organisieren. Das Haupthindernis bei diesem Prozess der Zivilisierung der Zivilisationen ist jedoch nicht so sehr sektiererische fundamentalistische Gewalt als ihr offenkundiges Gegenteil, die zynische Gleichgültigkeit. Donald Trump erklärte im Oktober 2017 den Notstand in der öffentlichen Gesundheit als Antwort auf das, was er »nationale Schande und menschliche Tragödie« nannte: die in den USA eskalierende Opioid-Epidemie, die »schlimmste Drogenkrise in der amerikanischen Geschichte«, die durch die Massenverschreibung von opioidhaltigen Schmerzmitteln verursacht wurde: »Die USA sind bei weitem der größte Konsument dieser Drogen, es werden mit Abstand mehr Opioid-Pillen pro Kopf konsumiert als in jedem anderen Land. Kein Teil unserer Gesellschaft – weder jung noch alt, reich oder arm, städtisch oder ländlich – ist von dieser Plage der Drogenabhängigkeit verschont geblieben.« Obwohl Trump, wie man sich vorstellen kann, weit davon entfernt ist, ein Marxist zu sein, evoziert seine Aussage Marx' bekannte Charakterisierung der »Religion als Opium des Volks« in seiner Schrift »Zur Kritik der Hegelschen Rechtsphilosophie«, die es wert ist, hier zitiert zu werden:

»Das *religiöse* Elend ist in einem der *Ausdruck* des wirklichen Elendes und in einem die *Protestation* gegen das wirkliche Elend. Die Religion ist der Seufzer der bedrängten Kreatur, das Gemüth einer herzlosen Welt, wie sie der Geist geistloser Zustände ist. Sie ist das *Opium* des Volks. Die Aufhebung der Religion als des *illusorischen* Glücks des Volkes ist die Forderung seines *wirklichen* Glücks. Die Forderung, die Illusionen über seinen Zustand aufzugeben, ist die *Forderung, einen Zustand aufzugeben, der der Illusionen bedarf.* Die Kritik der Religion ist also im *Keim* die Kritik des Jammerthales, dessen *Heiligenschein* die Religion ist.«[13]

Man kann unmittelbar wahrnehmen, dass Trump, der seinen Krieg gegen Opioide durch ein Verbot der gefährlichsten Drogen beginnen möchte, ein sehr vulgärer Marxist ist, vergleichbar den kommunistischen Hardlinern (wie Enver Hodscha oder die Roten Khmer), die die Religion zu unterlaufen versuchten, indem sie sie einfach verboten. Marx' Herangehensweise ist viel subtiler: Anstatt die Religion direkt zu bekämpfen, besteht das Ziel der Kommunisten darin, die soziale Situation der Ausbeutung und Herrschaft zu verändern, die überhaupt erst das Bedürfnis nach Religion zur Welt bringt. Dennoch ist Marx allzu naiv, nicht nur in seiner Vorstellung von Religion, sondern im Hinblick auf die verschiedenen Formen, die das Opium des Volkes annehmen kann. Sicherlich ist der Islam ein exemplarischer Fall einer Religion als Opium des Volks: eine falsche Konfrontation mit der kapitalistischen Moderne, die es den Muslimen ermöglicht, in ihrem ideologischen Traum zu leben, während ihre Länder von den Effekten des globalisierten Kapitalismus verwüstet werden – und genau das Gleiche gilt für den christlichen Fundamentalismus. Im Januar 2018 wurde berichtet, dass an der Gesetzgebung Beteiligte in Ägypten

> »erwägen, ernsthaft ein Gesetz zu verabschieden, das Atheismus illegal macht. Gotteslästerung ist in Ägypten bereits illegal, und die Menschen werden unter den strengen Gesetzen des Landes häufig wegen Beleidigung oder Verleumdung der Religion festgenommen. Die neuerdings vorgeschlagene Regelung würde es für die Menschen illegal machen, nicht an Gott zu glauben, selbst wenn sie nicht darüber sprechen.«[14]

Zwei Fragen tun sich hier unmittelbar auf: Wie wollen die Behörden herausbekommen, dass jemand ein Atheist ist, wenn er selbst nicht darüber spricht? Ironischer Kommentar: Werden sie das Gehirn des Verdächtigen mit den Mitteln untersuchen, die von Neuro-Theologen verwendet werden, um zu bestimmen, ob es Spuren religiöser Erfahrungen in den Neuronen gibt? Zweite Frage: Wie rechtfertigen sie eine solch extreme Maßnahme? Folgendermaßen argumentiert Khaled Salah in seinem Artikel »Die Atheisten kommen«:

»Die Gefahren des Terrorismus sind bekannt, doch nicht viele wissen, dass Atheismus und Terror gleichermaßen destruktiv sind. Auch schwächt der Atheismus die eigene Identität und stellt etablierte Meinungen in Geschichte, religiösen Vorschriften und Symbolen, den Gefährten und Nachfolgern Mohammeds in Frage und führt schließlich zum Kollaps der Grundsätze der gesamten Nation und ihrer heiligen Überzeugungen.«[15]

Man muss also nicht dem religiösen Fundamentalismus die Schuld am Terror zuschreiben, selbst wenn er im Namen der Religion verübt wird, sondern dem Atheismus! Diese Argumentation erinnert an die Reaktion der amerikanischen katholischen Kirche auf die Welle aufgedeckter Fälle von Pädophilie unter ihrer Priesterschaft: Sie beschworen eine dubiose Forschung, in der die säkular-hedonistische Kultur beschuldigt wurde, die Priester infiziert zu haben ... Das Traurige ist, dass sich im letzten Jahrzehnt Atheismus mit einem islamophoben Dreh als ein seriöses Angebot in der Öffentlichkeit der USA etabliert hat (Atheismus in der Art von Harris/Pinker/Hitchens natürlich) und es seither in »radikalen« linken Zirkeln zur Mode geworden ist, die Religionskritik herunterzuspielen, da sie »dem Feind nützen« könne ... Dennoch gibt es in unserer westlichen Welt zwei weitere Formen des Opiums für das Volk: das Opium und das Volk. Wie das Aufkommen des Populismus deutlich macht, ist das Opium des Volkes auch »das Volk« selbst, der verschwommene populistische Traum, der dazu bestimmt ist, unsere eigenen Antagonismen zu verschleiern. Und zu guter Letzt ist für viele von uns das Opium des Volks das Opium selbst, die Flucht in Drogen – genau das Phänomen, über das Trump spricht.

Um (nicht nur buchstäbliches, sondern auch ideologisches) Opioid – wie »das Volk« – herzustellen, braucht man wie immer eine sehr ausgeklügelte technologische Apparatur. Wenn eine Figur als Held unserer Zeit heraussticht, dann Christopher Wylie, ein schwuler kanadischer Veganer, der im Alter von 24 Jahren mit einer Idee aufwartete, die zur Gründung einer Firma namens Cambridge Analytica führte, einer Firma zur Analyse von Daten, die behauptet hat, eine größere

Rolle bei der »Leave«-Kampagne während der Volksabstimmung zum Brexit gespielt zu haben. Später wurde er eine zentrale Figur in den digitalen Vorgängen während Donald Trumps Wahlkampagne, als er Steve Bannons psychologische Kriegswerkzeuge schuf. Wylies Plan war, Facebook zu hacken, die Profile von Millionen US-Amerikaner abzuernten und diese privaten und persönlichen Informationen dafür zu nutzen, schlaue psychologische und politische Profile anzulegen und diese dann mit politischer Werbung ins Visier zu nehmen, die genau auf deren besondere psychologische Veranlagung zugeschnitten war. An einem bestimmten Punkte drehte Wylie wirklich durch: »Das ist krank. Die Firma hat psychologische Profile von 230 Millionen Amerikanern angelegt. Und jetzt wollen die mit dem Pentagon zusammenarbeiten? Das ist wie Nixon auf Anabolika.«[16]

Diese Geschichte ist so faszinierend, weil sie Elemente kombiniert, die wir für gewöhnlich als Gegensätze wahrnehmen. »Alt-Right« präsentiert sich selbst als eine Bewegung, die sich um die Bedürfnisse normaler, weißer, hart arbeitender, tiefreligiöser Menschen kümmert, die für einfache und traditionelle Werte stehen und korrupte Exzentriker wie Homosexuelle und Veganer verabscheut und genauso digitale Nerds – und jetzt erfahren wir, dass ihr Wahlerfolg genau von einem solchen Nerd erdacht und orchestriert worden ist, der für all das steht, wogegen sie sich wenden … In dieser Tatsache ist mehr als ein anekdotischer Wert enthalten: Sie ist ein klares Signal für die Belanglosigkeit des »Alt-Right«-Populismus, der sich auf die neuesten technischen Errungenschaften stützen muss, um sein populäres »Redneck«-Appeal aufrechtzuerhalten. Und sie räumt mit der Illusion auf, dass man als ein marginaler Computer-Nerd automatisch »progressiv« und gegen das System ist.

Woher kommt nun dieses Bedürfnis, sich in Opium zu flüchten? Um Freud zu paraphrasieren, müssen wir einen Blick auf die Psychopathologie des global-kapitalistischen Alltagslebens werfen. Denn noch eine weitere Form des heutigen Opiums für das Volk ist unsere Flucht in das pseudosoziale digitale Universum von Facebook, Twitter und so weiter. In einer Rede vor Harvard-Absolventen im Mai 2017 sagte Mark

Zuckerberg: »Unser Job ist es, einen Sinn für Zweckhaftigkeit zu schaffen« – und das von einem Mann, der mit Facebook eines der weltweit größten Instrumente zur zweckfreien Zeitvernichtung geschaffen hat.

Wie Laurent de Sutter gezeigt hat, wird Chemie in ihrer wissenschaftlichen Form Teil von uns: Erhebliche Aspekte unseres Lebens sind durch das Management unserer Gefühle vermittels Drogen charakterisiert, von den täglichen Schlaftabletten und Antidepressiva bis hin zu starken Schmerzmitteln. Wir werden nicht nur von undurchdringlichen sozialen Mächten kontrolliert, unsere eigenen Gefühle werden an chemische Stimulanzien »outgesourced«. Der Wetteinsatz dieser chemischen Intervention ist ein doppelter und widersprüchlich: Wir verwenden Drogen, um äußere Aufregungen (Schocks, Ängste und so weiter) unter Kontrolle zu halten, uns für sie zu desensibilisieren und um künstliche Erregung zu generieren, wenn wir deprimiert und antriebslos sind. Drogen werden daher gegen die beiden gegensätzlichen Bedrohungen unseres täglichen Lebens eingesetzt, Übererregung und Depression, und es ist ganz entscheidend zu erkennen, wie diese beiden Verwendungsweisen der Drogen mit unserem privaten und öffentlichen Leben verbunden sind: In unseren entwickelten westlichen Ländern fehlt es unserem öffentlichen Leben an kollektiver Erregung (die zum Beispiel durch ein genuines politisches Engagement erzeugt wird), während Drogen dieses Fehlen durch private (oder eher intime) Formen der Erregung verdrängen – sie schläfern das öffentliche Leben ein und versetzen das private Leben künstlich in Erregung.[17] (Was von dem leidenschaftlichen öffentlichen Engagement im Westen übrig bleibt, ist hauptsächlich der populistische Hass, und das führt uns zum zweiten Opium des Volks, das Volk selbst.) Das Land, das am meisten von dieser Spannung durchzogen ist, ist Südkorea. Hier ist Franco Bernardis Bericht von seiner jüngsten Reise nach Seoul:

> »Korea ist der ›Ground Zero‹ der Welt, eine Blaupause für die Zukunft des Planeten [...] Nach Kolonialisierung und Kriegen, nach Diktatur und Hungersnot hat der südkoreanische Geist, der von der Bürde des natürlichen Körpers befreit wurde, sanft die digitale Sphäre mit einem

niedrigeren Grad kulturellen Widerstands als praktisch alle anderen Bevölkerungen auf der Welt betreten. In dem entleerten kulturellen Raum ist das koreanische Experiment von einem extremen Grad der Individualisierung gekennzeichnet, und steuert gleichzeitig auf die ultimative Verkabelung des kollektiven Geistes zu. Diese einsamen Monaden gehen im urbanen Raum in zarter und beständiger Interaktion mit den Bildern, Tweets und Spielen umher, die aus ihren kleinen Bildschirmen kommen, auf perfekte Weise isoliert und mit dem geschmeidigen Interface des Flows verkabelt [...] Südkorea weist die höchste Selbstmordrate der Welt auf. Selbstmord ist in Südkorea die häufigste Todesursache für Menschen unter 40. Interessanterweise hat sich die Zahl der Selbstmorde in Südkorea im Laufe der letzten zehn Jahre verdoppelt [...] Im Verlauf von zwei Generationen haben sich die Bedingungen im Hinblick auf Einkommen, Ernährung, Freiheit und Reisemöglichkeiten sicher verbessert. Doch der Preis dieser Verbesserung war die Verwüstung des täglichen Lebens, die Hyperbeschleunigung des Rhythmus, die extreme Individualisierung der Biographien und die Prekarisierung der Arbeit, die auch ungezügelten Konkurrenzkampf bedeutet [...] Die Intensivierung des Arbeitsrhythmus, die Versteppung der Landschaft und die Virtualisierung des Gefühlslebens laufen darauf zu, eine Ebene der Einsamkeit und der Verzweiflung zu schaffen, bei der es schwerfällt, sie bewusst abzulehnen und sich ihr zu widersetzen.«[18]

Berardis Eindrücke von Seoul bieten das Bild eines Ortes, der seiner Geschichte beraubt worden ist, ein weltloser Ort. Badiou hat bemerkt, dass wir in einem sozialen Raum leben, der zunehmend als weltlos erfahren wird. Selbst der Antisemitismus der Nazis, so grauenhaft er war, hat eine Welt eröffnet: Sie beschrieb eine kritische Situation, indem sie einen Feind in Stellung brachte, die »jüdische Verschwörung«; sie hat ein Ziel benannt und die Mittel, es zu erreichen. Der Nationalsozialismus hat eine Realität auf eine Weise aufgezeigt, die es ihren Subjekten ermöglicht hat, ein globales »kognitives Mapping« zu erwerben, das einen Raum für ein bedeutungsvolles Engagement beinhaltet. Vielleicht sollte man hier eine der Hauptgefahren des Kapitalismus lokalisieren: Obwohl er global ist, unterstützt er stricto

sensu eine weltlose ideologische Konstellation, die die große Mehrheit der Menschen jeglichen bedeutungsvollen »kognitiven Mappings«
beraubt. Das ist es, was Millionen von uns dazu bringt, in unserem
Opium Zuflucht zu suchen: nicht bloß neue Armut und fehlende Perspektive, sondern der unerträgliche Druck des Über-Ichs in seinen
beiden Aspekten – der Druck, im Beruf erfolgreich zu sein, und der
Druck, sein Leben voll und ganz in all seiner Intensität zu genießen.
Vielleicht ist dieser zweite Aspekt sogar noch beunruhigender: Was
bleibt von unserem Leben übrig, wenn sogar unser Rückzug in priva-
tes Vergnügen der Stoff von brutalen Vorschriften wird? Kurz gefasst,
ist Trump selbst – wie er handelt und endlos Tweets ausstößt – nicht
die Ursache der Krankheit, die er zu heilen versucht?

Damals in den 1960ern lautete das Motto der frühen Ökobewegung
»global denken, lokal handeln«. Mit seiner Herrschaftspolitik, die
Nordkoreas Einstellung spiegelt, verspricht Trump das genaue Gegenteil, nämlich die USA in eine globale Macht zu verwandeln, aber dieses
Mal im Sinn von »global handeln, lokal denken«. Wir sollten nicht davor zurückschrecken hinzuzufügen, dass dieser Ort einen präzisen Namen trägt – wir denken lokal, weil wir in einer platonischen Höhle der
Ideologie gefangen sind. Aber wie kommen wir da heraus? Hier stoßen
wir auf eine komplexe Dialektik von Freiheit und Knechtschaft:

»Das Verlassen der Höhle beginnt, wenn einer der Gefangenen nicht
nur aus seinen Ketten befreit ist (wie Heidegger gezeigt hat, ist das in
keiner Weise genug, um ihn von seiner libidinösen Bindung an die
Schatten zu befreien), sondern hinausgezwungen wird. Das muss eindeutig der Ort für die (libidinöse und auch epistemologische, politische
und ontologische) Funktion des Herrn sein. Das kann nur ein Herr sein,
der mir weder genau sagt, was zu tun ist, noch wessen Instrument ich
werden könnte, sondern muss jemand sein, der mich lediglich ›mir
selbst zurückgibt‹. Auf gewisse Weise könnte man auch sagen, dass
dies mit Platons Theorie der Wiedererinnerung verbunden ist (man
erinnert sich an etwas, das man sozusagen nie gewusst hat), was impliziert, dass der eigentliche Herr mich lediglich bestärkt oder mir ermöglicht, zu behaupten, ›dass ich das kann‹, ohne es mir zu sagen.«[19]

Die Pointe Frank Rudas ist subtil: Es ist nicht nur so, dass ich es, wenn ich mir selbst in der Höhle und sogar ohne Ketten überlassen bin, vorziehe, dort zu bleiben, so dass ein Herr mich hinauswerfen muss – ich muss anbieten, hinausgeworfen zu werden, vergleichbar dem Fall, wenn jemand eine Psychoanalyse beginnt und er oder sie dies willentlich tut und freiwillig den Analytiker als seinen oder ihren Herrn akzeptiert (wenn auch auf ganz besondere Weise):

»Wenn man den Bezug auf den Herrn in psychoanalytischen Begriffen gebraucht, dann taucht an genau dieser Stelle eine Frage auf: Heißt das, dass diejenigen, die einen Herrn brauchen, immer in der Position des Analysanden sind? Wenn politisch gesehen ein solcher Herr nötig ist, um der zu werden, der man ist (um Nietzsches Wendung zu gebrauchen), und dies strukturell mit der Befreiung des Gefangenen aus der Höhle verbunden werden kann (ihn hinauszuwerfen, nachdem ihm die Ketten abgenommen worden sind und er immer noch nicht gehen möchte), dann stellt sich die Frage, wie man dies mit der Idee verbindet, dass der Analysand konstitutiv ein *Freiwilliger* sein muss (und nicht einfach ein Sklave oder Bürge). Kurz, es muss eine Dialektik von Herr und Freiwilligem geben: eine Dialektik, weil der Herr bis zu einem gewissen Grad die Freiwilligen als Freiwillige konstituiert (sie aus einer vorher anscheinend unzweifelhaften Situation befreit), so dass sie daraufhin freiwillige Anhänger der Verfügungen des Herrn werden, wobei der Herr letztlich überflüssig wird – aber vielleicht nur für einen gewissen Zeitraum; hinterher muss ebenjener Prozess wiederholt werden (es gelingt einem nie, die Höhle vollständig zu verlassen, so dass man konstant dem Herrn begegnen muss und der Angst, die damit verbunden ist, das heißt, eine Intervention des Herrn ist nötig, wenn die Dinge sich wieder verfestigen oder peinlich habitualisiert werden).«[20]

Das Bild wird zusätzlich dadurch verkompliziert, dass

»der Kapitalismus massiv auf unbezahlte und daher strukturell ›freiwillige‹ Arbeit baut. Es gibt, in Lenins Worten, Freiwillige und ›Freiwillige‹, so dass man vielleicht nicht nur verschiedene Typen von Herrenfiguren unterscheiden muss, sondern (wenn die Verbindung mit der Psychoanalyse auf diese Weise relevant ist) sie auch mit verschiedenen Auffassungen von Freiwilligem und Analysand verbinden muss. Selbst der Analysand, ein Freiwilliger, muss irgendwie in die Analyse gezwungen werden. Es könnte so scheinen, als kämen damit wieder die klassischen Lektüren der Dialektik von Herr und Knecht zurück, aber ich denke, dass man beachten sollte, dass, sobald sich der Sklave selbst als Sklave identifiziert, er nicht mehr länger ein Sklave ist, während der freiwillig Arbeitende im Kapitalismus sich als das identifizieren kann, was er ist, was aber gar nichts ändert (der Kapitalismus ruft Menschen als ›Nichtse‹ an, als Freiwillige usw.).«[21]

Die zwei Ebenen des Freiwilligseins (die gleichzeitig zwei Ebenen der *servitude volontaire* sind) unterscheiden sich nicht nur im Hinblick auf den Kontext der Knechtschaft (Marktmechanismen, Anlass zur Emanzipation), ihre ganze Form ist verschieden. In der kapitalistischen Knechtschaft fühlen wir uns einfach frei, während wir bei der wahren Befreiung Knechtschaft freiwillig akzeptieren als Dienst an einer Sache und nicht nur an uns selbst. In der heutigen zynischen Funktionsweise des Kapitalismus weiß ich sehr wohl, was ich tue und weiterhin tun werde, der befreiende Aspekt meines Wissens ist suspendiert, während in der authentischen Dialektik der Befreiung meine Bewusstheit für meine Situation bereits der erste Schritt in Richtung Befreiung darstellt. Im Kapitalismus bin ich genau dann versklavt, wenn ich mich »frei fühle«: Dieses Gefühl ist genau die Form meiner Knechtschaft, während ich in einem emanzipatorischen Prozess frei bin, wenn ich mich »wie ein Sklave fühle« – das heißt, das Gefühl, versklavt zu sein, legt bereits Zeugnis für die Tatsache ab, dass ich im Innersten meiner Subjektivität frei bin; nur wenn meine Aussageposition die eines freien Subjekts ist, kann ich meine Knechtschaft als Scheußlichkeit erfahren. Wir haben hier also zwei Versionen der Rückseite eines Möbiusbandes: Folgen wir der kapitalistischen Freiheit bis ans Ende, schlägt sie in ebenjene Form der Knechtschaft um, und wenn wir aus der kapitalistischen *servitude volontaire* ausbrechen wollen, muss die Beteuerung unserer Freiheit wieder die Form ihres Gegenteils annehmen, die eines freiwilligen Dienstes für eine Sache.

Wenn Marx die bürgerlichen Menschenrechte als die von »liberté-égalité-fraternité und Bentham« definiert hat, dann sollte die proletarische und genuin linke Version »Unabhängigkeit-Gleichheit-Freiheit und … *Terror*« lauten, Terror, aus der Selbstzufriedenheit des bürgerlichen Lebens und seinen egoistischen Kämpfen herausgerissen zu sein, Terror als Druck, uns zur universellen Emanzipation zu erheben. Bentham oder Terror – vielleicht ist das unsere eigentliche Wahl. Doch warum braucht man den Terror? Weil die Ketten in der Höhle von heute nicht die der traditionellen Ideologie sind. Robert Pippin hat vor kurzem auf diese Veränderung hingewiesen:

> »Die Komplexität unserer Situation hat etwas ziemlich Beispielloses geschaffen, dem man nur mit Hegels Philosophie und ihrer Fähigkeit begegnen kann, die ›positive‹ Rolle des Negativen und die Realität von Gruppenhandeln und kollektiver Subjektivität zu erklären.
>
> Das Leben in den modernen Gesellschaften hat anscheinend das Bedürfnis nach einzigartigen dissoziierten kollektiven doxastischen Zuständen geweckt, eine Wiederholung der verschiedenen Charaktere aus dem Drama der Selbsttäuschung, das die *Phänomenologie* erzählt. In einem davon glauben wir ernsthaft, dass wir fundamentalen Prinzipien und Maximen verpflichtet sind, auf die wir uns aber tatsächlich in keiner Weise verpflichten, wenn man sich unser Handeln ansieht … Die Prinzipien können bewusst und ernsthaft anerkannt werden und man kann sich offen zu ihnen bekennen, sie können aber als die Prinzipien, die sie sind, nicht in eine lebbare, kohärente Lebensform integriert werden. Die sozialen Bedingungen der Selbsttäuschung in dieser Art Kontext können uns dabei helfen zu zeigen, dass dieses Problem nicht richtig beschrieben ist als eines, bei dem viele Individuen zufällig in Selbsttäuschung geraten. Die Analyse ist keine moralische und konzentriert sich nicht auf Individuen. Sie muss als eine Angelegenheit des historischen Geists verstanden werden.«[22]

Die zentrale Stelle in dieser Passage ist Pippins Betonung der »positiven« Rolle des Negativen und der »Realität von Gruppenhandeln und kollektiver Subjektivität«: Das Negative in diesem Fall ist die Dissonanz, die Kluft zwischen der explizit ideologischen Textur und ihrer tatsächlichen Praxis in der realen Welt. Ihre positive Rolle bedeutet, dass diese Dissonanz nicht die volle Verwirklichung einer Ideologie verhindert, sondern sie »lebbar« macht, sie ist eine Bedingung ihres

Funktionierens – wenn wir die negative Seite wegnehmen, dann fällt das ideologische Gebäude selbst in sich zusammen. Die Betonung der »Realität von Gruppenhandeln und kollektiver Subjektivität« bedeutet, dass wir nicht nur mit der Unvollkommenheit der Individuen befasst sind; in diesem Fall wäre es die Schuld einer jeden Person mit ihrer Korruption und moralischen Fehlerhaftigkeit, und die Lösung wäre in ihrer moralischen Verbesserung zu suchen. Wir haben es hier mit einer Dissonanz zu tun, die in den »objektiven« sozialen Geist selbst eingeschrieben ist, in die grundlegende Struktur der sozialen Bräuche. Solche kollektiven Formen der Selbsttäuschung funktionieren als Wege objektiven sozialen Seins und sind daher in gewisser Weise »wahr«, selbst wenn sie falsch sind.

In ihrem Buch *Amerika Tag und Nacht* von 1948 schrieb Simone de Beauvoir:

> »Aber viele vom Rassenwahn Befangene kümmern sich nicht um wissenschaftliche Erkenntnisse und erklären hartnäckig: auch wenn physiologische Gründe nicht ermittelt werden können, Tatsache ist, daß die Schwarzen minderwertiger als die Weißen *sind*. Es genügt, durch Amerika zu reisen, um sich davon zu überzeugen.«[23]

Ihr Punkt über Rassismus ist oft missverstanden worden. Stella Sandford zum Beispiel behauptet, dass »nichts Beauvoirs Akzeptanz der ›Tatsache‹ dieser Minderwertigkeit rechtfertigt«; »innerhalb ihres existentialistischen philosophischen Rahmens sollten wir eher erwarten, dass Beauvoir über die Interpretation existierender physiologischer Differenzen in Begriffen von Minderwertigkeit und Überlegenheit spricht [...] oder den Fehler herausstellt, der im Gebrauch der Werturteile ›minderwertig‹ und ›überlegen‹ liegt, wenn man unterstellte Eigenschaften von Menschen benennt, als ob man ›eine gegebene Tatsache bestätigt‹.«[24]

Was Sandford stört, ist offensichtlich. Ihr ist klar, dass Beauvoirs Behauptung über die Minderwertigkeit von Schwarzen auf mehr als die simple Tatsache zielt, dass im amerikanischen Süden zur damaligen Zeit (und später) Schwarze von der weißen Mehrheit als minderwertig behandelt worden sind und auf eine gewisse Art tatsächlich minderwertig waren. Aber ihre kritische Lösung, sorgsam rassistische Behauptungen über die tatsächliche Minderwertigkeit von Schwarzen zu vermeiden, läuft darauf hinaus, ihre Minderwertigkeit als Gegenstand der Interpretation und der Urteile weißer Rassisten zu relativieren und von der Frage ihres wahren Seins zu distanzieren. Doch was diese mildernde Distanzierung verfehlt, ist die Gräben verursachende Dimension des Rassismus: Das »Sein« der Schwarzen (wie das der Weißen oder jedes anderen) ist soziosymbolisch. Wenn sie von Weißen als minderwertig behandelt werden, dann macht sie das wirklich minderwertig auf der Ebene ihrer soziosymbolischen Identität. Die rassistische weiße Ideologie übt, mit anderen Worten, eine performative Wirksamkeit aus: Sie interpretiert nicht nur, was Schwarze sind, sie bestimmt ihr Sein und ihre soziale Existenz selbst.

Jetzt können wir sehen, warum Sandford und andere Kritiker von Beauvoir sich gegen ihre Formulierung sträuben, dass Schwarze tatsächlich minderwertig *seien*: Dieses Sträuben ist selbst ideologisch und beruht auf der Furcht, dass, wenn wir in diesem Punkt zustimmen, wir die innere Freiheit, Autonomie und Würde des menschlichen Individuums verlieren werden. Deshalb bestehen solche Kritiker darauf, dass Schwarze nicht minderwertig sind, sondern durch den weißen rassistischen Diskurs minderwertig »gemacht« werden – etwas wird ihnen aufgezwungen, das sie jedoch nicht im innersten Kern ihres Seins trifft und gegen das sie als freie, autonome Agenten mit ihren Taten, Träumen und Projekten Widerstand leisten können und es auch tun.

Pippin hat darin recht herauszustreichen, dass Hegels Beschreibung einer solchen kollektiven Selbsttäuschung in unseren Zeiten viel relevanter ist als deren positive institutionelle Lösung. Mit dieser Diagnose gibt es jedoch ein Problem: Sie stimmt mit Hegels »progressiver« Dialektik überein, wo freigelegte Unstimmigkeiten zur Selbstaufhebung führen, während die Dissonanzen einer Ideologie im wirklichen Leben ihre äußerste Stabilität darstellen: Nur in einer besonderen Situation – einer Veränderung der ideologischen Empfindsamkeit – führt die Einsicht, dass unser ideologisches Gebäude unstimmig ist, zu seiner Auflösung. Obwohl die Sklaverei zum Beispiel offensichtlich nicht mit der christlichen Moral kompatibel war, hat es lange gedauert, bis sie für die Mehrheit nicht mehr tolerierbar war.

Papst Franziskus hat für gewöhnlich die richtigen Intuitionen in theologischen und politischen Angelegenheiten. Vor einiger Zeit jedoch leistete er sich einen groben Schnitzer, als er den Vorschlag einiger Katholiken unterstützte, den Satz im Vaterunser abzuändern, der Gott darum bittet, »uns nicht in Versuchung zu führen«. Das sei »keine gute Übersetzung, weil sie von einem Gott spricht, der in Versuchung führt. Ich bin derjenige, der fällt; nicht Gott führt den Menschen in Versuchung, um dann zuzusehen, wie er fällt. Ein Vater macht so etwas nicht, sondern hilft einem, sofort wieder aufzustehen. Nur Satan kann einen Menschen in Versuchung führen.« Daher schlug der Pontifex vor, wir sollten alle der katholischen Kirche in Frankreich folgen und stattdessen die Formulierung »Und lass uns nicht in Versuchung geraten« verwenden.[25] So überzeugend diese Überlegung klingen mag, verfehlt sie das tiefste Paradox der Christenheit und der Ethik. Setzt uns Gott nicht im Paradies der Versuchung aus, wenn er Adam und Eva davor warnt, den Apfel vom Baum der Erkenntnis zu essen – warum hat er den Baum überhaupt erst dorthin gestellt und dann auch die Aufmerksamkeit auf ihn gelenkt? War ihm nicht klar, dass die menschliche Ethik erst nach dem Sündenfall entstehen kann? Vielen hellsichtigen Theologen und christlichen Schriftstellern von Kierkegaard bis Paul Claudel war vollkommen klar, dass auf ihrer grundlegendsten Ebene Versuchungen in der Form des Guten auftreten – oder, wie Kierkegaard es anlässlich von Abraham ausgedrückt hat, dem die Opferung Isaaks befohlen wurde: »Er kann nämlich nicht sagen, dass es eine Prüfung ist, und zwar, wohl zu merken, eine solche Prüfung, wo das Ethische das Versuchende ist.«[26] Charakterisiert die Versuchung des falschen Gottes nicht alle Formen religiösen Fundamentalismus?

Hier folgt nun ein vielleicht überraschendes historisches Beispiel: die Ermordung Reinhard Heydrichs. Die tschechoslowakische Exilregierung in London beschloss, ihn zu beseitigen; Jan Kubiš und Jozef Gabčík, die die ausgewählte Gruppe für die Operation anführten, sprangen mit Fallschirmen in der Umgebung von Prag ab. Am 27. Mai 1942 war Heydrich, allein mit seinem Chauffeur Klein, um seinen Mut und sein Vertrauen zu zeigen, in einem offenen Wagen unterwegs zu seinem Büro. An einer Kreuzung in der Prager Vorstadt wurde der Wagen langsamer, als Gabčík vor ihn trat und mit einer Maschinenpistole auf ihn zielte, die jedoch klemmte. Anstatt seinem Fahrer Beschleunigung zu befehlen, entschied sich Heydrich, den Wagen anzuhalten und seinen Angreifern entgegenzutreten. In diesem Augenblick warf Kubiš eine Bombe in den hinteren Teil des Wagens, deren Explosion Heydrich und ihn verwundete. Als sich der Rauch verzogen hatte, tauchte Heydrich aus dem Wrack wieder auf und hielt eine Pistole in der Hand. Er jagte Kubiš einen halben Block weit, wurde dann aber durch den Schock schwächer und brach zusammen. Dann befahl er Klein, Gabčík zu Fuß hinterherzujagen, während er sich an die linke, stark blutende Flanke fasste, die Pistole immer noch in der Hand. Eine Tschechin kam ihm zu Hilfe und hielt einen Lieferwagen an; zunächst wurde er in die Fahrerkabine gesetzt, aber er beschwerte sich, dass die Bewegungen des Lieferwagens ihm Schmerzen verursachten, und daher wurde er nach hinten auf seinen Bauch gelegt und rasch zur Notaufnahme eines nahe gelegenen Krankenhauses gefahren. (Obwohl Heydrich ein paar Tage später starb, hatte er übrigens eine ernsthafte Überlebenschance, so dass diese Frau die Geschichte gut als jene Person betreten haben könnte, die sein Leben rettete.) Während ein Nazi-Sympathisant Heydrichs persönlichen Mut herausstellen würde, fasziniert mich die Rolle der anonymen tschechischen Frau: Sie half Heydrich, der allein am Boden in seinem Blut lag, ohne Schutz des Militärs oder der Polizei. War ihr klar, wer er war? Und wenn ja und wenn sie keine Nazi-Sympathisantin war (was beides die wahrscheinlichsten Vermutungen sind), warum tat sie es? War es die einfache instinktive Reaktion menschlichen Mitgefühls, einem Nächsten in Not zu helfen, egal wer er oder sie (oder wie wir es bald sonstwie geschlechtsneutral ausdrücken müssen) ist? Übertrumpft dieses Mitgefühl das Bewusstsein von der Tatsache, dass dieser »Nächste« ein Top-Nazi war und verantwortlich für Tausende (und später Millionen) von Toten? Wir werden hier mit der äußersten Wahl zwischen abstraktem liberalem Humanismus und der Ethik konfrontiert, die in radikalen emanzipatorischen Kämpfen impliziert ist: Wenn wir der logischen Schlussfolgerung des liberalen Humanismus folgen, dann billigen wir stillschweigend die schlimmsten Verbrechen; und wenn wir dasselbe mit dem parteilichen politischen Engagement tun, dann befinden wir uns auf der Seite der emanzipatorischen Universalität – in dessen Fall die arme tschechische Frau ihrem Mitleid widerstanden und Heydrich zu erledigen versucht hätte.

Solche Pattsituationen sind der Stoff eines echten, engagierten ethischen Lebens, und wenn wir sie als problematisch ausschließen wollen, bleiben wir mit einem leblosen, wohlmeinenden heiligen Text zurück. Hinter diesem Ausschluss lauert das Trauma aus dem Buch Hiob, wo Gott und Satan direkt die Zerstörung von Hiobs Leben organisieren, um seine Ergebenheit auf die Probe zu stellen. Nicht wenige Christen behaupten, dass das Buch Hiob als eine weltliche Blasphemie daher aus der Bibel ausgeschlossen werden sollte. Bevor wir jedoch einem solchen politisch korrekten ethischen Versuch der Säuberung erliegen, sollten wir einen Moment innehalten und bedenken, was wir damit verlieren. Wenn wir die christliche Erfahrung lebendig halten wollen, dann sollten wir der Versuchung widerstehen, sie von all ihren »problematischen« Stellen zu reinigen, die den eigentlichen Stoff darstellen, welcher der Christenheit die untragbare Spannung des wahren Lebens verleiht.

Das Gleiche gilt für die Lebensfähigkeit eines Staates. Wie Frederic James hellsichtig bemerkte, ist Sophokles' *Antigone* keine Geschichte über die Auflösung der organischen Einheit der Sittlichkeit, die Unterteilung dieser Einheit in öffentliche und private (familiäre) Bräuche. Der ethische Konflikt, den *Antigone* beschreibt, ist eher konstitutiv für die öffentliche Ordnung; es ist die Geschichte der Errichtung, nicht der Auflösung der Staatsmacht. Wegen dieser Beschränkung scheint auch Pippin den vollen Gehalt der heutigen Selbsttäuschung zu verfehlen, wenn er ihn in quantitativen Begriffen beschreibt (»ein wohl noch weiter verbreitetes Phänomen« usw.):

»Aber kollektive Selbsttäuschung von der Art, die Hegel untersucht, ist [heute] ein anderes und wohl noch weiter verbreitetes Phänomen … ›Politische Akteure werden präsentiert und präsentieren sich‹, schlägt [Bernard] Williams vor, ›wie Schauspieler in einer Seifenoper, indem sie Rollen spielen, in denen sie weder zynisch so tun, als ob sie Positionen vertreten, von denen sie wissen, dass sie falsch sind (nicht immer oder meistens), noch füllen sie diese Rollen auf bequeme und authentische Weise aus, wenn man das Theatralische, die Übertreibung, das »Posieren« und die Rhetorik des »zu heftigen Protestierens« bedenkt.‹ Williams Beschreibung ist bemerkenswert. ›Sie werden mit ihren Vornamen angesprochen oder haben dieselbe Art lustiger Spitznamen wie die Charaktere in Seifenopern, dieselben allgemein umrissenen Persönlichkeiten, dieselbe Disposition für Triumph und Demütigung, die schematisch mit dem Tun der anderen Charaktere verbunden ist. Man glaubt an sie, wie man an die Charaktere einer Seifenoper glaubt: Man akzeptiert die Einladung, ihnen halb zu glauben.‹ Er fährt damit fort, dass ›Politiker, die Medien und das Publikum sich verschwören, um so zu tun, als ob wichtige Dinge überlegt würden, als ob das tatsächlich gesprochene Wort auf verantwortungsvolle Weise an jemanden gerichtet würde. Und natürlich wird es nicht an jemanden gerichtet. Die gesamte Strategie ist ein Versuch, genau das zu vermeiden‹ […] Am besten wird man all dem gerecht, wenn man sagt, dass sich der *Geist*, in diesem Fall der kommunale *Geist* einer Nation, in seiner Selbstrepräsentation auf eine kollektive Selbsttäuschung einlässt. […] Das ist genau die Situation, in der wir uns in einer anonymen Massengesellschaft befinden, in der die Abwesenheit dessen, was nach Hegel genuiner Sittlichkeit gleichkommt, eine empfundene Abwesenheit ist und nicht bloß eine unbestimmte Abwesenheit.«[27]

Dennoch schließt die Tatsache, dass in unserer »anonymen Massengesellschaft« die Abwesenheit von Sittlichkeit »eine empfundene Abwesenheit ist und nicht bloß eine unbestimmte Abwesenheit«, in keiner Weise die Möglichkeit aus, dass die Sittlichkeit hier als rückwirkender Traum fungiert, der die Tatsache verschleiert, dass seine eigene Realität eine Dissonanz impliziert. Halten darüber hinaus die zitierten Stellen von Williams, die politische Akteure als Charaktere in einer Seifenoper beschreiben, obwohl sie schön formuliert sind, wirklich, was sie versprechen? Beschreiben sie wirklich eine neue Form moralischer Korruption? Ist die Tatsache, dass »Politiker, die Medien und das Publikum sich verschwören, um so zu tun, als ob wichtige Dinge überlegt würden, als ob das tatsächlich gesprochene Wort auf verantwortungsvolle Weise an jemanden gerichtet würde«, nicht ein Merkmal jeder tatsächlich funktionierenden Ideologie? In jeder Ideologie wird die klare Trennung zwischen den Getäuschten und den Täuschenden verwischt, da die Getäuschten mit der Illusion einverstanden sind und es sogar wünschen, getäuscht zu werden. Was heute passiert, ist nicht einfach mehr von demselben, sondern eine qualitativ neue Form der Dissonanz: Sie wird offen zugegeben und aus diesem Grund als irrelevant behandelt. Das Paradox besteht darin, dass es in gewisser Weise heutzutage weniger Täuschung gibt als in den früheren Funktionsweisen von Ideologie: Niemand wird wirklich getäuscht.

Es ist mit anderen Worten nicht so, dass wir vor unserer gegenwärtigen Ära die Regeln und Gebote ernst genommen hätten, während wir sie heute offen verletzen. Was sich verändert hat, sind die Regeln, die Erscheinungen regulieren, das heißt dasjenige, was in der Öffentlichkeit erscheinen kann. Vergleichen wir das Sexleben zweier US-Präsidenten, Kennedy und Trump. Wie wir wissen, hatte Kennedy zahllose Affären, aber Presse und Fernsehen ignorierten sie, während die Medien jedem von Trumps Schritten (ob alt oder neu) folgen – ganz zu schweigen davon, dass Trump auch auf obszöne Weise öffentlich spricht, wie wir es uns von Kennedy nie vorstellen könnten. Der Graben, der den würdevollen öffentlichen Raum von seiner obszönen Kehrseite trennt, wird nun mehr und mehr in die Öffentlichkeit verlegt, und das mit unklaren Folgen: Die Inkonsistenzen und Verletzungen der öffentlichen Regeln werden offen akzeptiert oder zumindest ignoriert, doch uns allen werden diese Inkonsistenzen zugleich offen bewusst.

An dieser Stelle erreichen wir die höchste Ironie: So, wie Ideologie heute funktioniert, erscheint sie als ihr exaktes Gegenteil, als radikale Kritik der ideologischen Utopien. Die vorherrschende Ideologie heute ist keine positive Vision irgendeiner utopischen Zukunft, sondern eine zynische Resignation, ein Akzeptieren, »wie die Welt in Wirklichkeit ist«, begleitet von der Warnung, dass, wenn wir sie zu sehr verändern wollen, nur totalitärer Horror folgen wird. Jede Vision einer anderen Welt wird als Ideologie verworfen. Alain Badiou hat das wunderbar und präzise ausgedrückt: Die Hauptfunktion ideologischer Zensur besteht heutzutage nicht darin, realen Widerstand zu zerstören – das ist die Aufgabe des repressiven Staatsapparats –, sondern die Hoffnung zu zerstören und sofort jedes kritische Projekt als Beginn eines Weges zu denunzieren, an dessen Ende so etwas wie ein Gulag liegt. Das hatte Tony Blair im Sinn, als er kürzlich die Frage stellte: »Ist es möglich, eine Politik zu definieren, die das ist, was ich postideologisch nennen würde?«[28]

Um zu verstehen, wie Ideologie auf traditionelle Weise funktionierte, sollte man die bekannte Phrase »Du musst schon blöd sein, um das nicht zu sehen!« umdrehen in: »Du musst schon blöd sein, um zu sehen ...« Aber was zu sehen? Das zusätzliche ideologische Element, das einer verwirrenden Situation Bedeutung verleiht. Beim Antisemitismus zum Beispiel muss man blöd genug sein, um »den Juden« als geheimen Akteur wahrzunehmen, der im Verborgenen die Strippen zieht und das soziale Leben kontrolliert. Heute jedoch behauptet das vorherrschende zynische Funktionieren der Ideologie selbst: »Du musst schon blöd sein, um zu sehen« – was? Die Hoffnung auf radikalen Wandel.

Anmerkungen

Einleitung:
Erst die schlechten Nachrichten, dann die guten ...
die noch schlechter sein können

1 Alain Badiou, *Versuch, die Jugend zu verderben*, Berlin 2016: Suhrkamp.
2 George Glider, zit. n. John L. Casti, *Would-be-worlds*, New York 1997: John Wiley & Sons, Inc., S. 215.
3 Siehe Peter Sloterdijk, *Regeln für den Menschenpark*, Frankfurt 1999: Suhrkamp.
4 Peter Trawny, *Irrnisfuge. Heideggers An-archie*, Berlin 2014: Matthes & Seitz, S. 88.
5 Martin Heidegger, Anmerkungen II, in: *Schwarze Hefte 1944–1948*, zit. n. Trawny, a. a. O., S. 57
6 Das Ausmaß, in dem wir von unseren Medien manipuliert werden, ist leicht in den Lücken in der Berichterstattung über Ereignisse zu erkennen. Der Konflikt in der Ostukraine beispielsweise wurde einige Monate lang wie eine Bedrohung des Weltfriedens dargestellt, und dann verschwand er einfach (von den Titelblättern zumindest); er wurde stillschweigend renormalisiert. Als die Ukraine den Westen um mehr Verteidigungswaffen bat, tauchte er wieder auf, und wir erfuhren, dass die Kämpfe die ganze Zeit weitergegangen waren.
7 Diese Information verdanke ich Zdravko Kobe, Ljubljana.

1.

Der Stand der Dinge

1 Siehe http://yournewswire.com/bill-gates-we-need-socialism-to-save-the-planet/. Interessanterweise kann der genaue Wortlaut von Gates' Aussage nicht in unabhängiger Form bestätigt werden.

2 Für detaillierte Ausführungen dieses Standpunkts siehe u.a. *International Critical Thought*, Vol. 7, Nr. 1 (März 2017), insbesondere die Texte von Domenico Losurdo, William Jefferies, Peggy Raphaelle und Cantave Fuyet.

3 Julia Buxton, »Venezuela After Chávez«, in: *New Left Review* 99, S. 25.

4 Alenka Zupančič, »Apocalypse, again« (Manuskript).

5 In *Die acht Lektionen der Wüste* (Köln 2017: DuMont) liefert Nicholas Jubber eine detaillierte Beschreibung des täglichen Lebens der Tuareg-Nomaden im Zentrum der Sahara, einer Gruppe, die in recht wörtlichem Sinn »zurückgelassen« wurde von der heutigen beschleunigten Globalisierung. (Einigen Quellen zufolge bedeutet sogar ihr Name – Tuareg – »von Gott zurückgelassen«.) Die Überraschung liegt darin, dass einige Merkmale ihres nomadischen Lebens denjenigen der »fortgeschrittensten« Individuen ähnlich sind, die dauernd auf dem Sprung sind. Können wir uns vorstellen, dass Tuaregs, mit zeitgenössischer digitaler Maschinerie ausgestattet (Mobiltelefone, Tablets etc.) es einfach finden könnten, sich in die »postmoderne« Gesellschaft mit ihrer andauernden Mobilität zu integrieren?

6 Ich verdanke diesen Gedanken Karl-Heinz Dellwo.

7 Zitiert von https://www.project-syndicate.org/commentary/lesson-of-populist-rule-in-poland-by-slawomir-sierakowski-2017-01.

8 Wolfgang Streeck, »Wie wird der Kapitalismus enden?«, in: *Blätter für deutsche und internationale Politik* 3/2015, S. 107.

9 Rebecca Carson, »Fictitious Capital, Personal Power and Social Reproduction« (Manuskript, 2017).

10 Ebd.

11 Ayn Rand, *Der Streik*, München 2012: Verlag Kai M. John, S. 452.

12 Nina Power, »Dissing«, in: *Radical Philosophy* 154, S. 55.

13 https://www.thelightphone.com/#lpii.

14 David Harvey, persönliche Mitteilung.

15 William James, »On Some Mental Effects of the Earthquake«, zit. n. http://storyoftheweek.loa.org/2010/08/on-some-mental-effects-of-earthquake.html.

16 http://www.businessinsider.com/china-social-credit-score-like-blackmirror-2016-10.

17 Alfie Brown, *The Playstation Dreamworld*, Polity Press (im Erscheinen).

18 http://www.theverge.com/2017/3/27/15977864/elon-musk-neuralink-brain-computer-interface-ai-cyborgs.

19 Robert Burns, »An eine Maus«, in: *Ein Ding von Schönheit ist ein Glück auf immer. Gedichte der englischen und schottischen Romantik*, hg. von Horst Höhne, Leipzig 1983: Reclam.

20 Mike Wehner, »Scientists remotely hacked a brain, controlling body movements«, zit. n. http://bgr.com/2017/08/18/brain-hack-science-limb-control/.

21 http://www.cnn.com/2017/10/17/politics/president-donald-trump-alexis-tsipras-greece-evil/index.html.

22 Vgl. Jonathan Dicktstein und Gautam Basu Thakur, *Lacan and the Post-human*, London 2017: Palgrave-Macmillan.

23 Ich stütze mich in diesem Text auf die Ideen vieler Freunde, insbesondere Matthew Flisfeders und Todd MacGowans.

24 Todd MacGowan, persönliche Mitteilung.

25 Matthew Flisfeder, »*Blade Runner 2049* in Perspective« (unveröffentlichtes Manuskript).

26 Ebd.

27 Todd MacGowan, persönliche Mitteilung.

28 Diese Idee verdanke ich Peter Strokin, Moskau.

29 Zit. n. https://www.theguardian.com/film/2017/oct/06/blade-runner-2049-dystopian-vision-seen-things-wouldnt-believe.

30 Ebd.

31 Einer der Vorwürfe gegen meine Lesart war, wie erwartet, dass ich als Marxist die gnostische Dimension des Films ignoriere – hier ein Beispiel: »1. Der Name Joshi ist sehr eng an Joshua (Jesus) angelehnt und bedeutet Bringer des Lichts, verbunden mit der Sonne. Deckard klingt wie Descartes (ich habe gelesen, Philip K. Dick habe das gesagt, aber ich bin nicht sicher). Niander Wallace. Niander = neuer Mensch. Wallace = Ausländer. K ist vermutlich aus Kafkas *Das Schloss* und *Das Urteil* abgeleitet.

2. Klare religiöse und gnostische Bezüge. Die jüdische Tradition hat als erstes Paar Lilith und Samael. Es heißt, ihr Paarungsakt war in irgendeiner Form gefährlich für den Zustand des Universums, so dass Gott sie trennte und sie daran hinderte, sich je wieder zu vereinen. Wenn sie jemals wieder zusammenkämen, wäre das Wohl des Universums wieder in Gefahr. Die Gnostiker dachten, der Gott der Christen sei tatsächlich ein blinder Gott, den sie Samael nannten. Wallace ist blind, er wird beschrieben als jemand mit einem »Gotteskomplex«, er hat einen dunklen Engel (Luv), und er ist besessen von der Replikantenreproduktion. Er will auch die Menschen durch Replikanten ersetzen, die Sterne erobern und den ›Himmel stürmen‹. Außerdem erklärt Joshi, dass die Tatsache, dass Replikanten sich reproduzieren könnten, bedeutet, dass sie eine Seele haben und dass das alles durcheinanderbringen würde.« (Cosmin Visan in: http://thephilosophicalsalon.com/blade-runner-2049-a-view-of-post-human-capitalism/.)

Um ehrlich zu sein, kann ich an diesen Argumenten keine Relevanz erkennen. Wenn Joshi, die rücksichtslose Verfechterin von Apartheid, für Joshua/Jesus und die christliche Ordnung steht, was ist das für eine Art von Christentum? Dasjenige von Trumps Alt-Right-Unterstützern? Wenn Deckard und Rachael ein Paar in der Linie von Samael und Lilith sind, in welchem Sinne könnte die Gefahr ihrer Paarung mit der Gefahr verglichen werden, die in der Paarung von Deckard und Rachael steckt? Und so weiter …

2.

Launen der Macht

1   Lenin, *Staat und Revolution*: http://www.mlwerke.de/le/le25/le25_470. htm.

2   Ebd.

3   Ebd.

4   Jacques Lacan, *La Troisième*, dt. Ü. zit. n. https://lacan-entziffern.de/ reales/jacques-lacan-die-dritte-uebersetzung/.

5   Jean-Claude Milner, »Back and Forth from Letter to Homophony«, in: *Problems International*, Nr. 1, Ljubljana 2017, S. 96.

6   Ebd, S. 30.

7 Ebd, S. 96–97.

8 http://www.independent.co.uk/news/science/fury-at-dann-pioneers-theory-africans-are-less-intelligent-than-westeners-394898.html.

9 Lenin, *Staat und Revolution*, zit. n. http://www.mlwerke.de/le/le25/le25_426.htm.

10 Milner, *Relire la Révolution*, Verdier: Lagrasse, 2016, S. 246.

11 Jean-Claude Milner, »The Prince and the Revolutionary«, zit. n. http://crisiscritique.org/ccmarch/milner.pdf.

12 Louis Antoine de Saint Just, »Rapport sur les factions de l'étranger«, in: *Œuvres complètes*, Paris 2004: Gallimard, S. 695.

13 Wie bei dem Verhältnis zwischen Hegels *Logik* und Marx' *Kapital* sollten wir nicht sentimental und ehrfurchtsvoll gegenüber Lenins Aussage sein, dass jemand, der Hegels *Logik* nicht gelesen habe, das *Kapital* nicht verstehen könne: Lenin selbst las die *Logik*, aber er verstand sie nicht recht (seine Grenze war die Kategorie der Wechselwirkung), zudem verstand er auch das *Kapital* nicht richtig. Man sollte hier genau sein: Was Lenin nicht verstand, war die – riskieren wir diesen Begriff – »transzendentale« Dimension von Marx' Kritik der politischen Ökonomie, die Tatsache, dass Marx' *Kritik der politischen Ökonomie* nicht nur eine kritische Analyse der Ökonomie ist, sondern zugleich auch eine Art transzendentaler Form, die uns befähigt, die grundlegenden Konturen des gesamten gesellschaftlichen Seins (einschließlich der Ideologie) im Kapitalismus zu artikulieren.

14 Milner, »The Prince and the Revolutionary«.

15 https://www.journals.uchicago.edu/doi/full/10.14318/hau7.2.021/2980.

16 Milner, »The Prince and the Revolutionary«.

17 Yanis Varoufakis, *Die ganze Geschichte. Meine Auseinandersetzung mit Europas Establishment*, München 2017: Kunstmann, S. 13–14.

18 Ernest Mandel, *Trotzki als Alternative*, Berlin 1992: Karl Dietz Verlag, S. 118.

19 Siehe http://french.about.com/od/grammar/a/negation_form_2.htm.

20 Kojin Karatani, *Transcritique. On Kant and Marx*, Cambridge, Mass. 2003: MIT Press, S. 183.

21 https://www.theguardian.com/commentisfree/2017/apr/25/le-pen-far-right-holocaust-revisionist-macron-left.

22 http://www.spiegel.de/spiegel/emmanuel-macron-im-interview-wir-brauchen-heldentum-a-1173143.html.

23 Vgl. https://www.theguardian.com/film/2017/nov/26/susan-sarandon-i-thought-hillary-was-very-dangerous-if-shed-won-wed-be-at-war – und da der *Guardian* nun einmal der *Guardian* ist, folgte direkt darauf eine liberale Antwort von James Rubin: https://www.theguardian.com/us-news/2017/nov/28/susan-sarandon-is-wrong-about-hillary-clinton.

24 Siehe https://project-syndicate.org/commentary/poland-hungary-authoritarian-appeasement-by-slawomir-sierakowski-2017-06.

25 Zit. n. https://www.marxists.org/reference/archive/mao/selected-works-volume-8/mswv8_34.htm.

26 https://visegradpost.com/en/2017/10/25/viktor-orban-designates-globalization-and-financial-speculators-as-threats-for-identity/.

27 Diese Kritik an Orbán löste eine Reihe von konservativen Reaktionen aus, die mich bezichtigten, alle Probleme mit den Flüchtlingen zu ignorieren und einfach ihren freien Fluss nach Europa hinzunehmen, was uns an das Ende Europas, wie wir es kennen, bringen wird. Meine Gegner verfehlen hier vollkommen den springenden Punkt: Ich bin mir der Probleme bewusst (kulturelle Unvereinbarkeit etc.), weshalb ich auch von Linksliberalen attackiert wurde. Ich behaupte, dass es, obwohl es hier keine Tabuthemen geben sollte (man sollte sogar fragen dürfen, ob der Immigrantenstrom Teil eines obskuren Plans ist), ein großer Schritt von hier aus zur rassistischen antisemitischen/antimuslimischen Verschwörungstheorie ist. Um Lacan noch einmal zu paraphrasieren, selbst wenn man beweisen könnte, dass der Flüchtlingsstrom Teil einer dunklen Verschwörung ist, um Europa zu destabilisieren, würde dies in keiner Weise die antisemitische/antimuslimische Ideologie rechtfertigen, die von Orbán und Konsorten in anderen europäischen Ländern propagiert wird – diese Ideologie ist in sich falsch, sie ist per se pathologisch, unabhängig von ihrer partiellen tatsächlichen Genauigkeit.

28 David Wallace-Wells, »Unhabitable Earth«, *New York Magazine*, 9. Juli 2017; online: http://nymag.com/daily/intelligencer/2017/07/climate-change-earth-too-hot-for-humans.html.

29 Siehe »Billionaire bunkers: How the 1 % are preparing for the apocalypse«, in: http://edition.cnn.com/style/article/doomsday-luxury-bunkers/index.html.

30 Bernie Sanders, »The Republican budget is a gift to billionaires: it's Robin Hood in reverse«, in: https://www.theguardian.com/

commentisfree/2017/oct/16/republican-budget-gift-billionaires-bernie-sanders.

31 Jamie Peck, in: https://theguardian.com/commentisfree/2017/oct/20/womens-convention-berniesanders.

32 https://www.theguardian.com/commentisfree/2017/nov/10/protest-paradise-papers-micah-white.

33 https://foreignpolicymag.files.wordpress.com/2018/05/cdu.jpg?w=1500&h=1000&crop=0,0,0,0.

34 Zit. n. http://yanisvaroufakis.eu/2012/02/14/theglobalminotaure-interviewed-by-naked-capitalism/#more-1753.

35 https://www.theguardian.com/world/2018/may/11/europe-prepares-countermeasures-against-us-iran-sanctions.

36 Siehe htpps://www.theguardian.com/commentisfree/2018/jun/02/roseanne-barr-working-class-voice-vanishes-tv.

37 Ebd.

38 Ebd.

39 Ebd.

40 Yanis Varoufakis, zit. n. https://www.theguardian.com/commentisfree/2018/jun/11/trump-world-order-will-stop-him.

41 Jean-Claude Milner, *Relire la révolution*, S. 259.

42 Ebd, S. 260–261.

43 Zit. n. Neil Harding, *Leninism*, Durham 1996: Duke University Press, S. 309.

44 Ebd., S. 152.

45 Ebd., S. 87.

46 Ebd.

47 Zit. n. http://tomclarkblog.blogspot.com/2010/12/curzio-malaparte-bolshevik-coup-detat.html.

48 Ebd.

49 Zit. n. https://velesova-sloboda.info/misc/malaparte-trotzki-gegen-stalin.html.

3.

Von der Identität zur Universalität

1 Robert Barnard, *A Talent to Deceive: An Appreciation of Agatha Christie*, London 1990: Fontana Books, S. 202.

2 Agatha Christie, *Passagier nach Frankfurt*, Hamburg 2017: Hoffmann und Campe, S. 13–14.

3 Zit. n. Bernard Brščič, »George Soros is one of the most depraved and dangerous people of our time«, *Demokracija*, 25. August 2016, S. 15.

4 Alenka Zupančič, persönliche Mitteilung.

5 Sogar Trumps Entscheidung, Jerusalem als Hauptstadt Israels anzuerkennen, passt perfekt zur Logik des zionistischen Antisemitismus.

6 Übrigens, da ich gelegentlich Beiträge für die Website Russia Today liefere, wurde ich auf eine Liste von Putins »nützlichen Idioten« gesetzt, von einer seltsamen Gruppe namens »European Values«, die sich dem »Schutz der Freiheiten« verschrieben hat. Das Leben überrascht einen immer wieder: Obwohl ich Putin nicht nur kritisiert habe, sondern sogar den Begriff »Putogan« für ihn verwendet habe (eine Verschmelzung von Putin und Erdogan), obwohl ich wiederholt und eisern den emanzipatorischen Kern der europäischen Tradition verteidigt habe, bin ich nun Putins »nützlicher Idiot«! Nun, das Einzige, dessen wir sicher sein können, ist, dass die Jungs von »European Values« *nutzlose* Idioten sind.

7 Siehe W. I. Lenin, »Über das Selbstbestimmungsrecht der Völker« (1914), online unter https://www.marxists.org/deutsch/archiv/lenin/1916/01/nationen.html.

8 Margaret Washington, http://www.pbs.org/wgbh/amex/brown/filmmore/reference/interview/washington05.html.

9 Jamil Khader, »Against Trump's White Supremacy: Embracing the Enlightenment, Renouncing Anti-Eurocentrism« (Manuskript).

10 Für eine scharfsinnige Analyse von liberaler politisch-korrekter Sprechweise siehe Reni Eddo-Lodge, *Why I'm No Longer Talking to White Men About Race*, London 2017: Bloomsbury.

11 Jamil Khader, »Against Trump's White Supremacy«.

12 Zit. n. https://cominsitu.wordpress.com/2017/07/05/the-myth-of-cultural-appropriation/.

13 Michaele L. Ferguson, »Neoliberal feminism as political ideology«, in: *Journal of Political Ideologies*, Vol. 22, Nr. 3.

14 Ebd.

15 Ebd.

16 Diese Geschichte und Interpretation verdanke ich Alenka Zupančič.

17 Siehe http://www.identitytheory.com/interview-john-summers-baffler/.

18 https://www.theguardian.com/society/2018/mar/01/how-americas-identity-politics-went-from-inclusion-to-division.

19 Diese Idee stammt von Mladen Dolar.

20 https://theguardian.com/world/2018/may/07/viktor-orban-for-hungary-preserve-christian-culture.

21 Claude Lévi-Strauss, *Strukturale Anthropologie II*, Frankfurt 1992: Suhrkamp.

22 Wang Lixiong/Tsering Shakya, *The Struggle for Tibet*, London 2009: Verso.

23 Für eine verständliche Beschreibung der Spannung zwischen Umweltaktivisten, die lokale Habitate erhalten wollen, und den Leuten, die in diesen Habitaten leben, siehe James Hunter, *On the Other Side of Sorrow*, Edinburgh 2014: Birlinn.

24 Ramesh Srinivasan, *Whose Global Village? Rethinking How Technology Shapes Our World*, New York 2017: New York University Press.

25 Ebd., S. 209.

26 Ebd., S. 213.

27 Ebd., S. 224.

28 George Orwell, 1984, Zürich ²¹1973: Diana Verlag, S. 382.

29 Susan Buck-Morss, *Hegel und Haiti*, Berlin 2011: Suhrkamp, S. 207.

30 Ebd., S. 183–184.

31 Ebd., S. 190.

4.

Ernst Lubitsch, Sex und Indirektheit

1 Siehe https://www.theguardian.com/lifeandstyle/2018/mar/17/elena-ferrante-even-after-century-of-feminism-cant-be-ourselves.

2 Guillermo Arriaga, *21 Grams*, London: Faber & Faber 2003, S. 107.

3 Zitiert von http://news2read.com/lifestyle/1736162/carnality-and-consent-how-to-navigate-sex-in-the-modern-world#.

4 Zit. n. http://www.bbc.com/news/world-us-canada-43218355.

5 Siehe https://www.theguardian.com/books/2018/jan/23/germaine-greer-criticises-whingeing-metoo-movement und https://www.theguardian.com/books/2018/jan/23/germaine-greer-criticises-whingeing-metoo-movement.

6 Robert Pfaller, *Das schmutzige Heilige und die reine Vernunft*, Frankfurt 2012: Fischer Verlag.

7 Die Lacan'sche Formel »es gibt keine sexuelle Beziehung« (A.d.Ü).

8 Joseph Kerman, *Opera as Drama*, Berkeley 1988.

9 Siehe S. 93 f. im vorliegenden Buch.

10 Moshe Lewin, *Lenins letzter Kampf*, Hoffmann und Campe 1970, S. 87 f.

11 Ebd., S. 130 f.

12 »Lieber weniger, aber besser«, zit. n. Lenin, *Werke*, Bd. 33, Berlin: Dietz Verlag 1977, S. 482.

13 Diesen Hinweis verdanke ich Jela Krečič.

14 Im Übrigen wird der rücksichtslose Egoismus von Mia und Sebastian ganz deutlich von zwei Vorfällen angezeigt: Als Mia bei ihrem Date mit Sebastian zu spät kommt und ihn in einem Kino mitten in der Vorstellung erblickt, stellt sie sich einfach vor die Leinwand und ruft seinen Namen, gleichgültig, ob das das Publikum stören könnte. Als Sebastian sie in Boulder besucht, parkt er sein Auto vor dem Haus ihrer Eltern und hupt laut und kümmert sich nicht darum, ob das die müden Nachbarn stören könnte.

15 Bei meiner Interpretation stütze ich mich auf Duane Rouselle, https://dingpolitik.wordpress.com/2018/02/17/black-panther-as-empty-container, Christopher Lebron, http://bostonreview.net/race/christopher-lebron-black-panther, sowie auf den E-Mail-Verkehr mit Todd McGowan.

16 Ich paraphrasiere https://en.wikipedia.org/wiki/Black_Panther_(film).

17 Wir lassen eine einfache, aber relevante Frage in unserer Betrachtung aus: Welche Art von Land ist Wakanda in seiner politischen Struktur? Offenkundig eine Monarchie, in der der König Entscheidungen trifft, nachdem er sich mit einem kleinen elitären Kreis beraten hat – es gibt keinen Mechanismus, den Willen des Volkes zu Rate zu ziehen. Und wie steht es um seine ökonomische Struktur? Der Film ignoriert diesen Aspekt völlig: Wer kontrolliert den (über)natürlichen Reichtum, auf dem der Wohlstand von Wakanda beruht? Offenkundig wieder der König und seine Clique …

18 Diese Schlussfolgerung führt uns zurück zu Lenin, der bereit war, seine Feinde aufs Brutalste zu bekämpfen, der aber, wenn der Kampf vorbei war, niemals den politischen Konflikt mit persönlichen Animositäten verwechselte und sogar seinen besiegten Feinden half – diese Distanz ist von Stalin vollständig ausradiert worden, für den der Satz »das Politische ist persönlich« in unmittelbar obszöner Weise wahr war.

Schluss:
Wie lange können wir noch global handeln und lokal denken?

1 Georg Friedrich Wilhelm Hegel, *Vorlesungen über die Ästhetik*, II, Frankfurt 1970: Suhrkamp, S. 230 (GW Bd. 14).
2 Ebd., S. 229 (GW Bd. 14).
3 Georg Wilhelm Friedrich Hegel, *Werke in zwanzig Bänden*. Band 18, Frankfurt 1979: Suhrkamp, S. 458.
4 Georg Wilhelm Friedrich Hegel, *Vorlesungen über die Ästhetik*, Bd. 2, hg. v. H. G. Hotho, Berlin 1837: Duncker und Humblot, S. 237/238.
5 Alenka Zupančić, »Back to the Future of Europe« (unveröffentlichtes Manuskript).
6 http://www.latimes.com/opinion/op-ed/la-oe-marche-left-fake-news-problem-comedy-20170106-story.html.
7 David Rennie, »How Soviet sub officer saved world from nuclear conflict«, *Daily Telegraph*, 14. Oktober 2002.
8 Zitiert von https://www.independent.co.uk/arts-entertainment/tv/news/susan-sarandon-hillary-clinton-america-war-president-donald-trump-feud-bette-and-joan-a8077651.html.
9 Jonathan Brent und Vladimir P. Naumov, *Stalin's Last Crime*, New York 2003: HarperCollins, S. 307.
10 Brent / Naumov, *Stalin*, S. 297.
11 Siehe http://abcnews.go.com/International/russian-president-vladimir-putin-unveils-nuclear-weapons-listen/story?id=53435150.
12 Alain Badiou, *Je vous sais si nombreux …*, Paris 2017: Fayard, S. 56–57.
13 Karl Marx, Einleitung »Zur Kritik der Hegelschen Rechtsphilosophie«, in: *Deutsch-Französische Jahrbücher 1844*, S. 71 f.
14 Siehe http://www.newsweek.com/egypt-atheism-illegal-crackdown-non-believers-religion-islam-772471.

15 https://www.egypttoday.com/Article/2/40633/OPINION-The-atheists-are-coming.

16 Siehe https://www.theguardian.com/news/2018/mar/17/data-war-whistleblower-christopher-wylie-faceook-nix-bannon-trump.

17 Für eine genaue Beschreibung dieses Dilemmas siehe Laurent de Sutter, *Narcocapitalism*, Cambridge 2018: Polity Press.

18 Zitiert nach http://th-rough.eu/writers/bifo-eng/journey-seoul-1.

19 Slavoj Zizek, Frank Ruda, Agon Hamza, *Reading Marx*, Cambridge 2018: Polity.

20 Ebd.

21 Ebd.

22 Robert Pippin, »Hegel on the Varieties of Social Subjectivity«, in: *German Idealism Today*, S. 132 f.

23 In *Amerika Tag und Nacht*, Reinbek 1988: Rowohlt, S. 232.

24 Stella Sandford, *How to Read Beauvoir*, London 2006: Granta Books, S. 49.

25 https://www.theguardian.com/world/2017/dec/08/lead-us-not-into-mistranslation-pope-wants-lords-prayer-changed.

26 Sören Kierkegaard, *Furcht und Zittern*, übers. von H. C. Ketels, Erlangen 1882, S. 110.

27 Pippin, S. 134 f.

28 Zitiert nach http://www.newyorker.com/culture/persons-of-interest/the-return-of-tony-blair.